마더피스
타로에 새긴 여성의 힘과 지혜

MOTHERPEACE

A Way to the Goddess Through Myth, Art, and Tarot

비키 노블 Vicki Noble 지음

백윤영미·장이정규 옮김

마더피스

타로에 새긴 여성의 힘과 지혜

비키 노블 Vicki Noble 지음

백윤영미·장이정규 옮김

if books

머리말 · Foreword 1994

마더피스 타로카드는 1970년대 말 전국을 휩쓴 페미니즘과 샤머니즘의 창의적인 파도 속에서 생겨났다. 영감을 받은 카렌 보겔Karen Vogel과 나는 주제에 따라 덱을 반으로 나눠 그림을 그리기 시작했다. 마더피스 카드가 될 78개의 흑백 선 그림을 완성하는데 1년이 걸렸다.

그림을 그려본 적이 없는 우리는 그 과정이 놀랍기도 하고 믿기 어렵기도 했다. 매일 백지 앞에 앉아 하나의 주제로 새로운 이미지가 하나씩 드러나는 그 과정은 내가 지금까지 해본 일 중에 제일 재미있었다. 나는 무아지경에 빠져 한번 앉으면 몇 시간씩 신성한 생각과 이미지와 느낌 속에서 시간이 가는 줄 몰랐다. 매일 저녁 해가 져 어둑어둑해져서야 가까스로 멈추곤 했다. 정말 황홀한 작업이었다.

1982년 초 마더피스 책을 쓰기 위해 앉았을 때, 나는 그게 뭐든 그날 쓸 카드를 앞에 두고 시각적으로 카드에 몰입했다. 온 사방에 연구서들을 흩어놓고 이미지 자체에 대해 또 이미지에서 영감을 얻어 각 카드에 대해 글을 썼다. 이렇게 마더피스 책에 쓴 언어는 나만의 언어였지, 처음 내가 쓰려했던, 모호한데다 딱딱한 전통적인 타로 언어가 아니었다. 거기서 모든 차이가 생겨났다. 그 자료들은 깔때기처럼 나를 통해 쏟아졌다. 나는 단지 그것에 초점을 맞추고 종이에 받아쓴 것뿐이다. 카드를 그리는 일이 상상할 수 없이 즐거웠던 것처럼 책을 쓰는 것도 황홀한 일이었다.

전 세계의 여성들이 타로 덱이나 책이 너무 부정적이거나 가부장적이어서 아니면 너무 무거워서 쓸 수가 없다고 내게 말해 주었다. 하지만 마더피스는 자신들의 말을 하고 자신들의 경험과 관련이 있으며 도움을 청할 때 우호적인 답을 준다. 그리고 마더피스는 다인종, 다문화의 이미지가 담겨 있다는 점에서 독창적이다.《마더피스-여신에게 가는 길 MOTHERPEACE: A Way to the Goddess》는 1983년 나온 이래로 10만 부 이상 팔렸다. 이는 여성과 동일시하는 타로에 대해 우리가 느꼈던 필요를 증명한다.

1983년 마더피스 책에 썼던 서론이 한물간 얘기고, 당시에 인종적이고 내게 급진적이었던 것이 이제는 평범하고 진부한 낡은 정보가 되었다고 말할 수 있으면 좋겠다. 하지만, 지금 나는 어떤 슬픔을 갖고 그 글을 읽는다. 왜냐하면 지난 10년 동안 이 책에 쓰인 학문적 내용을 입증하기보다 지워지는 일이 더 많았음을 보기 때문이다. 마리야 김부타스 Marija Gimbutas와 다른 활기찬 샤머니즘과 선사시대 학자들의 놀라운 업적에도 불구하고 일반 대중은 내가 여기서 말하는 문제들이 더 이상 유효하지 않고 해결책이 더 이상 필요없다고 믿게 되었다. 우리는 이제 '포스트 페미니스트'가 되었다. 사람들은 닉슨-레이건-부시 시대의 세뇌와 현실에 대한 눈가림에 의해 잠들어버렸다. 이 책에 적힌 내용이 글을 쓰던 날만큼 생생해져 버렸다. 차이라면 오늘은 더 시급해졌다는 점이다.

마더피스의 이미지들은 이제껏 그래왔던 것처럼 우리 삶에 정말 다양하게 적용할 수 있다. 더 늦기 전에 우리는 깨어나 지구와 그 피조물들의 절박한 울부짖음을 들어야 한다. 이들의 곤경을 우리가 무의식적으로 부인하는 것은 우리 문화가 변화를 원치 않는다는 징후다. 이런 외침을 느끼고 듣고 반응할 수 있는 것은 우뇌, 즉 직관적인 마음이다. 마더피스의 모든 것은 어떻게 하면 이 능력을 최대치로 열고 발달시킬 것인지에 관한 것이다.

비키 노블 Vicki Noble
1994년, 버클리주 캔들마스

서문 · Preface 1982

마더피스는 내가 4명의 특정한 친구들과 대화하는 것처럼 쓰였다. 이 다양한 그룹에서 첫 번째 친구는 페미니스트 자매로 우리의 일상을 나아지게 하려고 고군분투한다. 여신의 비전을 회복하고 여신을 존중하는 사회를 만들고 싶어 한다.

두 번째 친구는 수백만 명이 그렇듯 전통 타로 덱을 사용하지만, 전통에 기대면서도 여성의 삶과 열망을 더 잘 구현하는 전혀 다르고 새로운 타로 이미지에 대해 듣게 돼 아주 흥분했다.

책을 쓰면서 염두에 둔 세 번째 친구는 심상에 강하다. 그녀는 꿈을 기록하고 명상하고, 융의 영향을 받은 다른 사람들처럼 정신^{psyche}과 자기 주변에서 벌어지는 드라마들을 더 잘 이해하기 위해 신화를 더 깊이 알고자 한다.

내 상상 속 청중의 네 번째 친구는 세상에 평화가 부족한 점, 특히 '핵 교환'이라는 망연자실할 전망에 깊이 우려하고 있다. 더 이상 제도가 스스로 치유될 것이라 믿지 않는 이 친구는 현재 지배적인 가부장적 사회 이외의 다른 사회의 전망을 탐색하고 싶어 한다.

나의 일부분들이기도 한 이 친구들의 우려에 대한 응답으로 나는 그림 이미지를 통해 여신이 여전히 인류가 욕망하는 기쁨이었던 시대로 거슬러 올라가 개인과 세계 평화의 문제를 긍정적으로 다뤘다.

그림들은 내가 카렌 보겔과 함께 만든 78장의 원본 타로 이미지 세트다.

이런 이미지들과 페미니스트 학문을 통해 나는 고대 여신 숭배에 대한 확장된 지식과 예술가이자 활동가, 치유자, 요가 선생으로서 나의 경험에 기반을 둔 희망과 변형에 대한 비전을 나누고자 했다.

감사의 말

먼저 6년 동안 사랑과 역동적인 투쟁을 함께해준 카렌 보겔에게 감사드린다. 우리는 마더피스 타로 이미지를 만드는 데 협력하면서 안팎으로 변화하는 서로를 비추었다. 지팡이 6번(나의 첫 마더피스 이미지)의 정신으로 타로카드 프로젝트를 시작한 사람은 바로 나였다. 아테네의 전차(카렌의 첫 그림) 정신으로 카드를 완성하고, 그림을 그릴 때 예술가 릴리 힐워먼 Lily Hillwomyn의 도움을 받아 마더피스 타로 덱의 발행인이 된 것은 카렌이었다.

나에게 타로를 소개해주고 샐리 기어하트 Sally Gearhart의 '페미니스트 타로'를 준 벳시 퍼버Betsy Ferber에게 감사한다. 카산드라 라이트 Cassandra Light는 '마더피스'라는 이름을 주었고, 그림이 완성되자 카드 뒷면에 원형 탄트라 디자인을 그려주었다. 일찍이 내 글을 믿어준 캐 롤 머레이Carol Murray와, 자매처럼 지원해 준 작가 재나 해리스Jana Harris 와 매리 맥키Mary Mackey에게 감사한다. 카드를 읽을 때마다 마더피스 와 함께 전 세계에 웃음을 선사하는 힐러리 허스트Hillary Hurst에게 특별 한 감사를 보낸다.

이 책은 치유가 주제다. 우리 자신과 지구의 치유···. 이 작업에 서 우리는 항상 누가 치료자를 치유하는지 질문해야 한다. 내게 육 체적 치유와 변형의 길을 시작하게 해준 마우델 쉬렉Maudelle Shirek에 게 감사한다. 나에게 심령 치유 기술을 소개해준 수지 크리스천Susie Christian, 강렬하고 확고한 명료함을 보여준 알타 켈리Alta Kelly, 사랑 을 담은 침술을 보여준 아이리스 크리더Iris Crider, 따뜻한 손과 열린 마 음을 가진 척추지압사 수리야 리버만Surya Lieberman, 그리고 여신에 대 한 살아있는 믿음을 보여준 내 화롯불Hearth Fire 의식의 자매들인 샬린 치르하트Charlene Tschirhart, 캐롤라인 버헤인Caroline Verheyen, 낸 크로포드 Nan Crawford, 케이티 재니Katie Janney와 보석치료사 친구 보니 맥그레거 Bonnie MacGregor에게 감사를 전한다. 이렇게 날 적극적으로 지지해준 치 유 공동체가 없었다면 온통 정신노동인 글쓰기를 하는 동안 에너지를 지속하기가 훨씬 더 어려웠을 것이다.

버클리 전쟁 저항자 연맹War Resisters' League의 자선행사에서 마 더피스 자료를 발표하도록 초대해준 다비드카 칸탄자라이트Davidka Cantanzarite와 샌프란시스코 주립대학에서 마더피스와 치유에 대한 강연을 할 수 있게 기회를 준 마라 켈러^{Mara Keller}에게 감사를 보낸다. 샌프란시스코 타로 심포지엄에서 마더피스 프로젝트를 발표하도록 카렌과 나를 초청해 준 앤지 아린^{Angie Arrien}과 제인 잉글리쉬^{Jane English}, 군비경쟁에 관한 스탠포드 회의에서 우리의 의례에 마더피스 자료를 넣어준 회롯불 의례팀, 그리고 내게 워크숍을 이끌도록 해준 주디 시카고 탄생 프로젝트^{Judy Chicago Birth project}에 감사를 보낸다.

내 작업을 알아봐주고 지지해 준 타로 공동체의 리처드 투메이^{Richard Toumey}와 데이비드 퀴글리^{David Quigley}, 타로의 지혜를 계속해서 보여준 수잰 주디스^{Suzanne Judith}, 인터뷰를 해준 KPFA 라디오의 진 로버트슨^{Jean Robertson}, 마더피스를 TV에 데뷔시켜준 '에어 웨이브^{Air Waves}'의 진행자 바바라 코시^{Barbara Kossy}에게 고마움을 전한다. 버클리 대안 공립학교에 다니는 십대에서 베이 에어리어^{Bay Area} 전역의 성인에 이르기까지 내 타로 수업을 들은 학생들은 타로를 더 깊이 이해할 수 있게 해 주었고 그들의 지지는 정말 놀라웠다. 특히 최종 원고를 준비하는 동안 교정과 타자를 해준 로라 드본^{Laura de Baun}과 카발라 수비학과 타로에 관한 통찰력을 보여준 조나단 테니^{Jonathan Tenney}에게 감사드린다.

기쁘게 나를 받아준 아이오와에 계신 어머니와, 마더피스 프로젝트를 시작하면서 채택한 '노블'이란 처녀적 이름을 준 할머니께 고마운 마음이다. 부재중인 엄마를 참아준 소중한 두 딸 로빈과 브룩 지글러, 그리고 이 원고를 완성하는 동안 요새를 지켜준 샌드라 휘트니^{Sandra Whitney}에게 축복을 보낸다. 책 초반 캐슬린 라운드트리^{Cathleen Roundtree}의 레스토랑에서 먹은 모든 식사와 치유의 마사지를 해준 마라 켈러^{Mara Keller}도 너무 고맙다.

하퍼앤로^{Harper & Row}에서 나는 처음부터 나와 내 작업을 존중하고 진정성 있게 대해 준 존 라우든^{John Loudon}과 함께 일하는 행운을 누렸다. 마더피스 카드의 포스터를 보고 존에게 알려준 밥 산 소치^{Bob San Souci}에게도 고맙단 말을 전한다.

나의 편집 파트너 크레이그 컴스탁^{Craig Comstock}은 가장 모성적 의미에서 이 책의 '아버지'가 되어주었다. 즉 아이디어와 에너지로 거름을 주고 세상에 전하는 수고를 나와 함께 해주었다. 고대 여신의 아들처럼 그는 자신이 그 창조를 도운 것을 소유하려 들지 않았고 그의 사랑은 페이지마다 빛난다.

마지막으로 내 삶에 존재하는 모든 것을 가능하게 하는 여신께 감사한다.

비키 노블

1982년 5월 이브, 버클리

나는 푸른 지구의 아름다움이자 별 사이 빛나는 하얀 달, 물의 신비

나는 "일어나 내게 오라"고 네 영혼을 부른다.

나는 우주에 생명을 주는 자연의 혼이기에

모든 것이 나에게서 나오고 나에게로 돌아와야 한다.

기뻐하는 가슴 속에 나를 경애하라. 보라, 모든 사랑과 즐거움의 행위는 나의 의례임을.

아름다움과 힘, 권력과 자비, 영예와 겸손, 환희와 존경이 네 안에 있게 하라.

그리고 나를 찾는 이들은 알지어다.

네가 신비를 알지 못한다면, 구하고 갈망하는 것은 소용이 없음을.

네가 찾는 것을 내면에서 찾지 못한다면

바깥에서 결코 나를 찾을 수 없을 것이다.

보라, 나는 처음부터 너와 함께 있었고 그 갈망의 끝에 나를 얻게 될 것이다.

스타호그 버전의 "별 여신의 훈시". 사하라 사막의 타실리에서 온 뿔 달린 여신의 사진과 함께.

차 례

1부 | 메이저 아르카나

2부 | 마이너 아르카나

3부 | 마더피스의 정신

일러두기_ 본문에 있는 위첨자는
영어 원문의 단어와 옮긴이의 말입니다.

미로 속으로

가부장제는 우리에게 평화를 가져다주지 않았다. 대신 윈스턴 처칠이 그랬던 것처럼 가부장제의 지도자들은 "안전은 공포의 건장한 sturdy 아이이며, 생존과 몰살은 쌍둥이다"라는 주장으로 우리를 안심시키려 한다. 핵무기 시대에 대한 사과문에서 처칠이 의미했던 바는 실제로 사람들을 몰살하려는 것이 아니라, 그렇게 하겠다고 위협함으로써 어떤 사고나 어리석음이 전쟁으로 이어지지 않게 하여 우리의 생존이 보장될 수 있다는 점이었다. 오늘날 지도자들은 테러리스트에 대해 경고한다. 30분 안에 전 대륙을 파괴할 수 있는 끔찍한 힘을 휘두르면서 말이다. 가부장제의 신봉자들은 'man인간 혹은 남자로 번역될 수 있으나, 이 둘의 중의적인 표현을 살려 영어로 표기했다'은 언제나 살인자였고,

그 첫 번째 도구는 팔을 부러뜨리는 곤봉과 머리뼈를 부수는 돌이었다고 한다. 이런 견해에서 바뀌는 건 무기의 정교함과 싸워야 할 '명분'이다.

다르게 살길은 없을까? 그 수가 늘고 있는 페미니스트들과 평화의 비전을 공유하는 남성들은 그렇다고 생각한다. 처칠의 말을 들으며 우리는 '공포' 말고 '안전'을 낳는 다른 부모는 없는지 묻는다. 이 책에서 나는 이 인류의 잃어버린 부모에게 마더피스라는 이름을 붙였다. 고대에 이 인물은 여신, 모계 의식의 원천이었다. 머리가 아닌 가슴에 중심을 둔 '비이성적' 접근 수단이 필요하다. 이는 우리가 보통 기능하는 논리 모드와 대조되는 창의적이고 직관적인 의식 모드다. 여기에는 우리의 일상 의식에 승복surrender하고 조제 아겔스와 미리암 호겔스가 '하늘만큼 넓은 여성the Feminine'이라 불렀던 것에 열려야 한다.

특히 명상이나 활동적인 마음을 고요히 하는 것이 익숙하지 않은 서양인들의 경우, 이런 승복과 변형 과정은 타로와 같은 시각화 기법에 의해 촉진된다. 타로의 그림을 명상적으로 바라봄으로써 우리의 마음은 고요해질 뿐 아니라 삶과 영혼의 고대 상징, 가슴으로 들어와 치유하는 상징에 깊이 자극 받는다. 마더피스의 건장한 아이들에게 주어졌던 지혜는 주로 비의적 가르침esoteric이라는 형태로 우리에게 전해졌다.

가부장적 언어와 용어로 자주 쓰이지만, '비의적 가르침'의 내적 의미는 항상 어머니the Mother의 지혜로 드러난다. 오늘날 점점 더 많은 사람이 타로에 흥미를 가지면서 위대한 어머니the Great Mother의 구도자들에게 문이 열려 우리가 참자아^{Self·우리 존재의 핵심, 본성을 일컫는 말로 '참나'로도 번역됨}의 중심은 물론 우리의 집단적 근원으로 가는 여정을 허락한다. 여신이 집단 무의식과 개인 무의식 깊은 곳에 묻혀 있기에 무의식을 풀려는 어떤 사상이나 수행 역시 결국 여신을 보게 될 것이다.

요즘 우리 대부분은 신체적으로나 정신적으로 온전히 건강하지 않고 어떤 식으로든 균형을 잃었다. 우리는 불편함^{dis-ease}을 느낄 수 있지만, 보통 그에 대한 해결책은 모른다. 우리를 건강하게 하는 방법을 안다면 거의 분명히 그렇게 할 것이다. 여신의 위대한 선물은 엄청난 치유다. 개인에게 여신은 개인적인 안녕과 온전히 살아가는 경험을 가져온다. 인류에게는 우리가 모두 영적으로 지구와 연결되어 있다는 인식에서 오는 조화를 가져다줄 수 있다. 우리의 생존은 지구에 달려있고 우리는 생명이라는 선물을 지구에 빚지고 있다.

이 책에 등장하는 마더피스 이미지들은 여신에 관한 인류 최초의 많은 그림과 조각을 형상화하였다. 고대 석기시대 유럽에서 발견된 작은 '비너스' 인물상에서부터 멕시코와 아메리카 대륙에서 발견된 콜럼버스 이전의 조각상들까지 여신은 전 세계 사람들이 존경하고 숭배하는 신화적 존재였다. 구석기시대 동굴에서, 때로는 2만 년 전까지 여사제들이 여신의 춤을 추었지만 오늘날에는 세계의 고립된 작은 지역들에서만 그렇게 한다. 현대 서구 여성들은 여신의 이름들과 다양한 면들을 일깨우는 의례와 마법을 통해 여신을 다시 불러오고 있다.

고대에 여신 '숭배'는 모성 중심의 문화와 함께했다. 낸시 태너^{Nancy Tanner}는 인간의 발달과 침팬지를 비교하면서 인간 발달의 핵심이 된 혁신은 "어미가 자식과 나누기 위해 식물(과 곤충 같은 작은 동

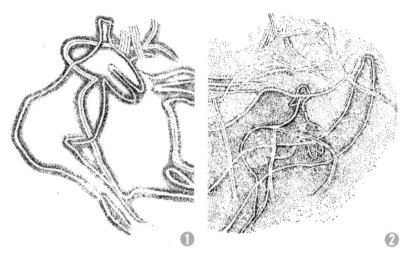

❶ 머리가 없거나 ❷ 새 머리를 한 여성, 기원전 3만 년 전 페흐메를 동굴의 '상형문자의 전당'
천정 젖은 진흙에 손가락으로 그림

물)을 모은 것"이라 상정한다. 이런 시각에서 문화는 부분적으로, 다른 사람들을 돌보고 지구가 제공하는 풍성한 산물을 죽이는 것이 아니라 모으는 행위에서 나왔다. 여신은 양육과 연민을 베풀었다.

여신은 당연히 '다산'을 나타냈다. 초기 중동의 여신 형태의 다양한 측면에 대한 철저한 연구를 통해 로렌스 더딘-로버트슨Lawrence Durdin-Robertson은 고대 종교에서 '근본 전제'는 "창조력은 여성의 전유물이다."라고 말한다. 이 성적-창조력 때문에 여성을 남성보다 이차적이고 열등한 존재로 여기는 현대인들에게 여신이 불편한 이유다. 멀린 스톤Merlin Stone은 '신성한 성적 관행'과 이난나, 이스타르, 아스타르테, 아슈토레스, 아프로디테, 이시스 등의 의식을 행한 '성스러운 여인'이라 알려진 여사제들에 관한 장에서 여성의 힘을 잘 설명한다. 이들 '여신의 성녀들(카디슈투qadishtu)'은 공동체의 중심인 신전에 거주하며 재산을 소유하고 사업을 하며 자유롭게 일했다.

아이를 낳는 능력은 여성에게 '성취'의 배타적 형태가 아니라, 다른 형태의 창조성에 대한 상징이었다. 그리고 여성의 아이들은 모계 혈통을 이어받았고, '사생아'는 존재하지 않았다. 이런 확장된 의미에서 '다산성'은 출생의 신비뿐 아니라 문자의 발달 자체를 가리켜야 한다. 마더피스의 경우 이 문화는 불과 같은 원소들, 하늘을 정확하게 관찰하는 것, 아직도 우리에게 경이감을 주는 예술 그리고 생태학이란 이름으로 우리가 지금 재발견하고 있는 세계관을 포함한다.

학자들은 여신이 선사시대의 상상 속에 살아있었고 여신의 이미지는 '다산성'과 '자연'에 대한 인간의 헌신을 나타냈음을 인정하게 되었다. 초기 종교는 위대한 어머니를 숭배하고 여성들이 제사장 역할을 한 '다산성 컬트'를 중심으로 전개되었다. 고대 세계의 많은 지역에서 발견되는 이러한 다산 종교는 선사 빙하시대로까지 거슬러 올라가고, 이는 지구 어머니의 풍요로움과 여성 집단의 생물학적 신비를 반영한다. '다산의 인물'의 특징은 축 늘어진 가슴, 뚱뚱함, 대부분 임신한 배, 그리고 잘 표시된 요니(여성 생식기)이다. 아마도 가장 잘 알려진 예는 '빌렌도르프의 비너스'일 것이다. (24쪽 그림 ❸)

다산 컬트와 대비되는 또 다른 형태의 고대 종교, 샤머니즘은 주로 남성의 소명으로 여겨졌다. 샤머니즘은 황홀경의 종교로, 영체spirit-body가 육체로부터 떨어져 새처럼 영의 영역으로 날아갈 수 있는 능력과 제일 많이 연관된다. 샤먼 '여정'의 목표는 대개 육체 또는 개인이나 공동체 전체의 영을 치유하는 것이다.

육체를 떠나는 샤먼의 능력은 예술작품에서 흔히 새나 새의 머리

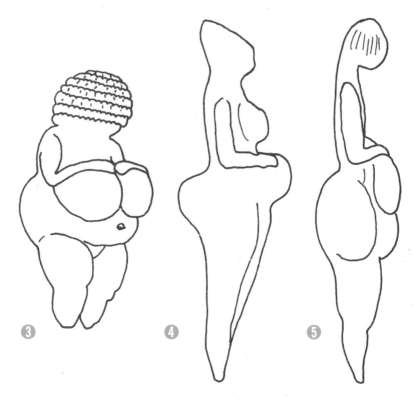

❸ '빌렌도르프의 비너스' 석회석, 오스트리아, 기원전 20,000년경
❹ '멘톤의 비너스' 유리암, 프랑스
❺ '레스퓌그네Lespugne의 비너스' 아이보리, 프랑스, 기원전 15,000년경

를 한 사람 아니면 머리가 없는 형상(에고의 죽음을 암시)으로 표현된
다. 비슷하게, 샤먼이 될 잠재력을 가진 사람은 꿈에서 머리를 잃거나,
많은 경우 몸이 완전히 잘렸다가 새로운 존재로 재탄생하는 꿈을 꾸
기도 한다. 무아지경 상태로 우주cosmos로 떠나는 여정에서 샤먼은 물
질과 영의 세계 양쪽에서 사는 법을 배우고, 잃어버린 영혼을 구하고,
초자연적인 것들을 직접 다룬다. 그런 여정 중에 샤먼은 황홀경을 경
험하고 다른 인간들에게는 숨겨진 우주universe에 관한 것들을 배운다.

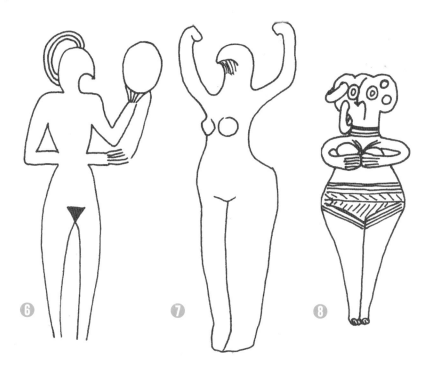

'이쪽'에서 '저쪽'으로 건너가 보았기에 샤먼은 더 이상 죽음이나 다른 무엇도 두려워하지 않기 때문에 강력한 종교적 인물이 된다.

샤머니즘의 또 다른 보편적 특징은 물리적으로나 영적으로 동물 세계와 아주 활발하게 연결되는 점이다. 마녀에게 '파밀리에familiars'가 있는 것처럼 샤먼에게는 항상 동물 '도우미'나 '동맹'이 있다. 샤먼은 평범한 인간 의식이 미치지 못하는 것들을 배우기 위해 저 세상으로 건너가고 동물들과 교감하며 그들의 힘을 취한다.

최근의 샤먼들 중에 아마도 가장 잘 알려진 이들은 시베리아와 에스키모 샤먼과 북미 원주민 '메디슨 맨'이다. 하지만 고고학 발굴물을 보면, 현대의 무속 문양과 빙하기 동굴 예술 사이의 연관성에서 보듯 이들의 뿌리가 더 고대에 있음을 가리킨다. 이렇게 샤먼 예술가는 동물 가죽을 입고 춤추는 초기 남성상들이 동굴 벽에 나타난 시기인 후기 빙하기(기원전 1만 년경 끝난 막달레나기)까지 거슬러 올라간다. 레 트루아 프레르Les Trois Freres라 불리는 동굴에서 발견된 이들 초기 인물들은 샤먼으로서의 소명을 보여준다. 반은 인간이고 반은 동물인 이들은 황홀경 속에 춤춘다. 이런 인물 중 하나는 오늘날 '트투라 프레르스의 마법사' 또는 '신'이나 '영주'로 알려져 있다. 이와 극명하게 대조적으로 학자들은 다산의 여성상을 그저 '컬트'의 대상으로, 지저분한 생물학적 운명의 상징으로만 취급한다.

그러나 우리는 그 시기 이전 수천 년 동안 동굴 벽에 자취가 남은 유일한 인간 형태가 여성이었다는 사실을 진지하게 생각해야 한다. 문화 사학자 지그프리드 기디온Siegfried Giedion에 따르면, 남성 표상들은 훨씬 뒤에 시작되었다. 우리가 알고 있는 가장 오래된 인간의 이미지들은 페슈메를Pech-Merle 동굴 제일 깊은 곳의 신전sanctuary에 있다. 둘 다 여성이다. 하나는 그림 ❶에서 보듯 머리 없는 여성이고 또 하나는 그림 ❷에서 보듯 새의 머리를 한 여성이다. 둘 다 샤먼의 특성을 체화하고 있다. 이들은 춤을 추고 머리가 없거나 (황홀경에 빠짐) 새의 머리를 하고 있다 (영적 영역으로 날아갈 수 있다). 이들은 혼자가 아니라 동물들 사이에 젖은 점토로 그려져 있고 선들은 인간과 동물 사이에 차이가 없다는 듯 서로 합쳐지고 섞여, 또 다르게 샤먼 의식을 나타낸다.

머리가 없거나 새의 머리를 한 여성 인물 같은 모티브의 다른 많은 버전이 천 년 내내, 첫 남성 인물이 등장할 때까지 계속된다. 기디온은 여성 인물은 혼자 등장하는 법이 없이 늘 함께 춤을 추는데, 남성 인물은 고립되고 개별적이라 지적한다.

게다가 페슈메를의 여성 인물들과 뒤를 이은 수많은 인물상들은 내가 다른 곳에서 언급되는 것을 본 적이 없는 강한 연결conjunction감을 보여준다. 이 초기 이미지들은 알려지고 받아들여진 샤머니즘의 특성들을 체화하고 있을 뿐 아니라 모두 임신 중이다. 이들의 배는 크고, 가슴은 축 늘어졌다. 따라서 다산 숭배의 도상은 3만 년 전 새의 머리와 마법의 춤이라는 샤머니즘의 특성과 결합되었다. 그때는 출산 준비가 구속을 의미하지 않았다. 반대로 강렬한 육체적 경험을 계기로 환희에 찬 내어놓음joyous abandonment, 생명의 춤, 영적 세계로의 황홀한 여정으로 이어졌다. 이들 초기 이미지에서 매우 인상적인 것은 후대문화가 나눈 샤머니즘과 다산 컬트가 결합되어 있다는 점이다. 이 초기 세계에서 여신은 영과 물질의 기적 같은 혼합, 육체에 깃든 영의 신성한 화신, 즉 지상에서 삶의 기쁨을 상징했다.

빙하기 말기, 동굴 예술의 위대한 시대가 끝나던 시기를 신상숭배의 시작으로 보게 되면 우리는 진화사의 많은 부분을 놓치게 된다. 이전 시대의 여성에 대한 표현을 무시하거나 대수롭지 않게 치부하기보다 "그들은 무엇을 의미하나?"라고 물어야 한다. '비너스' 상(그림 ❸ ❹ ❺)과 같은 이후의 조각품들은 적어도 3만 년 전에 그려진 최초의 그림들과 같은 세계관을 반영한다. 학자들은 이들을 '특이하다'거나 '이상하다'고 했지만, 우리가 본 것처럼 새머리나 머리가 없는 것은 예술적 변덕이나 얼굴을 그릴 능력이 부족해서가 아니라 샤먼 정신spirit의 표식임을 시사한다. 영적 권위가 남성적이어야 한다고 가정하면 이들 증거는 불가사의하지만, 성적 편견 없이 이들을 바라보면 그 의미는 동굴 벽화 그 이상이 된다.

이 고대인들은 신성한 동굴의 벽과 천정에 그림뿐 아니라 월경 주기와 달의 위상에 근거하여 뼈에 최초의 달력을 새기기도 했다. 종교와 과학, 시간의 측정은 몸과 섹슈얼리티와 재생산이라는 생물학적 또는 다산의 신비로부터 분리되지 않았다. 이들은 하나의 지식 집합체였다. 우리가 멀어진 것, 이제야 문화적으로 재발견하기 시작한 것이 바로 이런 고대의 전체론적 틀이다. 인간의 섹슈얼리티를 신비로, 마법적인 활동으로 다시 자각하는 것과 더불어 점성술과 타로, 다른 '우뇌' 활동에 요즘 사람들이 관심을 보이는 데서 암시되는 여신으로의 귀환은 치유의 시작이다. 그리고 이 모든 활동 뒤에는 고대의 동굴에서 춤추던 우리 여자 조상foremothers들의 지혜가 있다.

마더피스 이미지들에 역사적, 신화적, 예술적 맥락을 부여하면서 나는 한때 존재했던 문화의 비전을 있는 그대로 펼쳐놓고, 그 문화가 의도적으로 억압한 과도기를 스케치하고, 우리 문명을 치유하는 데 필요한 에너지와 지혜를 되찾는 다양한 길을 보여주고 싶었다.

하지만 길을 떠나기 전에 우리는 몇 가지 질문에 직면한다. 그렇게 강력한 형태의 의식이 그렇게 널리, 또 오랫동안 존재했다면, 그리고 그렇게 조화로운 환경을 제공했다면, 그것은 왜 '사멸'되었나? 오늘날 세상 어디서든 이 '모권 의식'의 흔적을 찾기가 왜 이렇게 어려운가?

인류가 그렇게 한때 어떤 종류의 평화를 누렸다면, 왜 적어도 5,000년 동안 우리는 '끊임없는 고통'의 상태였으며 우리의 유일한 희망은 탈출인 것처럼 보이나?

이 모든 질문의 답은 하나다. 즉, 가족과 가정 그리고 국가를 소유한 아버지, 한 마디로 가부장제가 그 답이다. 가부장제 아버지는 어머니 여신을 예속해버렸다. 우리가 이 책을 통해 발견하겠지만, 가부장들의 문제는 그들이 남성이라는 점이 아니라 평등주의적 관계 대신 지배와 복종의 사회를 강요한다는 점이다.

가부장들은 '아랫사람'의 불만을 억누르기 위해 널리 퍼진 이데올로기를 통해 자신들의 역할을 정당화한다. 그리고 정당화에 실패하면 종종 법이라는 이름의 폭력에 의지한다. 계략과 탐욕의 분위기 속에서 이들은 절대 만족을 느끼지 못한다. 이들 나름의 방법이 삶의 깊은 만족을 가로막기 때문이다. 이들은 '느끼는' 것을 어려워한다. 또 그들은 자신과 똑같은 누군가가 자신들을 정복하려고 계획할까봐 걱정한다. 세상을 함께 만드는 것에 비하면 너무도 한심한 대안이 아닐 수 없다. 멀린 스톤Merlin Stone은 새로 즉위한 가부장적 신들의 신화에서 지배자 남성을 '퇴위'시키고 그를 지배자로 대체하는 수단으로 거세가 자주 등장한다고 설명한다. 거세는 분명 현재의 우두머리에게서 권력을 빼앗는 것과 동의어다. 그렇다면 자연스럽게 새로운 통치자는 같은 결과를 두려워하며 편집증 상태로 살게 될 것이 당연하다.

가부장들은 행복하지 않다. 그리고 그들은 어떻게 평화를 얻을지 전혀 갈피를 잡지 못하고, 대개 평화란 일시적으로 전쟁이 없는 것이라 여긴다. 5,000년 후 가부장들은 자신들의 두려움을 완전히 정당화하는 세상을 만들었다. 그리고 이들은 인간의 삶이 항상 폭력과 전쟁을 포함하고, 폭력은 사실 행복하진 않지만 '자연스러운' 인간 조건의 일부이며, 대량 파괴의 가능성을 받아들여야 한다고 가르쳤다.

대조적으로 모성 의식은 모든 남성을 어머니 여신의 아들로, 모든 여성은 여신의 딸로 여겼다. 집단은 한 여성 개인이 아니라 사람들을 중심으로 만들어졌다. 모성 의식의 권력은 문명화하고 통치하는 힘으로서의 여성 집단의 권력이다. 이 권력은 개인 에고가 집단에 연결되어 있으며 고립된 개인이 아니라 하나의 구성원으로서 가지는 책임을 자각하도록 하였다. '영웅들'의 파괴적 위업을 숭배하는 대신, 모성 의식은 지구 자체를 위대한 어머니the Great Mother의 몸으로 숭배하였다.

아름답고 용감한 두 권의 책에서 마이클 데임스Michael Dames는 실버리, 에이브버리, 스톤헨지의 인접한 영국 선사시대 유적지들이 어떻게 위대한 어머니의 모습을 묘사하는지, 50킬로미터가 넘는 풍경에 걸쳐 펼쳐진 여신의 독특한 자태를 보여준다. 이 어머니 여신의 몸의 윤곽을 따라 우리 고대 조상들은 해마다 생과 죽음과 재생이라는 계절의 주기를 축하하며 성스러운 행렬을 따라 걸었다.

마더피스의 이미지들은 동굴에서 조각과 붉은 황토 그림과 원, 나선, 점, 원반과 같은 여성 상징의 형태로도 나타난다. 오늘날, 대체로 가부장적인 세상에서 위엄과 고요한 종교적 힘을 가진 이 선사시대의 '원시적인' 여신의 이미지들은 우리 문화의 기존 패러다임에 도전하고 영적 변형을 위한 길을 연다. 그러나 이런 여신의 이미지 경우에도 당대의 일부 학자들이 예술가는 남성이었다고 단조롭게blandly 가정한다. 최근까지 학자들은 "언제 위대한 여성 예술가가 있었나?"와 같은 질문을 하고도 넘어갈 수 있었다. 이들의 다음 단계는 선사시대 남성이 '자신을 흥분시키는' 것을 그렸을 거라는 가정과 그 남성이 넓은 엉덩이와 큰 가슴, 임신한 '비너스' 상처럼 뚱뚱한 여성을 좋아했을 것이라는 결론을 내린다. 어쩌면 루벤스의 시대처럼 동굴 시대의 남성들도 풍성한 몸매를 좋아했을지 모른다. 우리가 어떻게 알겠는가? 그러나 여신의 이미지들을 구석기시대의 핀업pinup 미인^{핀으로 벽에 붙이는 미인 사진}들로 축소하면, 여신의 이미지들이 여성에 의해 '자신의 이미지를 따라' 창조되었을 가능성과 더불어 이들의 신령한 힘을 완전히 놓치는 것이다.

다행히 고대 여성 화가들의 전통이 모든 곳에서 사라진 것은 아니다. 인도의 미틸라Mithila 여성들은 적어도 3,000년 동안 신성한 이미지를 그려왔다. 단순하고 겸손하게 이들은 아이들이 노는 소리가 들리는 땅바닥에 주저앉아 무아지경에 빠져 인도에서 가장 아름다운 현대 미술을 창조한다. 이 현대의 모계 문화를 찍은 32쪽의 사진을 보면 한 여성이 왼손으론 아이를 안아 젖을 먹이면서 오른손으로는 그림을 그리고 있다. 그녀의 차분한 집중력과 젖먹이의 평화로운 눈은 여러 형태의 생식성generativity이 공존하는 모계 의식의 정수를 전한다.

현대 서양의 여성 예술가들 사이에서 모계 의식을 구현하려는 집단의 노력으로 가장 잘 알려진 것은 아마도 여신과 여성 영웅, 다른 여성 지도자와 예술가, 작가들이 참석하는 연회를 위해 차려진 삼각형 식탁의 디너 파티The Dinner Party일 것이다. 쥬디 시카고Judy Chicago의 지도 아래 만들어진 이 작품은 여성의 섹슈얼리티를 기념하는 자수 장식의

인도의 미틸라Mithila 여성들은 적어도 3,000년 동안 신성한 이미지를 그려왔다.

세트와 도자기 접시가 포함되어 있다. 후속으로 나온 책과 더불어 내가 이 작품에서 제일 좋아하는 것은 선사시대 뿌리에서부터 현재에 이르기까지 잘 연구한 여신 문화의 타임라인이다. 식탁 주위를 걸으면서 나는 예술가들이 의도한 것이 무엇이었는지, 즉 이 모든 여성들이 잠시 함께 모여 우리의 자매들과 여자 조상들과 그들의 에너지를 합쳤다는 점을 분명하게 느꼈다.

자신의 창조적 비전을 의례 재연^{ritual enactment}에 초점을 맞춘 예술가들도 있다. 메리 베스 에델슨^{Mary Beth Edelson} 같은 여성들은 워크숍과 공연에서 영적 드라마를 위한 배경으로 작가가 만든 설치물 아래에서 '비전 그리기^{envisionings}'를 실시간으로 하는 동안 여신 에너지가 몸과 마음에 들어오도록 부른다. 우리 시대 가장 뛰어난 페미니스트 화가 중 하나는 분명 모니카 쇼외^{Monica Sjöö}다. 그녀는 여신에 대한 놀랍도록 포괄적인 《모두의 위대한 우주적 어머니의 고대 종교^{The Ancient Religion of the Great Cosmic Mother of All}》을 쓰고 삽화도 직접 그렸다. 이들 현대 예술가들이 공유한 것은 치유의 힘이다. 우리 병의 뿌리가 가부장제이기 때문에 가부장제가 없는 세상을 상상하는 것은 우리 자신과 세상을 치유하는 일이다.

모계 의식을 발견하고 표현하려는 나의 노력은 여성 건강운동에서 시작되었다. 페미니스트 산부인과의 설립을 돕고 구급요원과 상담원으로 일하면서 바쁘게 돌아다니고 너무 많이 일하며 너무 적게 쉬고 '전일적 건강'이라 불리게 된 것의 기본 요소에 대한 이해도 없이 커피를 마시고 당을 섭취하는 활동과 생활방식에 빠졌다. 동시에 나는 대학에서 장학금을 받는 학생으로 여성학 프로그램과 여성센터,

학제간 전공 프로그램을 개발했다. 또 어린 두 딸을 기르는 이혼한 어머니이기도 했다. 놀랄 것도 없이 나는 '번 아웃'이 되어 매일 긴장성 두통에다 위궤양이 생겨 처방약에 의존하게 되었다. 버클리로 '위치 이동'을 했을 즈음에 내 몸은 망가진 상태였다.

밀드레드 잭슨Mildred Jackson의 《화학 의학에 대한 대안Alternatives to Chemical Medicine》을 손에 쥐고 나는 긴장을 풀기 위해 허브를 사용하기 시작했고, 둘 다 꽤 빨리 효과를 보았다. 나는 담배를 끊고 식단을 바꿔 흰 밀가루와 고기와 설탕을 끊고 현미와 콩을 더했다. 현지 교사에게서 심령술psychic skills을 배우기 시작했다. 간단한 심상화 기술을 배워 내 위가 낫고 머리가 풀리는 상상을 하기 시작했다. 마지막으로 매일 밤 허브 목욕을 하고 작은 원을 반복해서 그리며 배를 문질렀다. 그러면 기분이 좋아졌다. 어느 날 밤 치유가 되는 게 느껴졌다. 손이 복부 안으로 들어간 것처럼 위가 간질거렸다. 그곳에 늘 느끼던 통증 대신 위안pleasure이 깃들었다.

심령적으로 열리기 시작한 이들은 모두 어떤 식으로든 이와 비슷한 경험을 한다. 치유는 몸이 어떻게 해야 하는지 이미 알고 있는 자연스런 과정이다. 우리가 할 일은 기본적으로 방해하지 말고 몸이 일하도록 허용하는 것이다. 하지만 우리는 몸을 신뢰하는 법을 배우지 않았기 때문에, 이 간단한 과정은 시간과 인내가 필요하다. 나 자신을 치유하는 동안 나는 고대 여신 종교에 대한 연구를 많이 했다. 주로 오래된 미술책을 훑어보고 위대한 어머니의 조각상과 그림, 작은 인물상을 보며 이 유산에 아주 강하게 반응했다.

어느 날 친구가 와서 타로를 보여주었다. 내게는 처음이었다. 친구가 타로 사용법을 시연할 때 나는 내 삶에 대한 질문들을 했고 친구는 내가 선택한 카드들을 해석해주었다. 나는 매료되었다. 내 심령의 psychic 길을 찾은 게 분명했다. 친구가 준 카드는 1910년 에드워드 웨이트가 디자인하고 파멜라 스미스가 그림을 그린 '웨이터-라이더' 카드였다. 이 중세 남성 중심의 이미지에서도 나는 여신의 현존을 두드러지게 볼 수 있었다. 고대 여신 종교에 대한 나의 연구가 어떤 식으로든 타로의 비의적 지혜에 담겨있음을 이해했다.

그곳에 여신의 다양한 면들이 드러나 있었다. 고위 여사제는 달과 여성의 주기성을, 비너스의 지배를 받는 여황제는 사랑과 활발한 여성의 섹슈얼리티를, 힘 카드는 마음과 심장 그리고 모계 의식을 나타내고 있었다. 나는 6개월 동안 타로와 연애하듯 매일 타로를 사용했다. 잘 알려지지 않은 비의적 글을 포함해 손에 넣을 수 있는 모든 타로 책을 읽었다. 연구하면 할수록 타로에 대한 전통적 접근법이 남성적 세계관을 배타적으로만 반영한다는 점을 더 이해하게 되었다. 나는 1943년 앨리스터 크롤 리가 디자인하고 프리다 핼리스가 그린 '토쓰 Thoth' 덱을 손에 넣었다. 이 덱의 이미지들이 마법면에서 아름답지만, 크롤리의 '악마적' 접근법으로 오염되어 있었고 그 부정적 성격에 불안감이 들었다.

나는 비전을 향상시키기 위해 그림을 그리기 시작했다. 나는 고대 문화가 어떠했을지 상상하며 가볍고 장난기 가득한 그림들을 그렸다. 주로 여성과 아이들이 상호작용하며 집단으로 음식을 나누고 함께 의례를 치르는 모습이었다. 모계 사회의 역사에 대한 글과 함께 컬러링 북을 만들까 생각했다. 화가인 친구 카산드라 라이트의 지도 아래 나는 찰흙으로 이미지를 형상화하고 인형과 마스크를 만들기 시작했다. 좀 더 현실적인 작품 외에 혼자일 때 나는 '직관적인' 왼손으로 100점이 넘는 그림을 그렸다.

1978년 7월 두 딸은 1년 동안 아빠와 살 준비를 하고 있었다. 우리가 제일 길게 헤어지는 것이었다. 내가 아이들에게 사준 타로카드에는 두 장이 빠져 있었다. 재미 삼아 나는 빠진 카드를 직접 그려주기로 했다. 완벽함에 대한 압력은 없었다. 정말 단순히 그 과정이 즐거웠다. 딸들을 떠나보내고 일주일 뒤 나는 마더피스가 될 첫 이미지를 그렸다.

첫 카드는 지팡이 6번, 깊어지던 나의 요가 수행을 반영한 샥티의 이미지였다. 지팡이 6번은 창의성과 자신감, 능력의 폭발을 표현한다.(샥티는 '할 수 있음'을 의미한다.) 이미지 자체도 둥근 모양으로, 불을 내뿜는 6개의 살이 달린 바퀴 중심에 피부가 짙은 여성이 마법의 열과 빛을 발산한다. 이 이미지에서 카드가 직사각형의 전통 타로와 달리 원형이 될 것임이 분명해졌다.

여신 연구를 함께했던 내 친구 카렌 보겔이 이 프로젝트에 들어오고 싶어 했다. 곧 카렌도 타로 작업을 시작했다. 카렌은 견본으로 전차 카드를 그렸고, 우리는 마더피스 이미지를 만드는 파트너가 되기로 했다.

돌이켜보면 이 모든 것이 질서 있게 순서대로 이뤄진 것 같아 보인다. 하지만 당시에는 상황이 아주 빠르게 진행되었고 의식적 통제가 부족해보였다. 어머니 여신에게 되돌아가는 여정의 독특한 특성은 그 길이 여러분을 어디로 데려갈지 늘 알 수는 없다는 점이다. 20장에 기술된 달 카드처럼, 여러분은 밤에 눈을 가리고 미로를 통과하며 미지

지팡이 6번 Six of Wands

의 황야를 통과하는 길을 찾는다. 달 만이 인도하는 이 과정은 서양인에게는 전례가 거의 없는 극적이고 강렬한 과정이다. 미로 안에서 어디론가 가고 있다는, 어쩌면 이끌림을 받고 있고 불림을 받았다는, 아니면 적어도 이 여정에 어떤 목적이 있다는 내면의 느낌에 순종해야 한다.

나의 심령적psychic 경험과 치유 경험은 점점 강해졌고, 때로는 '터무니없어over my head' 보이기도 했다. 나는 이 과정을 설명하고 이성적으로 이해하고 토대를 잡아주는 책들을 찾았다. 동네 헌책방을 돌아다니며 말 그대로 맞는 책이 내 손에 떨어질 때까지 책장을 훑었다. 아무 페이지나 펼쳐 읽었는데 내게 필요한 정확한 정보를 찾을 때가 많았다.

책을 보며 공부하고 마더피스 이미지 작업을 하면서 내가 깨달은 것은 비전을 담은 (또는 샤먼적인) 예술이 인간 문화의 뿌리에 있고 미래로 도약하는 기반이 된다는 점이었다. 몸을 치유하고 싶다면 몸이 건강하다는 상상을 해야 한다. 우리가 지구를 치유하려면 우리는 먼저 추상적 소망이 아니라 실제적 현실로서 평화를 그려야 한다. 이 주제는 3부에서 다시 다룰 것이다. 나는 예술이 신성하고 강력하며 소통하는 도구임을 발견했다. 이미지가 하나씩 모양을 잡아갈 때마다 나의 다른 부분이 치유되는 것을 느꼈다.

마찬가지로 나는 이 책이 여러분에게 시각적 이미지와 더불어 말이라는 매개를 통한 치유의 여정, 가부장제 이전 시대로의 여정이 되기를 바란다. 일단 영적 발달이라는 이 미로에 들어서면 여러분은 안개 속을 움직이게 된다. 때로는 인생에서 무엇을 하고 있는지 어머니에게조차 설명할 수 없고, 그러다 갑자기 시간을 초월하는 어느 순간에 모든 것이 명확해진다. 사물의 목적과 전체성을 엿보게 된다. 여러분은 길의 모퉁이를 돌면서 가벼워지고 생동감을 느끼게 될 것이다.

최근 페미니스트 작가들은 우리 사회, 특히 여성을 억압하는 수많은 방법들에 대해 너무도 절실하게 필요했던 비판을 해왔다. 나는 특히 《신이 여성이었던 때When God Was a Woman》《하느님이 여자였던 시절》이란 제목으로 국내에서 번역 출간되었다와 보다 최근의 책을 쓴 멀린 스톤, 《여성과 자연: 그녀 안에서 포효하기Woman and Nature: The Roaring Inside Her》을 쓴 수잔 그리핀Susan Griffin 그리고 《여성생태학Gyn/Ecology》(과 그녀의 초기작들)을 쓴 메리 데일리Mary Daly에게 감사한다. 나의 책은 이런 자료를 바탕으로 그들과 함께 대안을 구상하는 작업에 동참한다. 나는 루이 말Louis Malle 감독의 영화 〈안드레와의 저녁My Dinner with Andre〉에 나오는 인물들을 생각한다. 연극 연출가인 안드레는 동료에게 "사람들이 완전히 고립되어 서로 연락이 닿지 않고, 강박적이고 내몰리고 절망적인 삶을 보여주는 연극을 올리면 관객들에게 어떤 영향을 미칠 것 같아?"라고 묻는다. 사람들에게 힘을 실어줄 목표로 그는 "잠자는 청중을 깨우는 데 그게 도움이 될까? 그런데 말이야, 나는 그렇게 생각하지 않아…"라고 묻는다.

안드레처럼 나는 아침에 잠에서 깨어 침대에서 나오게 하는 것은 두려움이나 절망이 아니라 희망이라 믿는다. 만일 현재 우리의 삶의 방식이 우리를 절망적이고 고립감을 느끼게 한다면 "어떻게 하면 더 나은 것을 그려볼 수 있을까?"라고 묻는 것이 타당하다.

비전을 담은 예술은 다양한 형태를 띤다. 현재를 그려낼 때, 예술은 일반적으로 인식되지 않는 가능성, 우리가 외면하는 세계의 측면들을 보여준다. 미래를 상상할 때 예술은 계속해서 우리가 가장 깊이 원하는 것 (혹은 두려워하는 것)을 구체적으로 말하도록 압박한다. 그리고 과거를 자세히 들여다보는 데서, 마더피스의 경우엔 선사시대를, 비전 예술은 체계적으로 도둑맞고 묻히고 불태워졌음에도 불구하고 여전히 그 안에 생명과 힘이 있고 드러내야 할 것들을 되찾게 해준다. 우리들 안에서 여신이 깨어나도록 하고 '우리의 참자아를 다시 찾도록' 돕게 하는 이들이 많아질수록 지금 우리를 기다리고 있는 지구 파괴의 경로를 집단적으로 바꾸고 생명에 헌신하는 미래를 창조할 수 있을 것이다.

1부

메이저
아르카나

MAJOR ARCANA

비밀과 영약

아르카나는 심오한 비밀이다. 라틴어 어원에서 이 단어는 '궤^{chest}'를 의미한다. 궤의 한 종류인 언약궤는 성스러운 텍스트를 안전하게 담은 보관함이다.

'아르카^{arca}'는 대홍수에 맞선 노아의 치료법을 가리킨다. 육지 생명체들은 배 안의 갈비뼈에 해당하는 공간에서 살아남았다. 연금술에서 '아르카나'는 불로장생의 놀라운 영약이라는 또 다른 치료법을 가리킨다. 이 단어의 이런 뜻들을 연결하면 우리는 재난으로부터 우리를 구할 컨테이너(와 보다 넓은 의미에서 배^{vessels})라는 주제를 찾을 수 있다. 연금술에서 이 그릇은 치료법이 만들어지는 정화장치^{alembic}이다.

이 모든 게 타로나 여신과 무슨 상관일까? 19세기 후반 신지학자 마담 블라바츠키Madame Blavatsky는 비밀의 지혜를 '아르카Arka 라틴어로 '선박' 또는 '저장소'를 의미하며, '지키거나 방어하다'라는 뜻의 동사 'arcere'에서 유래했다, 신성한 처녀 여신the Divine Virgin — 하늘의 어머니 여신Mother of the Heavens'과 연결시킨다. 비슷하게 로버트 그레이브스Robert Graves는 아르카가 달의 여신 아스타르테Astarte나 이시타르Ishtar를 숭배했던 고대 가나안 사람들인 '알가족Arkites'의 집이라 언급한다. 노아의 방주가 생명을 지키는 배였던 것처럼 타로의 아르카나는 여신을 숭배하던 시대에서 살아남은 영적 지혜를 구하는 그릇이다. 로렌스 더딘-로버트슨Lawrence Durdin-Robertson에 따르면 칼데아의 어머니 여신인 누아Nuah가 노아보다 앞선다.

아르카나는 방주이기도 하지만 에리히 노이만Erich Neumann의 관점으로는 여성이기도 하다. 자신의 방대한 연구 결과인《위대한 어머니 여신The Great Mother 2009년 박선화 번역》에서 노이만은 여성의 몸을 컵, 성배, 가마솥은 물론 보트, 배, 방주와 상세히 비교한다. 마찬가지로 가레스 나이트Gareth Knight는 직관적으로 '위대한 어머니 여신의 자궁'을 가마솥, 방주, 초생달의 모양과 연결한다. 달처럼 가마솥도 탁월한 여신의 상징이자 연금술의 영약과 연결된다. 물리적 차원에서 연금술은 원재료를 금으로 바꾸려는 시도이지만, 심리학자 C.G.융은 연금술사들의 비의적 탐구는 자아의 변형이었음을 보여주었다.

마더피스 이미지에서 메이저 아르카나가 약속하는 것은 여신의 회복에 기반을 둔 바로 그런 변형이다. 지배적인 가부장제 문화에서 여신은 주로 비의적 형태로 살아남는다. 우리가 보았던 아르카나는 비밀의 지혜를 보호하고, 적절하게 사용해 치료법을 만들어낸다. 그러나 이 치료법에는 해야 할 일이 있다. 텔레비전을 보는 것 같은 수동적인 경험과 달리 아르카나는 적극적 참여를 요구한다. 또 아르카나가 제공하는 치료법은 쉽게 삼킬 수 있는 알약이 아니라 자기 발견의 과정이다.

이 비밀의 가치를 파악하려면 우리는 불신을 보류하고 다른 영역에서 온 꿈같은 이미지에 우리의 상상력을 열어야 한다. 이들 모계 사회의 이미지가 우리에게 낯설게 느껴진다면 그건 이 이미지들이 오늘날 우리 삶과 연관성이 부족해서라기보다는 반대로 지배적인 가부장적 문화의 전제에 도전하기 때문이다.

메이저 아르카나는 로마 숫자가 매겨진 22장의 타로카드로 창조와 회귀라는 우주적 순환을 나타낸다. 오컬트에서는 영혼이 겪을 수 있는 삶보다 더 큰 여정인 '퇴행involution'과 '진화evolution'라 부른다. 비의적으로는 이 세상 안으로 발현된 모든 것은 다시 나간다. '자연법'에 따르면 이 과정은 우주의 모든 수준에서 계속 일어난다. 이 순환 중 가장 흥미로운 것은 인간 영혼의 순환으로, 물리적 몸으로 들어와 매 생애마다 몇 가지 귀중한 진리를 배우고 그 경험의 정수를 '뽑아' '다시 한 번 다른 쪽으로 건너간다.' 왔다 갔다, 들어왔다 나갔다, 영혼은 살고 배우며 몸에 '갇혀' 있던 영혼을 풀어놓는 '해방' 또는 '우주 의식'을 향해 나아간다. 이 '갇힘'의 본질은 무엇일까? 영혼이 인간의 몸을 지나가야만 하는 것은 아니다. 불교에서 말하듯 이 여정은 위대하고 거룩한 선물이다. 영혼은 몸을 통해 무의식적으로 거룩한 현존에 갇혀 있다. 영적 발달의 목표는 영혼을 의식하고 영혼과 다시 결합하는 것이다. 이런 의미에서 메이저 아르카나는 명상의 대상으로 적절하게 사용되면 영적 수련법을 제공한다.

모든 초기 문명의 입문 학파에서도 비슷한 교훈을 가르쳤다. 드루이드에서 이집트 사제직에 이르기까지, 마야에서 북극 샤머니즘까지 이 '가르침'은 공동체의 특정 구성원들에게 제공되어 이들이 개인으로서 또 집단으로 진화하는 동안 지구상에서 인간 삶의 목적을 이해하고 조화롭게 살도록 도왔다. 이 가르침이 얼마나 과거로까지 거슬러 올라가는지는 모른다. 구전 전통은 흔적을 남기지 않고 상형문자처럼 쉽게 발견되지도 해석되지도 않는다. 하지만 인류 역사에서 '낙원 같은' 시대가 끝날 무렵 현자들the Wise Ones이 암흑시대가 오고 있음을 이해했을 가능성이 커 보인다. 후대에 이 가르침을 보전하기 위해 이 선사시대의 '현자들sages'은 자신들의 지혜를 그림 형태로 표현했고, 그중 일부가 '비밀 교리'로 수천 년 동안 살아남았다. 타로는 전통적으로 이 자료를 인용하였고 따라서 메이저 아르카나에는 고대의 정교한 우주법칙과 여신 숭배의 씨앗이 담겨 있다. 지난 수천 년 동안 가부장제는 때로 끔찍한 폭력으로 이 지식을 억압해왔다.

오늘날 미국에서 티베트 불교도들은 비슷한 암흑시대를 준비하고 있다. 상황이 나아지기 전에 더 나빠질 것이라는 신탁 때문에 이들은 다가올 시대에 살아남기를 바라며 '안전한 공간'에 경전들을 모으고 있다.

타로에서 아르카나는 다양한 그래픽 형태를 띤다. 예를 들어, 대중적인 웨이트 덱에서는 중세 의상과 배경으로 인물들이 등장한다. 고위 여사제는 일종의 여자 소(小)수도원 원장이나 수녀원장처럼 보인다. 이와 대조적으로 올리에스터 클라울리 Aleister Crowley 의 타로 데응 그가 아르카나의 출처라 믿는 고대 이집트를 배경으로 한다. 그의 덱에서 고위 여사제는 이시스 여신으로 그려진다. 예복을 입고 베일을 쓴 그녀는 두 팔을 들고 기도하거나 에너지를 영적 교신하는 모습이다. 이것은 훨씬 더 뿌리 깊은 묘사다. 수천 년 동안 제정되었고 오늘날 활발하게 활동 중인 다양한 비의 학파를 통해 다시 접근할 수 있을지 모르는 신성한 신비 전통의 씨앗이 아르카나에 담겨 있음을 보여준다.

이시스 여신의 입문 신비는 특히 타로로 들어가기에 적당한 입구인데, 그 이유는 이집트 왕조 이전의 역사에 가 닿으면서도 3,000년 뒤인 헬레니즘 시기에 엄청난 부흥을 겪었기 때문이다. 더딘-로버트슨 Durdin-Robertson 은 당시에는 이시스 숭배가 (대중적 또는 '대규모' 의식을 치르는) '도시 국가의 컬트'이자 사적인 '신비 컬트'로 지중해 전반에 퍼져 있었다고 말한다. 더 오래된 다양한 여신들을 '순화'시키거나 세련된 형태로 합성한 선도적 여신인 이시스는 훗날 성모의 모델이 되었다. 이시스의 신비는 나중에 엘레우시스 신비의 원형 prototype 이자 코린트, 폼페이, 로마, 심지어 아일랜드에서도 입문 의식의 원형이었다.

마더피스 이미지에서 우리는 시간을 거슬러 가부장제 이전 시대의 가르침보다 '원시적'이거나 뿌리가 되는 의미까지 가려 했다. 어머니 중심의 집단이 살아있을 때 공동체 전체가 입문의 신비를 경험할 수 있었다. 우리는 훨씬 더 나아가서, 계절에 따라 정기적으로 열린 축제와 의례 행사를 통해 긴장을 해소하고 '모두의 위대한 어머니'의

현존을 경험하고 우주의 에너지와 치유적으로 재결합할 수 있었다.

이런 맥락에서 마더피스의 고위 여사제는 더는 개별적 여성을 의미하지 않고 여성 집단의 화신으로서 '우주적 여성cosmic feminine'의 힘을 나타낸다. 마더피스 이미지의 줄루 여성The Zulu women은 말 그대로 비밀이 담겨있는 '가슴' 또는 '자궁'이다. 그녀의 몸은 그 자체로 '잠자는 쿤달리니'의 잠재된 힘을 지닌다. 부족의 여성들이 춤이나 다른 형태의 숭배를 통해 이 힘을 깨우면 공동체 전체가 치유 받았다.

메이저 아르카나는 자연 세계를 조직하는 기본적인 보편 법칙을 설명하려 한다. 형이상학적이거나 우주적인 의미를 가진 메이저 아르카나는 때로 삶이나 진화의 단계로 해석되고 영적 경로의 단계로 해석되기도 한다. 0(바보)에서 XXI(세계)까지 순서대로 번호가 매겨진 메이저 아르카나는 생명의 창조와 지구에서의 성장과 발전 그리고 인간 영혼이 스스로를 의식하게 되는 순환을 나타내고, 이는 원천과

타로에서 고위 여사제의 세 버전
❶ 웨이트 덱, ❷ 크롤리 덱
❸ 마더피스 이미지의 잉크 드로잉

의 근원적 연결로 돌아온다.

메이저 아르카나는 창조 신화처럼 생명의 시작과 종교사학자 미르체아 엘리아데가 '귀환의 주기the cycle of return'라 부른 것을 일관성 있게 발달시켜준다. 융 심리학자 마리 루이스 폰 프란츠Von Franz는 '창조란 의식을 향한 깨어남'이며, 사람이 뿌리가 뽑히고 분열될 때 치유를 향한 첫 걸음이 일종의 창조의 꿈creation dream이나 은유로 정신psyche 속에 등장하는 것이라 믿는다. 그녀는 피지인들은 "해리나 공황, 사회적 무질서로부터 위협을 받을 때마다 그들의 창조 신화를 다시 말함으로써 창조 세계와 우주 전체를 복원하려고 한다"고 보고했다. 오늘날 세계정세에 비추어 볼 때, 현시점에 타로와 특히 메이저 아르카나의 부흥은 우연으로 보이지 않는다. 미래에 어떤 창조가 필요하고 또 어떤 삶이 가능한지, 집단적인 새로운 은유가 너무도 필요하다. 우리는 그 은유의 창발에 참여하고 있는가?

도널드 샌들러Donald Sandler에 따르면, 나바호족의 치유는 4가지 원칙을 따르는데 나는 이것이 메이저 아르카나의 자연적 순환에도 적용된다고 믿는다. 첫째는 근원으로 돌아가는 것이고, 둘째는 악을 직면하고 다루는 것, 셋째는 죽음과 재탄생, 그리고 넷째는 우주의 복원이다. 우리가 나바호족의 치유에 대해 알기 전에 마더피스의 메이저 아르카나를 만들었기 때문에 나는 두 체계가 부분적으로는 동일한 기본적 지혜의 원천에서 나오지 않았을까 생각하게 되었다.

마더피스 이미지의 순환에서 첫 카드 몇 장은 '근원으로 돌아감'을 나타낸다. 이 카드들은 선사시대의 문화를 살펴보고 고고학적 증거와 신화에서 초기 인류의 본성에 대해 추측한다. 6장 남황제 카드에서 시작해 다음 카드 몇 장은 '악을 직면하고 다루는 것'에 대한 내용이고, 이는 13장 힘과 14장 거꾸로 매달린 사람과 '죽음과 재탄생'으로 갈 때까지 계속된다. 19장 별과 20장 달은 궁극적이고 피할 수 없는 '우주 복원'으로 향한 길을 가리키고, 이는 마지막 3장의 메이저 아르카나 이미지들인 21장 태양과 22장 심판과 23장 세계에서 온전히 표현된다.

상징적으로나 실제로, 이 치유의 이야기는 치료 과정을 거치는 개인은 물론 비슷한 복원의 순환에 있는 문화전체에도 적용이 된다. 처음 몇 장에서는 우리가 거의 다 잃어버렸지만 되찾기 시작한 역사를 이야기한다. 중간의 장에서는 우리의 '역사적' 경험들과 가부장제의 절정에 존재하는 우리의 세상에 대해 말하고 있다. 그리고 마지막 아르카나는 미래에 대한 희망을 이야기하며 우리 개인은 물론 우리 집단 세계의 복원을 위해 적극적으로 참여할 것을 제안한다.

2장에서 23장까지, 각 장의 첫 부분에서는 특정한 타로 이미지의 뿌리가 되는 신화와 예술에 대해 논의한다. 예를 들어 여황제에 관한 장에는 '비너스' 조각상들과 다른 초기 선사시대에 지구 어머니로 여신을 표현한 조각들에 대한 논의가 담겨 있다. 또 나중에 농업 혁명 시기에 여신이 표현된 형태에 대해서도 다룬다. 메이저 아르카나를 다룬 각 장의 마지막 부분은 자신의 삶에 그 이미지들을 어떻게 적용할 수 있는지 알고 싶은 이들을 위한 좀 더 개인적인 '읽기reading'이다.

따라서 각 장의 대부분은 주로 독자의 추상적인 '마음-영혼'에게 하는 이야기로, 배경과 '입문에 관한 내용'을 제공한다. 뒷부분은 인격에게 하는 이야기로, '현실 세계'에 바탕을 둔 내용이다. 두 부분은 서로를 더 분명하게 해주지만, 독자가 원한다면 어느 한 부분만 따로 볼 수도 있다. 예를 들어, 메이저 아르카나에 관한 장의 첫 부분은 신화, 예술, 타로에 나오는 여신 상징에 기초한 문화의 진화에 대한 긴 에세이로 순차적으로 읽을 수 있다. 마찬가지로, 각 장의 뒷부분인 상담과 점술, 인격을 따로 읽을 때 각 주요 신비에 대한 기본적인 타로 해석으로 쓸 수도 있다. 당연히 각자가 영과 몸, 영적인 면과 물질적인 면 둘 다에 관심이 있듯, 두 부분 모두에 관심을 둘 때 가장 완전한 해석이 나올 것이다.

자신의 엘프* 신뢰하기

*Elf 꼬마요정, 장난꾸러기, 개구쟁이 등의 뜻

'숫자' 0에 해당하는 타로의 바보는 공^{void}, 즉 모든 가능성을 담고 있지만 아직 특정한 무엇으로 현현^{분명하게 드러남} 되지 않은 창조 이전의 상태를 상징한다. 많은 창조 신화에서는 이 상태를 카오스로 부르며 여성^{female}으로 간주한다. 카오스에서 알몸으로 일어난 만물의 여신은 발 디딜 곳을 찾지 못했다. 바다와 하늘을 가르고 생명을 낳을 때까지 여신은 물 위를 감돌았다. 의식이 물 위를 감돈다는 것은 성서적 사고로, 성령을 근원적 여성 형태, 즉 생명의 숨결로 묘사한다.

융 분석가인 마리아 루이스 폰 프란츠의 말을 빌리자면, 바보는 "자아의식이나 의식에 어떤 분열이 일어나기 전, 정신의 온전함"을 상징한다. 따라서 타로에서 전통적 바보는 나락으로 떨어지는 줄 모르고 막 절벽으로 발을 내디디려는 행복한 인간의 모습이다. 바보에게는 신성한 트릭스터 신화에서 주술, 장난 등으로 질서를 교란시키는 존재의 요소가 있다. 어릴 때 본 〈로드러너〉 만화영화가 떠오른다. 코요테가 아무리 교활하게 굴어도 로드러너는 항상 꾀를 내어 코요테를 능가한다. 로드러너는 절벽 너머 빈 공간으로 걸어 나가도 죽지 않는 능력을 가진 진짜 바보이기 때문이다. 바보는 논리적 사고라는 면에서는 자신이 무엇을 하는지 모르지만, 0으로 대표되는 발아기 embryonic 상태의 무한한 가능성에서 일어나는 충동을 따라 움직인다.

모든 가능성을 담고 있는 바보는 사건들 사이의 '동시성'이나 '우연성'을 나타낸다. 더 큰 보편적 전체와 연결하는 우리의 무의식적 부분인 바보는 언어화되지 않고 대개 인식하지 못한 생각과 사건 사이의 연결고리를 수반하는 일들을 끊임없이 '그냥 일어나게' 한다. 마법의 현상에 열려 있을 때 이런 세계들 사이의 작은 상관관계를 받아들인다. 이런 동시성을 지적 수준에서 받아들이게 되면 우리는 그런 사건들을 더 자주 알아차리게 되고 더 온전히 감사하는 법을 배우게 된다.

마더피스에서 바보는 물구나무를 선 채 걷는 아이로, 사방의 위험을 전혀 알아차리지 못하고 남의 눈을 전혀 의식하지 않으며 살아있는 게 그저 행복하다. 아이는 아직 자신을 돌아보지 않는 인간 영혼의 상징이며, 자신을 깨닫기 전까지 되풀이해 환생하는 생명의 불꽃이다. 환생은 바보에게 비밀의 열쇠이고, 바보는 타로 전체의 비밀 열쇠이다. 메이저 아르카나 중 유일하게 바보는 현대의 놀이용 카드의 제스터나 조커로 전해져 내려왔다.

마더피스 이미지에서, 아이는 왼쪽 발가락으로 가방의 균형을 잡고 있다. 전통적으로 바보의 가방에는 융 학자들이 '집단 무의식'이라 부르는 것이 담겨있다. 이 가방은 우주적 자각cosmic awareness을 일깨우고 타로 덱을 창조하는데 들어간 원형들archetypes과 상징들을 나타낸다. 이렇게 바보는 모든 타로카드를 자기 안에 발아기 형태로 담고 있다. 가방의 뜬 눈은 현재 인류에게 일어나고 있는 영혼의 깨어남을 나타낸다. (이전의 덱들에는 눈이 감겨져 있다. 이는 비밀이나 비의적 지식을 나타낸다.) 개별적이고 비밀스런 일이었던 입문은 이제 열린 마음과 많은 현대인의 삶 속에서 일어나는 집단의 과정이 되었다. 이는 초기 인류의 특징이었던 온전함wholeness으로 되돌아가는 순환의 시작을 표시한다.

바보의 가방이 열릴 때 우리는 어쩌면 '과거의 삶'을 기억하고 영혼이 경험하는 삶이라는 더 큰 실재를 이해하기 시작한다. 알아차림이 현재에만 제한된 어린아이처럼 바보는 이전에 무슨 일이 일어났는지 미래에 무슨 일이 일어날지 지적으로 분석하지 않고 순간에서 순간으로, 삶에서 삶으로 움직인다. 이렇게 바보는 영원히 젊고 언제나 태양처럼 새롭게 시작한다. 이는 죄나 위법에 관한 생각이 없는 순결함을 나타낸다.

기본적으로 여전히 '형성되지 않고unformed' '지금'에 열려 있는 아이는 두려움이나 의심, 심지어 생각 없이 미래, 즉 물을 건너려고 다가간다. 아이는 자신을 믿고 몸과 생명의 전반적인 흐름을 자동으로 신뢰한다. 충동적으로 아이는 재주를 넘어 세상을 거꾸로 본다. 뒤에 나오는 거꾸로 매달린 사람에서 거꾸로 뒤집는 이 결정은 의식적이고 불안하게 이뤄진다. 하지만 바보에게 이는 완전히 자발적인 행동이다.

아이를 굽어보는 것은 이집트 여신 마트^{Maat}의 신성한 그리폰-독수리이다. 지혜와 내면의 진리의 여신인 마트는 영적 진화의 긴 여정에서 각각의 영혼을 보호한다. 바보의 지팡이에 달린 공작 깃털은 진실을 향해 우리를 추동하는 고대 지성의 표시이다.

바보는 요가와 다른 형태의 명상이 회복하려 애쓰는 순수한 자발성을 즐기고, 바보의 목적은 현재의 몸으로 육화한 동안 영과 혼을 재결합하는 것이다. 엘리아드^{Mires Eliade}는 우리 인간에게 '낙원'에서 알았던 '원시적 온전함과 지복'에 대한 '노스텔지어'가 존재한다고 주장하는데 타로에서는 바보가 이 지복을 체화하고 있다. 개인에게서 이 노스텔지어는 종종 자궁의 양수 속 지복^{bliss}으로 돌아가려는 소망으로 나타난다. 페미니스트 용어로 이 갈망은 생명과 모두를 위한 사랑을 대표하는 위대한 어머니^{The Great Mother}에 대한 존경과 숭배를 특징으로 했던 우리 종^{species}의 초기를 가리킨다.

마더피스 이미지에서 악어는 위험과 본능적 무의식을 나타낸다. 하지만 이 악어는 분명히 아이에게 아무런 위협도 가하지 않는다. 파충류의 지혜는 심령적 수용성^{psychic receptivity}의 원시적 형태이다. 뱀이나 파충류의 송과체는 진화적으로 심령적이거나 내면의 시야^{inner sight}라는 '제3의 눈'으로 상징되는 더 높은 지혜에 대한 인간 잠재력의 전구체^{precursor 어떤 물질에 선행하는 물질}이다. 바보는 같은 원시적 의식을 공유하는 악어와 심령적으로 연결되어 있기 때문에 두려울 것이 없다.

바보의 동행인 고양이는 친구이자 심령적 동반자이며, 마녀라면 자신의 '파밀리아^{familia 중세 유럽의 민담에서 초자연적 존재로 마녀나 마법사}

의 마법을 돕는 조력자. 다양한 형태지만 주로 동물의 모습을 한다'라 부를 존재로 바보와 삶을 나누기로 선택했다. 바보는 평범한 사회적 관습의 제한을 받지 않기 때문에 텔레파시가 소통수단인 동물 친구와 온전히 관계를 맺을 수 있고 또 다른 형태의 마법적 관계도 맺을 수 있다. 마녀들은 자신의 파밀리에 동물이 '아스트랄계요가에서 말하는 육체와 분리된 영적 세계로 나가' 부탁을 들어줄 수 있다고 한다. 심령학자를 위한 소식지에 따르면, "동물들은 이미지와 정서라는 원시적 우뇌의 '언어'로 소통한다. 동물은 인간 친구가 슬프거나 아프고 외롭고 기쁠 때 공감하고 지지한다. 이들은 자신의 언어로 방향과 소통을 이해한다."

바보는 에고보다 더 큰 신성한 무언가를 두려움없이 받아들이고 신비의 귀환과 우주적 경험 속으로 믿음으로 도약할 것을 요청한다. 마더피스 바보 카드의 전경에는 고대에 변형의식과 예언, 환각을 유도하는 데 쓰였지만 정확하게 모르고 쓰면 독이 되는 '마법의' 버섯 아마니타 무스카리아amanita muscaria가 있다.

강바닥에서 자라나는 연꽃이나 수련은 바보에게 높고 낮음이 연결되어 있고 아름다움이 흔하디 흔한 진흙에 뿌리내리고 자라남을 상기시켜준다. 꽃은 인체의 7개 '에너지 중심' 중 가장 높은 왕관 차크라chakra를 상징한다. '7번 차크라'인 왕관 차크라는 인간을 하나의 보편적 영과 연결하고, 이는 우주적 빛과 신의 인도에 열려 있는 바보에게서 볼 수 있다. 이런 종류의 자연스럽고 자발적인 '영적 교신'의 예는 어린아이들이 타로를 볼 때 일어난다. 어떤 공부나 준비도 없이 (그리고 뭘 알아야만 하는지 거의 생각하지 않고) 아이들은 놀이 삼아 전문가처럼 정확하게 그림을 해석한다. 모든 '신성한 놀이'는 여신과 연꽃의 순수한 지혜로 바로 가는 길이다.

바보 카드에서 분홍색 산들은 애정과 영적인 사랑의 땅을 나타낸다. 눈 덮인 꼭대기는 서늘한 순수성을 나타내고, 바보가 건널 준비를 하는 생명의 강으로 녹아 흘러든다. 이 개울은 마음을 통해가는 끊임없는 생각의 흐름을 나타낸다. 산 위로 내비치는 아침 해는 상쾌한 초봄을 암시하고, 점성학적으로는 물고기자리(마무리)와 양자리(시작) 사이의 시작점 ^{cusp 12궁도에서 하나의 별자리가 끝나고 그 다음 별자리가 시작되는 사이}에 바보를 위치시킨다.

미래에 대한 두려움 없이 우리를 무기력에서 벗어나 깨달음과 변형을 향하도록 하는 이는 우리 안의 바보이다. 변화가 일어날 때마다 우리 안의 바보는 다시 태어나고 풀려나 활동한다. 폰 프란츠가 상기시켜주듯, "인간이 의식에서 진정한 진보를 이룰 때마다 그의 온 세상이 바뀐다. 관계가 변하고 바깥세상에 대한 그리고 자신의 상황에 대한 전망이 바뀐다. 세상이 완전히 재탄생한다."

중세 궁중의 어릿광대처럼 천진한 바보는 처벌이나 검열 없이 진실을 자유롭게 말할 수 있다. 바보의 동기가 절대적으로 순결함을 우리가 신뢰하기 때문이다. 바보는 환상에 갇힌 공동체에게 "임금님이 발가벗었어!"라고 선언하는 유명한 우화 속 아이처럼 우리를 일깨우는 주체가 될 수 있다. 오늘날 우리 문명에 관한 진실을, 즉 핵무기 경쟁을 기반으로 한 '안보'나 원자로의 멜트다운 ^{원자로의 노심이 녹는 걸 가리키는 말로, 방사능 유출로 이어지는 심각한 사고}을 무릅쓴 번영, 하루에 6시간 TV를 시청하는 것으로 유지되는 문화의 가치에 대해 위험을 무릅쓰고 말하는 이는 누구라도 바보이다.

바보 카드가 나오면, 지금은 내면의 아이가 등장할 때이므로 세련되게 접근하고 싶은 욕망을 내려놓는 게 좋다. 논리나 합리성에 매달리면 힘든 곳에 고착될 가능성이 크다. 바보는 순수한 자발성에 관한 것이기에 세상에서 인정받지 못한 당신의 충동이나 준비되지 않은 반응들과 접촉하는 것이 좋다. 바보는 대개 가볍고 환희에 차 있고, 시간을 거슬러 모든 에너지가 좋은 단순한 자유의 '낙원'에 도달한다. 우리 중 누가 그런 '황금시대', '죄'나 죄책감이 아무 영향을 미치지 않는 왕국에 대한 믿음을 완전히 전적으로 내던졌는가?

바보는 역설적으로 '바보 같아 보이는' 것을 걱정하지 않는 동시에 비난에 보다 열려 있는 여러분의 일부이다. 바보는 해변에서 깃털이나 특별한 돌멩이를 줍고 거기에 특별한 마법이 담겨 있다는 걸 안다. 카드에서 미래를 읽고, 뭔가 '특별한' 일이 일어나면 개인적이고 개별적으로 여신의 손길을 받았다고 느낀다. "바보들은 왜 사랑에 빠질까?" 그리고 그들은 왜 견고한 진리의 절벽에서 허공 속으로 발을 내딛을까? 바보는 진정으로 다른 사람들이 어떻게 생각하는지, 어떻게 보이는지 신경 쓰지 않는 여러분의 일부이기 때문이다.

바보는 내면에서부터 움직인다. 그것은 내면의 현자의 분명하고 차분한 목소리가 아니라 걱정 없는 비이성적인 충동, 즉 억제할 수 없이 치밀어 올라 무언가로 내모는 에너지이다. 어쩌면 여러분이 더 잘 알 수도 있고, 주의를 기울이고 계획을 세우고 '조심'해야 할 논리적 이유가 있을 수 있다. 하지만 바보는 삶을 매혹적이고 유희적으로 느끼며 기꺼이 모든 것을 경험하려 한다. 바보가 여러분의 삶을 통해 행동할 때 여러분은 주의를 바람에, 아니 바보가 나타내는 생명의 숨결에 던져버린다. 바보의 뜻대로 여러분을 데려가도록 허용하는 것이다.

우주는 열려 있고 기꺼이 감동하려는 그런 사람들을 '좋아하는' 것 같다. 우주는 이들을 성장과 기쁨의 경험들로 축복한다. 이들이 배우도록 돕고, 생물학적 나이와 상관없이 정신적으로 젊음을 유지하게 한다. 바보와 동일시하는 사람은 실용적이지 않고 어리석어 보일지 모른다. 그녀는 우주를 관통해 흐르는 사랑을 신뢰하고 자신의 욕구가 현실로 창발하도록 허용한다. 바보를 알려면 우리가 '자아self'라 믿는 '자신의 엘프elf', 즉 현실 속에 살고 있는 영원한 트릭스터를 믿어야 한다.

3장 _ 마법사 MAGICIAN

불을 춤추다

마법사의 큰 비밀은 불의 연금술이다. 그녀의 활성화하는 힘은 사물을 다른 것으로 바꾼다. 그녀는 도구를 만드는 사람이나 샤먼을 나타낸다. 초기 기술 중, 불이 가장 강력하고 쓰임새도 다양했다. 사람들은 불을 사용해 곡물을 빵으로, 흙을 돌로, 불에 타는 물질을 재로 만들었다. 불은 야생동물과 추위로부터 보호할 뿐만 아니라 중앙의 화로 주위에 모여든 사람들에게 그 따뜻함과 빛으로 불길 속에 깃든 신성한 힘의 어떤 마법과 같은 감각을 느끼게 해주었다. 최근의 고고학 증거를 보면 불을 지능적으로 사용한 역사는 400~500만 년 전부터다. 여성 집단의 원래 힘이 '불'을 사용하고 활용하는데 있다는 것은 전 세계 신화에서 인정되며, 요리에 쓰이는 물리적 불과 그 변형의 신비뿐만 아니라 성적인 붉과도 관련 있다.

샤머니즘은 세계에서 가장 오래된 종교로 인류 문명의 뿌리인 초기 모계 문화로 거슬러 올라간다. 제프리 애쉬$^{Geoffrey Ashe}$는 "샤머니즘이 예전에는 여성들의 컬트^{cult}였고, 사람들이 결속되어 있던 것처럼 이 컬트도 하나였다. 부족들이 갈라지고 서로 연결이 끊긴 후… 남성의 손으로 넘어갔다"라고 주장한다.

샤먼은 치유의 열, 즉 우주의 불길이 인간을 통해 들어오는 통로다. 현대의 샤먼들처럼 마법사는 내면의 영적 천상과 외면의 물리적 대지라는 두 세계의 중재자다. 분별하고 선택하는 과제에 직면한 샤먼은 자신뿐만 아니라 그녀와 우리가 그 일부인 더 큰 유기체에 대한 책임을 져야 한다. 도구를 만드는 사람으로서 마법사는 분화, 즉 인간의 에고가 자신을 인식하고 분별의 힘을 느끼고 이성적으로 사유하기 시작한 정신적 깨어남의 그 위대한 순간을 상징한다. (인간이 도구를 만든 최초의 증거는 150만 년 전 아프리카 대륙으로 거슬러 올라간다.) 초기 인류에서 이 진화의 순간은 어머니와 융합되어 있던 갓난아이가 분리된 존재로서 자신을 깨닫기 시작하고 그 발견의 충격을 감당해야 할 때 다시 되풀이된다. 경이로움 속에서 아이는 "나는 존재한다$^{I am}$"를 이해한다. 명치에서 발산되는 밝은 노란빛이 이런 마음의 마법적 힘을 반영한다.

전통적으로 마법사는 양자리, 즉 화성의 비옥한 불과 봄에 생명을 주는 햇살의 지배를 받는 불의 활동궁$^{活動宮 cardinal sign은 황도대의 별자리로, 매년 태양이 이 별자리들을 통과할 때 계절의 변화가 시작된다}$을 나타낸다. 양자리는 황도 12궁의 첫 별자리이고, 마법사는 타로에서 1번 카드다. 그녀는 에고를 나타내고, 생각하는 힘으로 욕망을 현실로 드러내는 의지의 불과 함께 태양처럼 인격의 중심에 앉아 있다. 마법사는 바보의 우주적 알을 깨뜨리고 그 안에 담긴 에너지를 방출하는 것을 나타낸다. "알에서 나오는 것은 빛나는 존재, 즉 태양이다." 일자the One 절대적 제1원리를 의미하는 신플라톤 철학용어처럼 그녀는 개별적 단위, 소우주를 나타낸다. 점으로, 즉 무에서 나온 단단한 무엇으로 상징되는 그녀는 바깥을 향한 활동, 즉 양陽의 성질을 표상한다.

샤머니즘에 대한 가장 오래된 증거는 선사시대 구석기 동굴에서 발견된다. 인류 초기 샤먼 예술가들은 돌칼과 '손도끼'로 동굴 벽을 파고 깎기도 했다. 초기의 그림은 추상적 상징들이며 주로 바위에 새긴 '구슬'이나 둥근 구멍들이었다. 고고학자들은 이를 유방으로 보거나 별을 나타낸다고 주장한다.

벽화 중 가장 오래되고 자주 등장하는 인간의 모습은 머리가 없는 샤먼-여성으로, 머리가 없이 표현되는 칼리 여신의 초창기 모습이다. 머리가 없는 형상이 새의 머리를 가진 여성상들과 함께 발견되는데, 이들은 분명히 영혼이 잠시 몸을 떠나 형태와 한계가 없어지는 마법의 '샤먼 비행'을 나타낸다.

인간-동물의 하이브리드 형상도 선사시대 예술에 등장한다. 지그프리드 기디온Sigfried Giedion에 따르면, "여성이 기본형이고 남성은 나중에 온다." 하이브리드 형상에서 암시되는 인간과 동물 영역 사이의 상호작용은 샤머니즘의 특징이다. 마더피스 이미지에서 마법사는 동물 가죽을 입어 마법으로 동물과 동일시하고 그 힘을 취한다. 이 이미지에서 페슈메를 동굴 상형문자의 홀에서 발견된 새의 머리를 한 여성이 떠오른다. 기디온은 이를 "인간과 동물이 융합된 가장 오래된 표현"이라고 부른다. 고대의 천장에서 그녀는 무엇을 하고 있었을까? 바로 춤을 추고 있었다.

하이브리드 형상 중 가장 유명한 것이 바로 프랑스의 '레 트루아 프레르의 마법사Sorcerer of Les Trois Frères'일 것이다. 동물 가죽을 입고 뿔이나 마스크를 쓴 이 남자 형상의 스케치는 높이 평가받고 거의 모두가 보았을 것이다. 그러나 탈을 쓴 최초의 춤꾼이자 샤먼으로 추정되는 이 인물은 남신, 즉 동물의 영혼이나 야수의 제왕일 가능성이 더 크다. 칼리의 성적 파트너였던 힌두교 시바 신처럼 들소 가죽을 입은 다른 남성 하이브리드 형상도 같은 동굴에서 발견되었다.

레 트루아 프레르의 후기 남성상은 페슈메를의 새 머리를 한 여성상들과는 다르다. 이 형상들 모두 동물에 둘러싸여 있으며, 남성상들이 서로 떨어져 있다면 여성상들은 군무를 추며 한데 모여 동굴 천장을 덮고 있다. 새의 머리를 한 최초의 여성은 "지상의 존재와 불가분의 관계"로 "미발달된 팔과 큰 가슴, 잉태한 배와 튼튼하게 강조된 엉덩이와 사람의 발"을 갖고 있다. ('여는 글' 22쪽의 그림❶❷ 참조)

마더피스 이미지에서 마법사는 마법과 섹슈얼리티라는 불의 춤을 추는 고대의 전통을 이어나간다. 마녀의 '아탈미athalme or athame로 쓰이며 아타메라고 불리는 종교의식에 사용되는 손잡이가 검은 칼'와 같이 그녀의 오른손에 든 칼은 피뢰침처럼 에너지를 지구로 끌어당긴다. 왼손의 지팡이로 발현을 위해 에너지를 보낸다. 힘을 들이마시고 자신이 원하는 일이 일어나도록 내쉬는 것이다.

북미 원주민의 기도봉이나 왕홀과 비슷하게 마법의 지팡이는 서구 문화에서 흔히 '팔루스'로 여겨진다. 하지만 마법사는 자신의 의지를 왼손, 즉 여성성으로 지휘한다.

힌두교 전통에서 불의 여신 칼리가 이와 같은 요소들을 사용했다. 칼리 여신은 검이나 칼을 높이 들고 세상을 창조하는 춤을 추고, 세상을 파괴할 힘도 지니고 있다. 마법사처럼 밝은 칼리 여신은 활동적인 여성의 힘-샥티, 행동을 일으키는 힘, 열을 만드는 샤먼의 힘을 나타낸다. 불같은 칼리는 가짜를 파괴하고 에고중심주의를 정복한다.

마법사의 춤은 동물보다 우월하다는 점이 아니라 동물 세계와의 연결성을, 마음대로 자신을 동물 형태로 투영할 수 있는 능력이나 동물을 자신 안으로 가져올 수 있는 능력을 찬양한다. 마법사는 메리 데일리^{Mary Daly}가 "아버지 자격이 인정되지 않은 시대에 속한 동물 가죽을 입은 리비아의 트리플 여신"이라 묘사한 네이트^{Neith}이다. 이는 임신을 하는데 짝짓기가 필요하다는 것은 알았지만 제도로서 '아버지 자격'은 꿈도 꾸지 못했음을 의미한다. 아이들은 소유되지 않았고 사생아는 없었다. 마법사는 허리와 허벅지에 사자 가죽을 두르고 어깨에는 코끼리 가죽을 걸친 가부장제 이전의 인도 여신 바이라비^{Bhairavi}처럼 '신성한 요기니'이다. 머리에는 뱀을 티아라^{고대 페르시아(왕)의 머리 장식(品)}처럼 두르고, 엉덩이를 내민 전통적인 요가 자세로 서 있다. 바이라비와 네이트는 아버지 자격이 종교적으로 제도화되고 아버지 신이 발명되기 이전의 여신 원형이다.

이집트 문화에서는, 특히 왕조 이전 (기원전 3,000년 이전)의 여성은 두 팔을 들고 새의 머리를 하고 다리는 점점 가늘어져 점에 가깝게 묘사하고 있다. 이는 1만 년 전 구석기시대 형상들의 후손이다. (여신을 숭상하는 농경시대 이후) 왕조 시대 내내 십지에서 불꽃이 이어나 듯 마음대로 몸을 빠져나와 날아올랐다가 다시 인간 형태로 돌아오는 능력을 신비로 찬양했다.

마더피스 이미지에서 마법사의 눈은 뒤에 있는 스핑크스에 쏠려 있다. 인간과 동물의 신비한 결합체인 스핑크스는 잃었을지도 모를 조상의 신비를 간직한다. 인간의 에고로서 마법사는 신성한 것과의 연결을 유지하기 위해 스핑크스의 신비를 연구한다. 마법과 불의 신성한 의례 사이에 이런 연결이 없다면 에고는 자아중심적이 되어 자신이 우주의 중심이라 생각할 것이다. 마법사의 이런 태도 덕분에 신성과 눈을 마주하는 동시에 발치의 컵과 동전으로 대표된 물과 흙이라는 보다 물리적 요소들과 접촉할 수 있다. 그녀는 에고가 자연과 신성 사이를 중재해야 한다는 것을 알고 마침내 그 둘이 하나임을 깨닫는다.

인간은 다른 동물과 달리 지성과 도구를 만드는 능력을 가졌다. 이런 이해만큼 중요한 깨달음은 모든 동물이 신성하고 우리가 전체 자연의 일부일 뿐 '보스'가 아니라는 점인데, 우리 인간은 이 깨달음과는 단절되었다. 마법사는 인간이 동물과 동일시하며 동물과 운명을 공유한다는 점을 이해한 시대를 상징한다. 이는 나중에 토테미즘이라 불리게 되었다. 사냥꾼들은 자신들이 뒤쫓은 동물이 기꺼이 목숨을 내놓을 것이라 생각했고 기디온의 말처럼 "편하게 죽을 수 있도록 할 수 있는 모든 것을 했고…무엇보다 동물이 다시 생명을 얻을 기회를 주었다." 현대 페미니스트 모니카 쇼외는 이런 인류학적 관점을 한 단계 더 끌고 나간다.

토템은 "어머니를 통해 연결된related"이란 뜻이다. … 탈춤은 이런 생물-신비적인 동물의 본성에 따라서 내면의 신성한 어머니 여신과 그 너머의 모든 자연적 형태에 접근하기 위한 의도적 수단이다. 토템 동물은 집단이 성찬으로 먹거나, 아니면 집단의 터부로 완전히 기피 되었다. … 동물의 영에게 그리고 그 영과 함께 춤을 추는 것은 우리 가 아는 가장 오래된 의식이다. 판토마임은 하나도 빠짐없이 모두 신 비의 정수이다. … 동물의 탈을 쓰고 변장을 하고 공통된 리듬과 흥분 속에 춤을 추는 그 집단은 정서적으로 하나가 된다.

마법사는 모든 생명을 대신해 춤춘다. 모든 존재에 내재된 우주적 불의 춤을.

⁙ 이 카드가 나오면

여러분에게 에너지의 선물이 있다는 뜻이다. 무언가를 행동하고 앞으 로 나갈 동기부여가 되어 있다. 마법사는 태양 의식(낮의 밝은 노란빛)을 상징하고 화성 에너지(행동의 붉은색)를 나타낸다. 지금은 프로젝트를 시 작하고, 입장을 취하고, 여러분이 신념을 가진 아이디어를 확언할 때다. 목적의식과 동기가 부여된 여러분은 지금 목표지향적인 느낌이 들 것이 다. 여러분의 성격에는 따뜻함이 있고, 다른 사람들에게 보여주고 행동에 박차를 가하게 하는 빛나는 자신감이 있다. 여러분은 원하는 것을 얻기 위 해 뭔가 창의적이거나 활동적인 것을 하려는 욕구가 강하다.

성공하려는 열정의 불은 여러분에게 히power을 준다. 여러분이 원하는 것이 개인적이고 자기중심적이거나, 여러분이 채널링하는 '더 높은' 의지나 목적이 지시하는 것일 수도 있다. 여러분은 어떤 대의를 떠맡거나 어떤 식으로든 개척하며 자신을 돕는 동시에 다른 사람들을 도울 것이다. 일을 성공시키는 긍정적 마법을 부르는 마녀들의 신조는 "네가 할 일을 하고 아무도 해치지 마라"다.

창조적 성취에는 어떤 근면함이나 자기규율이 필요하다. 무엇이든 어떤 가치 있는 것을 드러내고 싶다면 자신의 목표를 시각화한 후 한눈팔지 않고 일해야 한다. 치유와 마법의 예술에서는 의도가 전부이다. 여러분은 보는 것을 얻을 것이다. 그러니 목표를 시야에 두고 일을 시작하라. 모든 좋은 아이디어는 지구로 내려올 채널이, 물리적 차원에서 실재가 되도록 해줄 채널이 필요하다. 그렇지 않으면 아이디어들은 발현되지 못한 채 그저 에테르로 사라질 뿐이다. 마법사가 여러분의 편에 있기에 여러분이 마음먹은 일은 뭐든 성취할 수 있을 것이다.

불의 마스터로 여러분은 이때 성적으로 입문할 수 있다. 손을 내밀어 다른 사람과 접촉하면 여러분 자신의 생명 에너지로 그들의 에너지를 깨울 수 있다. 에로스가 여러분의 편이다. 샥티의 힘이 강하다. 고대의 할머니들처럼 옛 샤먼과 마녀처럼 춤추며 황홀경으로 들어가라. 봄날 되돌아오는 태양과 같은 재탄생과 새로운 성장의 불의 힘을 느껴보라.

주의 기울이기

고위 여사제는 달과 물의 원소를 나타낸다. 그녀는 원형적인 여성의 수용하는 의식, 즉 내면에서 가슴으로 아는 것이다. 그녀는 수분과 비를 만드는 것, 밤, 자궁, 유방, 외음부vulva, 심장, 지혜로운 내면의 눈이다. 마법사가 이해하는데 한낮의 빛이 필요하다면 고위 여사제는 어둠 속에서 안다. 영원히 순환하는 달과 밀접한 그녀의 신비는 월경 주기 동안 함께 배란하고 피 흘리고 명상한 여성 집단이 행하던 최초의 신성한 의례rites였다.

태양과 불같은 화성의 지배를 받는 마법사의 변형은 모두가 볼 수 있게 바깥에서 일어난다. 음식이 조리되고 뱀이 껍질을 벗는 것처럼 하나가 눈에 띄게 다른 무엇이 된다. 고위 여사제의 변형은 내부에서 일어난다. 난자는 태아가, 태아는 아이가 된다. 여성의 몸은 조수의 밀물과 썰물처럼 매달 수용성과 활동성이 번갈아 바뀐다. 마법사와 고위 여사제는 무속적인 달의 순환으로 대표되는 인식과 활동의 양식이 교대하는 것을 상징한다.

차오르는 달은 탄생과 성장, 보름달빛과 빛을 상징하고, 이지러지는 달은 죽음과 치유력을 상징한다. 딸과 어머니와 크론, 이 셋은 여성의 삶에서 원형적 단계들과 코스모스의 모든 것이 변화하는 흐름을 나타낸다. 고위 여사제는 젊고 자유로운 아르테미스의 딸이자 님프, 처녀이고, 셀레네 어머니이자 보름달 파시파에Pasiphae 그리스 신화, 미노스의 아내로 아리아드네의 어머니. 수소와 교접하여 미노토를 낳았다 "모두를 위해 빛나는 여성"이며, 점술과 치유, 산파의 힘과 죽음 그리고 재생의 비밀을 가진 늙고 지혜로운 여성 헤카테이다.

노어 홀Nor Hall은 '문 앞의 수호자'인 고위 여사제를 대극의 기둥들 사이에 앉아 무의식을 가로지르는 여정에 균형과 안내를 제공하는 '중간의 여성medial feminine'이라 부른다. 그녀는 지하세계의 어둠을 꿰뚫어 본다. 그녀의 우뇌 의식을 통해 우리는 창조적 공간의 깊은 강청색electric blue를 만난다. 고위 여사제는 언제 어디서 일어나는 일이건 모든 일에 주파수를 맞추는 예지자the Seer이다. 그녀는 꿈꾸는 의식, 호주 원주민들의 드림타임, 잠재된 심령 능력을 나타낸다. 모니카 쇼외의 설명처럼 "꿈-몸의 언어는 가장 깊은 사고 유형으로, 왼손에 의해 활성화된 우뇌의 사고이며 서양 문화가 스스로에게 해가 될 정도로 경멸해 온 인식의 한 형태다."

오늘날 진정한 여신 숭배자라면 검은 안식일이나 검은 마법처럼

해를 끼치는 마법의 진정한 악마적 요소를 의미하게 된 '검은black' 의례라 불리는 것과는 어떤 관계도 원치 않는다. 하지만 어둠 위에 빛, 여성 위에 남성과 같은 가부장적 생각 이전 고대에는 이시스의 검은 의례가 신비스러운 축제의 중심이었다. 검은 이시스는 죽음과 부활의 비밀에 입문을 주재했다. 분명히 그녀는 악한 인물이 아니라 매우 신성한 존재였고, 멕시코의 검은 마돈나도 의심의 여지없이 마찬가지다.

마더피스 이미지에서 고위 여사제로 그려진 아프리카 흑인 여성은 최고의 영적 가치를 체화하고, 신비주의와 마법이라는 신성한 영역으로 가는 열린 문을 나타낸다. 그녀는 기둥들 사이에 앉아 있는데, 그 기둥들은 고대인들이 돌에 새긴 것처럼 음력 달력과 추상적인 기하학 상징을 나타내는 원주민들의 조각으로 덮여 있다. 전통적으로 고위 여사제는 원형적 여성성archetypal feminine으로 보며 여성을 나타내는 원, 원반, 고리, 점, 가슴, 음부와 같은 최초의 여성 상징으로 표현된다. 적어도 오리냐크Aurignacian 문화기 이후로 고위 여사제는 어머니 여신의 자궁-동굴의 입구를 나타낸다.

그리스의 델피delphi라는 단어는 '자궁'과 연결되고 고위 여사제(와 여성들)를 예언 및 신탁과 연결시킨다. 모니카 쇼외의 말을 빌리면, "어느 곳이든 여성들은 샤먼, 예언가, 선각자 시인 등과 같은 원조 예언가Mantic이다. 만티즘Mantism은 예언, 점술divining, 달의 심령-생물학적 에너지를 받고 채널링하는 자연스러운 예술이다." 고위 여사제는 원조 시빌Sybil로, 변형의식 상태로 들어가고 미래를 점치는 능력으로 여신의 대변자가 되었다. 마담 플라바츠키우크라이나 태생의 미국 여성 신지학자는 만티즘과 예언이 같은 뿌리에서 유래했고 고대 만티manti 컵의

'소마soma'에 관한 것이라 주장한다. '가장 고귀한 신성한 본질 ㄱ 자체'인 영spirit을 '자극stir up'하기 위해 소마를 마시면 입문자의 몸으로 들어와 차지했다. 따라서 '엑스터시의 비전, 예지력, 예언의 선물'이 생겼다는 것이다.

고위 여사제는 점성학에서 물의 활동궁으로 젖가슴을 지배하는 게자리를 나타낸다. 젖가슴은 모성애의 상징이자 체액을 우유로 바꾸는 변형의 신비이다. (3장에서 언급한) 페슈메를의 동굴에서 "자연스런 돌기protuberance"가 "20개의 붉은 점으로 둘러싸인" 여성의 가슴 모양으로 나타난다. 머리가 없는 여성상이 천정에 새겨져 있는 곳에 인접한 같은 동굴의 맨 안쪽 성역에는 천연 종유석이 화환처럼 여성의 가슴을 이루고 젖꼭지는 검게 칠해져 있다. 이집트 왕조 미술에서는 "내게는 가슴이 있다. 고로 나는 존재한다"는 글이 돌판에 새겨져 있다.

고위 여사제는 인간에게 주어진 가장 경건한 신비와 신성한 경험을 담는 그릇으로써 여성의 몸을 상징한다. 이후 신비종교와 동양의 종교들은 여성의 몸과 그 기능을 남성의 입회 의식에 대한 은유로 사용한다. 여성이 가장 높은 스승으로 인정받는 오늘날의 탄트리즘에 초기 여성의 힘power에 대한 잔재가 남아 있고, 남성에게 가장 강력한 입문 경험은 '붉은' 즉 월경 기간 중에 그녀와 성교하는 것이다.

우리의 현대 문화에서 대부분의 여성은 다이어트를 하고 자연스런 변화과정과 분리되어 살고 있기 때문에 월경 기간 무렵 긴장이나 트라우마를 경험하고, 여성의 '주기'에 내재된 힘을 파악하기 어렵다. 더딘-로버트슨Durdin-Robertson 교수는 초기 '제단'에 바쳐진 제물은 여사제의 월경혈이었다고 한다. 고위 여사제에게는 인간이나 동물 제물이 필요하지 않다. 그녀가 바치는 피의 제물은 한 달에 한 번 자연스럽게 왔고 자유롭게 대지 모신the Mother에게 바쳐졌다. 성찬을 뜻하는 유카리스트Eucharist는 여신의 '카리스Charis 그리스 신화, 미와 우아의 여신 중 하나'(은총)의 피에서 유래한 것으로 이 초기 정화와 죄 씻음의 여성 의례를 나타내고 오늘날의 '불결한'이나 '저주받은'의 함의와는 전혀 달랐다.

제단에 바친 피는 부분적으로 태어나지 않은 생명, 즉 수정되지 않거나 흘러내린 난자가 대지 모신에게 돌아가는 것을 상징한다. 자신의 월경 주기와 몸의 과정에 주의를 기울이는 여성은 배란과 월경을 언제 하는지 안다. 월경 주기를 함께하는 부족의 여성은 (거주지가 같은 현대 여성도) 외부의 화학물질이나 권위의 간섭 없이 출생 수를 정확히 제한할 수 있다. '달 피임법Lunaception'은 농담이 아니다. 이는 인류에게 알려진 가장 오래된 형태의 피임법이고 오늘날의 산아제한에는 찾아볼 수 없는 지혜로운 이해와 함께 실행되었다.

우리의 지적인 고위 여사제 선조들은 3만 년 전에 뼈에 자신들의 월경 주기 변화를 표시해 추적했을 뿐 아니라 달의 위상 변화를 나타낸 최초의 음력 달력을 발명했다. 이들은 최근까지도 인류학자들이 우연한 표시로 여겼던 작은 기호들을 남겼다. 모니카 쇼외는 "여성들이 추상적 표기법과 관찰 과학, 초기 수학을 발명했다"고 주장한다. 이들은 달의 주기를 관찰하고 기록하면서 식물들과 달에 따른 조수, 동물과 새와 물고기의 이주, 궁극적으로 농사에 관한 지식을 얻었다. 천문학은 전 세계 동굴벽과 유물에 새겨진 고대 자료의 그 일부를 이제야 겨우 따라잡고 있다.

이 '석기시대' 지혜의 대부분은 너무도 정교하고 비의적이어서 지금까지도 별 의미 없는 표시로 오인되어 왔다. 초기 표기의 일부는 쓰기와 알파벳의 시작 같기도 하다. 예를 들어 스페인 지역 선사시대 후기에 사람들은 조약돌을 마법의 표시와 함께 그렸다. '초기 예술의 화려함'을 보여주는 동굴 주변에서 조약돌들이 발견되었지만, 고고학에서는 그리 멋지다고 여기지 않았다. 한 작가는 스페인 미술의 "아질 Azil" 조약돌들이 (추링가 Churinga라 불리는) 호주인들의 '신성한 조약돌'과 많이 닮았다고 보고한다. 뇌리에 깊이 남은 이 디자인 중에 'M과 E, 십자와 점, 선과 오래된 다산의 상징인 조개껍데기를 도식적으로 희미하게 흉내 낸 것들'이 있다.

고위 여사제가 머리 장식으로 쓴 초승달 모양의 뿔은 다산의 상징으로 그녀를 달의 순환과 (한쪽 뿔은 차오르는 달, 다른 쪽 뿔은 이지러지는 달) 마법사처럼 동물 세계와 연결시킨다. 이집트의 어머니 여신 하토르는 암소의 뿔로 상징된다. 아시아와 아프리카에서 달의 여신은 암소의 뿔을 입고, 오늘날 터키 땅인 차탈 휘이크에 있는 고대 유적의 성스러운 방의 벽은 젖가슴과 암소의 뿔로 장식되어 있다. 모든 동물은 야수의 여신에게 속한다. 특히 뿔 달린 동물은 처녀여신 아르테미스의 것이다. 제프리 애쉬는 아르테미스 여신이 소아시아에 뿌리를 둔 초기 샤머니즘의 형성과 연결되어 있다고 생각한다. 뿔은 염소, 사슴, 순록 등이 매년 뿔을 떨구고 새로 키우는 데 내재된 변형을 상징한다.

뿔 달린 여사제는 팔을 치켜든 여사제들처럼 전 세계에서 신성한 통로로서의 여성을 나타내는 오래된 모티프이다. "달 내려받기 Drawing down the moon"는 서양의 마법과 동양의 탄트라 고대 여사제의 의례이다. 처녀여신 아르테미스의 '궁수'로서의 측면은 전 세계 암각화와 석판화에 살아남았다. 정말 생생하고 아름다운 또 다른 예가 뿔처럼 초생달을 머리에 쓴 사하라의 검은 아르테미스 (또는 다이애나)이다. 이아르테미스는 '머리말' 13쪽 사진에서처럼 달리는 모습으로 그려져 있다. 로버트 템플Robert Temple은 활을 때로는 "활의 별Bow Star"이라 불리는 시리우스 별과 연관시키고, 마이클 데임스Michael Dames는 화살과 달리기를 날씨와 계절의 순환에 영향을 미치는 고대 여성의 기술인 기우제rainmaking과 연결시킨다. "화살의 비행은 소나기를 상징한다." 이와 비슷하게 달리는 여성은 호주의 암각화에서도 발견되고 호피족의 비를 나타내는 표시에는 늘 (번개처럼) 화살이 포함된다.

☼ 이 카드가 나오면

고위 여사제가 나오면 직관이 지능보다 강하게 작용한다는 뜻이다. 여러분의 평소 사고방식보다 더 오래되고 깊은 지혜가 내면에서 활성화되었다. 여러분이 이미 알고 있는 것과 접촉하기 위해 몸과 정서에 열린 자세를 유지한다.

자신의 몸과 자연의 리듬에 세심한 주의를 기울여 내면의 지혜와 조화를 이룰 수 있다. 자신의 월경 주기에 세심한 주의를 기울이는 여성은 배란기가 언제인지 알기에 임신을 예방할 수 있다. 임신한 여성은 심령적으로 주파수를 맞춰 아기의 성별과 기질을 파악할 수도 있다. 예를 들어 인도에서는 여성이 임신 3개월이 되면 남아인지 여아인지 알 수 있다는 가정이 퍼져 있다.

만약 여러분이 삶의 중요한 질문에 답하려는 과정에 있다면 고위 여사제는 이완하고 자신의 직관에 귀를 기울이라고 할 것이다. 깊이 숨을 들이마시고 모든 지혜가 깃든 가슴 가운데 열린 공간을 상상하며 답이 여러분에게 오도록 한다.

어쩌면 지금이 여러분의 여성적 자아를 더 잘 알아갈 때인지도 모른다. 여러분이 달의 순환주기와 접촉하는 한 가지 방법은 월경 주기와 배란기를 기록하는 것이다. 이에 덧붙여 월별 주기에 따라 자신의 감정과 생각, 기분이 좋을 때와 나쁠 때를 기록하고 어떤 패턴이 나타나는지 볼 수도 있다. 요가나 명상을 하거나 타로를 충분히 규칙적으로 읽다 보면 내면의 메시지를 인식하고 미래를 예측하는 방법을 배울 수 있을 것이다. 질문을 통해 자신을 더 잘 이해하는 데 도움이 되는 방법은 특별한 동전이나 막대기를 던져 '괘hexagrams'를 해석해 신탁을 얻는 중국의 주역이다. 여러분도 자신의 꿈을 추적하고 초승달이나 보름달 또는 배란기나 월경 때처럼 언제 정말 깊은 꿈이 일어나는지 볼 수 있다. 아침에 일어날 때 여유 있게 꿈 조각이나 이미지를 기억할 수 있도록 약간의 시간을 더 갖는다. 그것들을 적다 보면 기억이 자극되기도 한다.

5장 _ 여황제 EMPRESS

내어주기 Giving Forth

여황제는 순수하고 소박한 위대한 어머니the Great Mother를 나타낸다. 그녀는 풍요와 탄생, 성장, 조화, 공동체, 관계를 약속한다. 그녀는 최초의 부양자이자 사회화하는 이the socializer이고 이쉬타르와 아프로디테, 바빌로니아와 그리스시대 사랑의 여신 원형에 구현된 어머니-연인-스승이다. 그녀는 엘레우시스 신비에서 숭배하던 그리스 곡물의 여신 데메테르로 이후 로마의 여신 케레스에 반영되었다. 여황제는 연대기적으로 신석기시대에 성장한 농경에서 최초로 발달한 문명을 나타낸다.

마더피스 이미지에서 위대한 어머니로서 여황제는 모든 생명이 태어나고 또 자연의 순환이 끝나고 되돌아가는 대지를 나타낸다.

여황제 형태의 최초 조각은 유럽과 러시아의 빙하기(적어도 기원전 3만 년)에 만들어진, 잉태한 작은 '비너스' 상들이다. 이 자그만 여신상들은 터질 듯한 만삭의 모습이고 일반적으로 뚜렷이 구별되는 얼굴이나 손발이 없다. 이들에게 중요한 것은 풍만한 가슴과 부른 배였다.

대모신의 다산성과 대지의 다산성은 수렵·채집 생활을 하던 구석기시대부터 곡물과 가축을 기르던 농경시대까지 초기 문화에서 항상 연결되어 있다. 황소는 점성술의 궁이자, 밤하늘의 황소자리를 나타내고 초기 가축화 된 동물 도우미들도 가리킨다. 황소자리 '어머니들의 표식'은 플라이데스 성단과 여황제의 지배 행성인 금성과 연결되어 있다.

알려진 도시 중 가장 오래된 도시는 오늘날의 터키 차탈 휘이크로, 기원전 7,000년경 최초의 신전 건축이 시작된 곳이다. 종교적 이미지의 중심은 암소의 뿔, 여성의 젖가슴과 함께 여성이 신전 안에서 곡물을 빻아 빵을 굽는 모습이었다. 불에 의해 음식이 변형되는 신비와 성적-입문으로 변모하는 신비를 결합한 것이다. 모두 경건하고 또 대지 모신이 주는 선물로 기념했다.

빵을 처음 먹은 것은 얼마나 오래전일까? 곡물은 동물 뼈처럼 분명한 흔적을 남기지 않아서 정확히 알기는 어렵다. 하지만 피레네 지역에 기원전 9,500년경 수천 개의 작은 부싯돌 '날'이 발견되었다. 이 칼날이 식물의 '풀'로 덮여 있다는 사실은 정말 흥미롭다. 여기에서 인류학자들은 이 칼이 전쟁이 아니라 계곡에서 자라는 야생풀을 수확하는 낫으로 사용되었음을 알게 되었다. "풀을 맛있는 가루로 만드는데 필수인" 돌절구와 맷돌도 뒤이어 확인되어 학자들은 이 증거들에서 절벽의 보금자리에서 열린 '순록 잔치'에 곁들일 빵이나 죽 같은 것을 만들었을 것으로 추정한다.

또 다른 증거는 '신세계'에서 발견되었다. 아즈텍인들은 많은 인구를 먹여 살리기 위해 수확량이 많은 곡물인 아마란스를 길렀다. 아마란스는 최소 8,000년 동안 중남미에서 재배되어왔다. 식물학자들은 이제 인디언들의 농업 지식이 우리가 회복해야 할 잃어버린 잠재력으로 여긴다.

마더피스의 여황제 이미지 오른쪽에 그려진 빙하기의 조각품은 그 유명한 '로셀의 비너스'로 흔히 '뿔을 든 여인'으로 불린다. 그녀가 든 뿔은 '풍요의 뿔'로 초생달이기도 하다. 최소 3만 년 전으로 거슬러 올라간 구석기시대에 붉은 황토로 그려진 그녀는 선사시대 동굴 성소의 중앙에 '수태의 사당fertility shrine'으로 추정되는 곳에서 발견되었다. 현대 아프리카의 한 부족은 피로 가득한 뿔을 가장 강력한 상징으로 여긴다. 이 초기의 뿔과 월경혈의 연관성을 시사하는 점은 주목할 만하다.

마더피스 이미지 왼쪽에 그려진 조각은 '로셀의 비너스'보다 2만 년도 더 지난 후에 초기 도시 차탈 휘이크에 살았던 조각가가 만든 것이다. 마리야 김부타스는 "초기 농경은 대지 모신의 사당 주위에서 시작되었을 것이다. 따라서 이곳은 신성한 장소일 뿐만 아니라 사회경제적 중심이자 도시의 기원이 되었을 것이다"고 말한다. 아프로디테의 야수인 표범 두 마리 사이에 놓인 왕좌에 앉은 여신은 임신한 이미지를 행정 권력의 하나로 확대한다. 여신은 인류를 자신의 풍요로운 무릎에 안고 쪼그리고 앉아 출산할 준비가 되었다. 훨씬 후에 등장한 이집트 이름 이시스는 '왕좌' 또는 '좌석'을 의미한다. 에리히 노이만은 "위대한 어머니는 순수하고 단순하게 그냥 왕좌다"라고 말한다. 위대한 어머니의 이미지는 구석기와 신석기 후기 사이에 크게 변했지만 훨씬 전에도 그랬듯이 여신은 내어놓을 준비를 한 채 우리 앞에 나타난다.

여황제는 영혼과 물질의 혼합, 몸 안에 있는 여신을 나타낸다. 이 초기 문명에서 의례는 씨 뿌리기와 수확, 탄생과 죽음의 순환 안에 통합되었고 다산이라는 선물에 대한 경의를 위대한 어머니에게 바쳤다. 차탈 휘이크의 경우처럼 도시는 성곽 없이 세워졌다. 이는 사람들이 전쟁 없이 공간을 공유하는 방법을 찾았다는 것을 암시한다. 재산은 공동소유였고 오늘날 일부 아프리카와 원주민 문화에서처럼 모계, 즉 여사제와 신전을 통해 전해졌다.

마더피스 이미지에서 여황제는 야생의 풀밭에 몸을 비스듬히 뒤로 젖히고 연인이나 신비의 '축하사절'을 기다리는 중으로 보인다. 이 모습은 프랑스 빙하기의 동굴 라 막데일린 입구에서 발견된 인물상을 떠오르게 한다. 입구 양쪽에 비스듬히 기댄 여성상이 바위에 새겨져 있다. "이 인물상들에서 정말 이상한 것은 전혀 신상神像 같지 않은 특이한 자세이다. 두 인물 모두 한쪽 팔로 머리를 받치고 길게 누워 완전히 휴식하는 상태이다. 이들은 아프로디테가 바다 '거품에서 탄생'하듯 바위에서 일어난다." 기디온은 더 나아가 이 부조상들이 나중에 등장한 아르테미스 상을 '예견한다'라고까지 주장하며 "어머니 여신, 달의 여신, 동물 세계의 지배자라는 그 신들의 다양한 속성을 표현했다"라고 말한다. 또한 그는 기원전 3세기와 2세기의 (초기 수메르의)

바빌론에서 나온 비슷한 작은 누드상을 언급하는데, 이 상들도 라 막 데일린의 상들처럼 치골의 삼각형을 두드러지게 부각한다.

마더피스 이미지의 앞쪽에 있는 데메테르의 명판은 여신숭배 시대가 끝날 무렵 엘레우시아누스의 신비Eleusinian Mysteries를 그린 고대 그리스의 부조상에서 빌려왔다. 마리야 김부타스는 구석기시대에서 고대 그리스로 오면서 온전했던 여신의 이미지가 조각나기 시작했다고 지적한다. 결국 교황이나 남성 사제가 주재하게 된 신비는 초기에 엄격하게 여성의 신비였던 것을 제대로 간직하지 못했다. 하지만 이런 후기의 입문 의식들은 신성한 곡물의 수확과 더불어 어머니와 딸의 재회를 축하했다. 아마도 여기에는 지금은 우리가 잃어버린 고대의 지식과 구전 전통이 포함되어 있을 것이다.

그리스의 데메테르훗날 로마의 세레스는 재생의 뱀과 풍요를 상징하는 곡식 다발을 손에 들고 있다. 이 이미지들은 비의적이고 주변 사회조직과 거리가 있지만 상징적이나마 여전히 입문자들의 힘을 일부 갖고 있다. 한때는 삶의 방식으로 또 나중에는 약화된 비의적 의식의 형태로 표현되었던 여성의 신비는 오늘날 학자들이 제공하는 훨씬 더 희미한 버전으로 우리에게 알려졌다. 물론 이들 신비의 바탕은 우리 몸에 남았다. 우리 현대인들의 입문은 꿈과 비전 안에서 무의식적으로 일어난다. 여황제의 '유혹하는' 자세는 섹슈얼리티와 고대의 신비에 대한 무의식적 지식을 상징한다. 이것은 삶에 대한 욕망 안에 언제나 살아 있다.

여황제는 지구와의 연결을 느낀다. 그녀는 열정이나 월경혈처럼 붉은 장미 향기를 맡고, 자궁 안에 생명을 기르고 양육하며 출산할 수 있는 잠재력인 생식 procreation 의 신비를 안다. 그녀는 땅에 가까운 공동체 생활을 하고 전쟁 대신 여가 동안 예술품을 만들고 사랑을 나누던 시대를 나타낸다. 이런 대비는 1960년대의 슬로건 전쟁이 아닌 사랑을 "Make Love, Not War" 을 빌미로 진부하게 여기면 안 되는 것이다.

농경이 농산업이 되었을 때 생명을 주는 여황제의 특질은 상실되었고 오늘날 사람들 대부분에게 일은 궁극적 의미와 단절된 지루함이 되었다. 인류가 여황제와 비옥한 대지의 녹색 치유에너지와 단절된 것은 은총을 잃은 것이다. 지구를 우리의 어머니 여신으로, 여성을 여신의 거룩한 대리인으로 사랑하지 않게 된 날이 바로 우리가 낙원을 떠난 날이다. 어머니 여신은 우리가 자신을 파괴하기 전에 그녀에게로 돌아오라고 손짓한다. 잠든 쿤달리니 여신의 에너지처럼 여신은 우리 안에서 다시 깨어날 것을 요구한다. 이 지구에서 살아가는 기쁨과 목적을 다시 한 번 알 수 있도록 말이다.

여황제 옆의 손거울은 여신 숭배 유적지에서 발견되는 수많은 거울들을 본뜬 것이다. 고고학자들은 초기 문화에서 주로 손거울이 발견되는 것을 '여성의 허영심'을 보여주는 증거라고 흔히 해석한다. 하지만 거울에는 더 오래되고 더 성스러운 감각이 있다. 북미 원주민들이나 일본 신토 숭배 문화에서는 모든 신전에 거울을 두고 인간의 마음을 나타낸다고 이해한다. G. H. 미스 Mees 네덜란드 최초의 사회학자(1903~1955). 영국 캠브리지대에서 법을 공부하고 1935년 '불법과 사회'라는 주제로 박사학위를 받았다. 이후 인도에서 깨달음을 얻고 수행했다 에 따르면 '의식의 거울'과 거울에 있는 그림들은 '의식의 역동성'을 반영한다.《표적들의 책 요한복음의 본문 첫 부분을 부르는 말이자 Rudolf Koch의 책 제목이다》에서

미스는 위대한 어머니의 거울은 모성적 본성이고 비너스의 거울은 정서적인 차원을 나타낸다고 말한다. "인류의 조상들은 '비너스의 거울'을 들여다보고 그 안에 물, 바람, 하늘, 땅, 산과 들, 나무와 동물, 모든 생물과 무생물의 세계를 비췄다." 거울은 여황제와 "너 자신을 알라"가 주목적인 가장 중요한 입문 신비와 연결한다.

⁛ 이 카드가 나오면

이 카드가 나온다면 여러분은 아마도 고대의 관능적sensual 본성과 접촉하고 있을 것이다. 여황제는 사랑을 통해 지배한다. 가슴이 이끄는 대로 따라가고 여러분의 감각 안으로 이완해 들어가고 여러분의 섹슈얼리티가 흐르도록 하라. 여황제는 파트너와 관계를 맺거나 어머니가 아이와 연결되는 여러분의 부분이다. 그녀는 근본적으로 다른 사람들과 '관계를 맺고 있다.' 여러분이 여황제와 접촉하면 여러분의 온화함이 전면에 나와 여러분 일상 패턴에 영적인 자양분과 민감성을 가져온다. 요리든 육아든, 사랑을 나누든 집을 청소하든 여러분은 내면에서 어머니 여신의 현존을 느낄 것이다.

여황제는 여러분의 예술가적 측면을 끌어내고 아름다움에 대한 사랑을 열어주고 미적 감상을 높여준다. 방을 다시 꾸미거나 꽃꽂이를 하기 좋을 때다. 예술활동에 대한 욕구가 자극되어 찰흙을 꺼내 무언가를 조각하거나 그림을 그리거나 계획해온 새로운 디자인을 할 수도 있다. 정원을 돌보며 흙에 가까워지고 하이킹을 하거나 어딘가 햇살 아래 앉아 새소리를 듣거나 꽃향기를 맡고 싶을 수도 있다.

더 깊은 수준에서 여황제는 삶을 향한 고대의 느낌을 활성화해 줄 수 있다. 세상이 얼마나 더 인간적이기를 간절히 원하는지 깨닫고 반시 할 일을 생각하게 될지도 모른다. 고대의 여신 문화가 물질을 공유하는 공동체 생활이나 전쟁이 없는 삶에 대한 여러분 내면의 욕망을 일깨울 수 있다. 어쩌면 여러분은 모든 아이가 사랑받는 세상을 원하거나 사랑에 대한 모든 패턴과 문화적 생각들 아래 자신이 원하는 방식으로 섹슈얼리티를 표현할 자유를 원할 수도 있다. 여러분 안에서 이런 느낌이 자라는 것을 느낀다면 그림이나 글을 통해 나처럼 어떤 식으로든 표현하는 것이 좋다.

여황제는 위대한 어머니the Great Mother이기 때문에 아이를 가질지 고려할 때 이 카드가 나올 수 있다. 여황제는 그 생각에 전적으로 헌신하고 수태와 임신과 탄생을 경험하고 싶은 여러분의 부분을 나타낸다. 만약 의심이나 두려움이 있다면 '훌륭한 제공자'인 여황제의 다른 자질을 명상해볼 수 있다. 그녀는 모든 것을 주는 존재이고, 줄 모든 것을 가진 존재다. 그녀는 물리적 차원에서 생존에 필요한 것을 어떻게 드러내야 하는지를 아는 여러분의 일부이자 아이들을 다룰 때 여러분에게 필요한 에너지와 연민과 즐거움을 주는 '모성 본능'을 가진 부분이다.

여황제는 '번영 사고'와 긍정적 상상의 진정한 힘을 나타낸다. "저 밖에 있는 것이 돌아온다"라는 말은 실현manifestation에 관한 마법과 같은 말이다. 여러분은 단지 그것을 그려보고 (항상 쉽지는 않지만) 여러분이 그것을 누릴 자격이 있다고 생각하는 것이다. 지금은 여러분을 위한 양육의 시간이다. 다른 사람은 물론 자신에게도 자양분을 줄 시간이다. 공감 가득한 열린 가슴이 사랑에 대한 믿음으로 감동받도록 하라. 화합을 위한 욕구로 여러분의 생각과 소망에 영향을 미쳐라. 위대한 어머니에게 원하는 것을 요청하라. 금성(이시타르-아프로디테)은 소원을 비는 별임을 기억하라.

6장 _ 남황제 EMPEROR

분리하기

타로의 남황제는 전통적으로 가부장의 상징으로 왕, 가부장, 상사를 나타낸다. 부성을 상징하는 그는 항상 통제하고 지배하려는 권위자이다. 연대기적으로 그는 점성학의 양자리 시대(기원전 1,000~2,000년)에 고대세계에 들이닥쳐 여신 the Mother 문화와 종교를 파괴한 인도-아리안계 침략자를 나타낸다. 에릭 노이만 Erich Neumann 은 한 문화에서 다른 문화로의 전환이 잔혹하고 공격적으로 이뤄졌다고 주장한다. "비록 심리적 가모장제 시대는 선사시대의 안개 속으로 사라졌지만 역사시대 초기 이 시대의 종말은 우리 눈앞에 웅장하게 펼쳐진다." 여신의 영역이었던 것이 "가부장 세계로 대체되고 다른 상징과 가치와 경향을 띤 위대한 아버지나 남성성의 원형이 지배하게 된다."

여신을 모시는 신성한 의식의 자리를 침략한 이들은 구약성서의 분노하고 질투하는 야훼나 여호와처럼 전쟁하는 하늘 신들과 여성과의 상호작용이 주로 강간이라는 형태였던 천둥의 신 제우스를 경배했다. 한때 위대한 어머니가 모든 자녀를 관대하게 다스렸다면 이제 아버지 신이 등장해 남성우월주의라는 교리로 여성과 자연을 억압한다. 일찍이 '아들'로 형성되어 성장하면 어머니 여신의 '배우자'가 되던 남성 원형은 가부장제로 전환된 후 '부성'이 중심이 되었다. 생물학적 아버지가 의미를 가지려면 문란하거나 길들지 않은 여성의 섹슈얼리티는 제거되어야만 하고 일부일처제의 결혼제도가 법으로 집행되어야 한다. 가부장제 문화의 가장 큰 특징은 출산과 섹슈얼리티에 대한 여성의 통제가 끝나고 여성은 가부장의 소유이고 아이들은 아버지의 성을 따르는 것이다.

가부장적 신들과 법이 유입되면서 "섹스는 나쁘다"와 "성관계는 위험하다"는 철학이 널리 퍼지는 동시에 강간이 여성 집단에 대한 사회적 통제의 형태로 제도화되었다. 동·서양의 종교 문헌에는 아직도 이런 애매함이 작동하고 있는 것을 볼 수 있다. 하지만 충격적인 현대의 강간 통계에서 보듯 이 주제는 분명 신화와 문학에만 국한되지 않는다. 최근 우리 사회는 아버지와 삼촌이 자신의 딸이나 조카를 성추행하는 현상을 직면하기 시작했다. 이런 일탈은 정말 '원시적인' 사람들에게조차 충격적일 것이다. 동시에 우리는 아내 폭행과 자신의 아이나 함께 사는 여성의 아이를 의도적으로 불구로 만들고 살해했다는 말까지 듣고 있다.

여성의 불이 샤먼적이고 치유적이며 성적이라면 남황제의 불은 호전적이고 금욕적이며 지배적이다. 점성학의 용어로 양자리인 마법사의 불이 "나는 존재한다^{I am}"라면 사자자리인 남황제의 불은 "나는 … 할 것이다^{I will}"이다.

제국주의가 가부장적 방식이기 때문에 마더피스에서는 남황제를 알렉산더 '대왕'으로 그린다. 12년의 정복기 동안 그의 목표는 세계 점령이었다. 뛰어난 모계 도서관들이 잿더미가 되고 고대의 지혜가 철저히 파괴된 것이 바로 이 알렉산더 시대였다. 남황제는 "죽은 물건으로 세상을 장식하는" 남신의 '공예가' 원형을 상징하며 "의식이 이미 무의식과 별개의 독립적 힘으로 어느 정도 발달한" 단계를 나타낸다. 가부장제는 무의식과 자연본능의 세계로부터의 이런 분리를 자랑스러워한다. 남황제의 세상에서 남신은 여신처럼 물질세계에 더는 내재하지 않고 "세상 바깥에 존재하며 공예가가 재료를 사용하듯 세상을 자신의 물건처럼 취급한다."

과도기 동안 불의 요소는 남성적 힘, 즉 '로고스'나 '말'의 상징이 되었고, 이 말을 좋아하는^{wordy} 남신은 우주의 창조자가 되었다. 불은 "모든 사물에 지적 질서를 가져다주는 … 지적인 물질"이 되었다. 글쓰기의 힘은 권력을 가질 권리가 되었다. "로고스는 질서를 부여하는 것, 말로 표현될 수 있는 의식적 사고이다." 종교적 권력의 신성한 표현이었던 글쓰기는 분리된 지성의 치명적 도구가 되었고 누구든 자연에 가까운 이들을 지배하는 에고에 의해 사용되었다. 여신에게 바치는 찬가는 자신보다 약한 남성을 죽이고 여성을 강간하고 괴물로 표현된 여신을 칼로 베는 이야기가 대부분인 영웅의 공적을 묘사하는 것으로 대체되었다.

폰 프란츠는 왕을 "통합된 에고 구조"와 동일시한다. "그는 세상 위 왕좌에 앉아 집을 짓는 건축가처럼 계획을 세운다. 그런 식으로 그는 세상을 빚거나 창조한다"는 것이다. 차갑고 고립되고 생명과 단절된 남황제의 왕좌는 여성의 자연 세계에서 빼앗은 권위를 나타낸다. 에릭 노이만이 설명하듯 "앉아 있는 위대한 어머니는 '왕좌에 앉은 여신'의 원래 형태이자 왕좌 그 자체이다. … 왕은 '왕좌에 오름mounting'으로써 권력을 잡게 되고 그렇게 위대한 어머니, 즉 대지의 무릎 위에 자신의 자리를 차지한다."

사회적 통제로써 남성이 여성에 강제로 '올라타는mounting' 행위인 강간은 수잔 브라운밀러Susan Brownmiller가 분명히 하듯 모든 여성을 두려움의 상태에 있게 하고 일부일처제를 강화한다. 여성은 잠재적으로 자신을 강간할 가능성이 있는 모든 이들로부터 자신을 보호해줄 독신 남성이 필요하다. 여성들이 두려워해야 할 남성들의 문화가 세워지기 전에 여성은 남성의 보호가 필요 없었다.

남황제의 자아는 붉은 불을 배경으로 생명, 열정, 비전으로 등장한다. 불행하게도 남황제는 다른 사람의 영혼을 좀처럼 들여다보지 않고 살아 있는 것을 진정한 느낌으로 만지지도 않는다. 그는 다리를 꼬아 성적 느낌과 차단하고 팔로는 태양신경총 안에 있는 힘의 중심을 다른 이들과의 상호작용으로부터 보호한다. 그는 누군가 접촉해주기를 갈망하지만 감정과 가슴의 노래에 영향을 받지 않는다고 나는 믿는다. 길가메시메소포타미아 신화의 영웅. 신화에서 길가메시를 움직이고 깨우치고 멈추게 하는 가장 중요한 동력은 '사랑'이었다 이후 모든 영웅이 그랬듯 그는 자신이 만든 성-역할 제도의 희생자가 되어 혼자 떠돌며 자신을 깨워주고 사랑을 느낄, 자유를 줄, 이름 모를 뭔가를 덧없이 갈망한다. 감정 차단에 관한 연구에서 그는 주기적으로 공격성, 분노, 자기 '아래' 있는 것들의 억압으로 폭발한다. 그는 '나, 나의, 내 것'이라는 말로 성질을 부리는 네 살배기의 전형이다.

마더피스 이미지에서 탁자 위에는 그의 승리의 전리품, 포도주, 여자들 그리고 가부장적 시가 칭송하는 노래가 놓여있다. 오컬트 전통에서는 "동물을 죽이는 데서 몰락의 길이 시작된다"고 가르친다. 우리가 가축에게 인공 호르몬을 먹이고 사육장에서 살찌우고 공장식으로 도축하고 해체한 그 고기를 탐닉한다면, 다양한 질병이 이런 관행과 연관된 게 놀랄 일일까? 채식주의자가 아니어도 분리하기의 또 다른 결과인 동물과의 이런 관계가 잔인하다고 볼 것이다.

역사 시대의 미술을 이전 선사시대와 비교하면서 기디언Giedion은 약 5,000년 전 초기 예술의 탁월함, 즉 '비전의 완전한 자유로움과 독립성'이 내가 남황제 자아의 질서라 부르는 것으로 대체되는 엄청난 혁명을 본다. 구성면에서 "무수한 방향에 대한 구석기인들의 무관심한 관계가 하나의 최우선적 관계, 즉 수직과… 직사각형과의 관계로 대체되었다"고 기디언은 말한다. 이 변화는 그림뿐 아니라 일상의 습관에서도 일어났다. 사각형으로 사물을 바라보는 방식은 직선과 상자, 범주와 정의definition로 이어졌다. 이중 아무것도 자연스럽지 않지만, 이 모든 것은 논리적이다. 그리고 가부장제는 "논리적이지 않으면 옳지 않다."고 말한다. 액자나 사각형은 안정적이고 사물을 틀 안에 넣어 그에 대한 통제를 행사하는 것이다.

전통적으로 목성과 동일시되는 남황제는 '천둥치는 사람'을 나타내고 화성(벼락)의 힘을 손에 쥐고 있다. (벼락은 천둥의 파괴적이거나 징벌적인 측면으로 18장에서 논의된 탑 카드의 '빛의 섬광'이라는 변형적 측면도 갖고 있다.) 힌두교에 따르면 목성으로서 남황제는 '감각의 지배자'로 4원소를 통제한다. 숫자 4와 기하학적 사각형은 둘 다 물리적 세상과 의식적 구조의 질서를 나타낸다.

폰 프란츠가 다른 맥락에서 설명하듯 "숫자 4는 … 항상 전체성과 전적으로 의식을 향하는 것을 가리키는 반면, 숫자 3은 행동의 역동적 흐름을 가리킨다. 3은 창조적 흐름이고 4는 그 흐름이 고요해지고 질서정연하게 눈에 보일 때의 분명한 결과"라고 말할 수 있다. 남황제라는 인물 안에서 여황제의 창조적 흐름은 멈춰졌고 후대를 위한 결정으로 남았다.

자연의 다른 부분들로부터 자신을 분리한 남황제는 강력하고 창조적인 인간의 마음을 쌓는 도구, 곧 지적 능력을 상징한다. 이제 인간의 정신mind은 신경증적 인격의 '해리된' 또는 '자율 콤플렉스autonomous complex'처럼 기능한다. 인간 정신이 자연으로 분리된 것은 오늘날 세상에서 발견되는 소외의 주요 원인이다. 기디온은 '동물로부터 인간의' 초기 단절, 그 뒤를 이은 위계질서, 가부장적 도시, 왕국과 제국이라는 혁명에 대해 말한다. "하지만 이런 격변들 중 그 어느 것도 수형신 시대 말기에 열린 간극만큼 인간과 세상의 관계의 정수와 그의 환경까지 침투한 것은 없다."고 그는 말한다. 그래서 그 결과는 어땠는가? "이 분리 과정은 … 모든 생물을 다스리는 자연법칙에서 인간이 소외되는 길을 열었다." 이 분리가 남황제의 승리이다.

남황제 카드가 나오면 조심해야 한다. 여러분은 어떤 화난 가부장적 구조에 맞서 있고 아마도 경직성이나 어떤 비열함까지 대처해야 할 것이다. 아마도 이 카드는 상사나 아버지 같은 권위와의 대립을 암시할 것이다. 남황제가 암시하는 인격은 자만심 강하고 자기중심적이며 감정과 접촉되어 있지 않아서 잘 지내기가 쉽지 않다. 이 만남에서 존재하는 어떤 감정적 흐름이든 그것과 함께 머무르고, 이 사람이 현실에 대해 극도로 고정된 생각을 갖고 있다는 점을 인식하는 것은 여러분에게 달려있다. 우선 그는 자신의 방식이 옳고 자신이 보스여야 한다고 믿는다.

만약 이 이미지가 여러분을 나타낸다면 여러분은 자신을 더 깊이 들여다보고 자신이 왜 그렇게 경직되고 두려워하는지 알아내야 한다. 여러분의 상황에서 무엇이 그토록 여러분을 엄격하게 하고 어떤 대가를 치르더라도 자신을 보호하도록 하는가? 긴장을 풀고 다른 현실에 초점을 맞추려 노력하라. 어쩌면 그렇게 삐죽거리거나 패배감과 우쭐거림을 느낄 필요가 없을지 모른다. 여러분은 가슴을 조금 열어 다른 사람의 관점을 이해하려고 할 수 있을 것이다. 이 카드의 붉은색 테두리에는 많은 생명력이 있다. 자기방어를 위해 차단하기보다 그 에너지를 활용해보는 것은 어떨까?

차단이란 말이 나왔으니 여러분은 지금 방어적인 느낌일 수 있다. 그러면 다른 사람들과 두려움 외에 어떤 것과도 관계를 맺기 어렵다. 만일 그렇다면 뜨거운 목욕이나 사우나를 하거나 조깅을 하거나 여러분 자신이나 다른 누군가에게 정말 자양분이 되는 일을 하는 게 나을지 모른다. 긴장을 풀어라. 그렇지 않으면 몸 여기저기 통증이 생길지 모른다. 그리고 그런 일이 일어날 때 조만간 여러분은 병에 걸리거나 가까이 있는 누군가에게 그

고통과 긴장을 쏟아붓게 될 것이다. 가장 가깝고 다치게 하고 싶지 않은 사람에게 말이다.

남황제를 다룰 때 그가 경직된 지성을 나타낸다는 것을 깨닫는 것이 중요하다. 여러분의 창조성은 아마도 불안하고 초조하게 표현되고 있을 것이고, 제대로 된 분출구가 필요하다. 여러분이 내면의 감정에 주파수를 맞추고 그 감정들을 표현하면 상황이 금방 나아질 것이다. 누군가에게 화가 난다면 그냥 그렇다고 말하도록 한다. 화난 감정이 부적절하게 폭발할 때까지 담고 있는 것보다 그게 훨씬 낫다. 여러분이 원하는 것이 사랑이라면, 사랑을 받을 만큼 부드러워지면 어떨까?

무엇보다 여기서 필요한 건 여황제 카드로 대표되는 고대의 지혜와 자비로운 이해의 어머니 여신의 의식으로 돌아가는 것이다. 어쩌면 산책을 하며 어머니 지구를 경험할 시간일지 모른다. 나무를 만지거나 바위에 앉아 그 고대의 에너지를 느껴보라. 여러분의 감각을 열고 몸을 자유롭게 해줄 어떤 신체적인 것이 필요하다. 그러면 여러분은 주변 세상에 조금 승복하며 전적으로 통제하지 않아도 된다고 느끼게 될 것이다. 바보 카드의 아이와 같은 지혜도 기억해야 한다.

타인을 억압하기

'하이로펀트hierophant'라는 단어의 뿌리는 신성한 것의 빛을 가져오는 사람이라는 뜻이다. 타로전통에서 하이로펀트는 사제나 교황, 즉 가부장적 종교의 권위자를 나타낸다. 남황제의 '쌍둥이이자 상대counterpart'인 그는 제국에 내려진 계엄령에 영적 권위를 제공한다. 때로는 남황제와 교황을 지낸 사람이 맡기도 한다. 조슬린 고드윈 Jocelyn Godwin은 율리우스 시저 이후 모든 교황이 "국교의 최고 신관, 고위 사제나 인간과 신 사이에 '다리를 놓는 사람'이었다"고 말한다. 일차적으로 교황은 의례를 만드는 사람으로서 사제나 다른 종교 지도자이거나 심지어 정신과 의사일 수도 있고 지배적 신념을 전파하고 사람들이 그에 적응하도록 하는 정통파 관리라면 누구나 될 수 있다.

종교의 위계적 견해를 나타내는 교황은 일반인들보다 높은 대지에서 받침대 위에 올라서 있다. 마더피스 이미지에서 그는 고위 여사제의 예복, 치마와 더불어 그녀의 거룩한 능력을 상징하는 가슴을 차지했지만 그녀의 '소피아' 즉 지혜는 저버렸다. 그는 위대한 어머니의 여사제들을 내쫓고 새롭게 임명된 남성 성직자, 즉 세라피스나 미트라스, 오르페우스, 피타고라스, 그리스도의 신비를 숭배하는 남성 사제를 대표한다. 여신 종교에서 빌려온 그의 의례는 친숙한 형태이긴 하지만 거의 알아볼 수 없을 정도로 변질되었다.

교황의 권위는 여성과 여성이 상징하는 자연의 본능을 억압한 데 기반하고 있다. 새로운 가부장제 지도자들은 신성한 여신의 의례들을 범죄로 여겼고 후에는 억압했다. "무엇보다 수도사와 평신도를 구분하는 것은 정절이다"라고 고드윈은 말한다. 그리고 정절에 미치지 못하는 것은 적어도 여성의 경우 죽음으로 벌할 수 있었다. 이시타르, 아스타르테, 하토르, 이시스, 아프로디테의 의례들은 오늘날 우리에게 익숙한 유대교, 불교, 그리스도교, 이슬람교 등의 다른 종교에서 그토록 지배적 역할을 해온 청교도적 억압을 선호하면서 불법화되었다.

가부장적 종교는 육화, 즉 몸을 가진 삶은 "진실한 십자가 처형: 그들의 신성을 원소의 4중 십자가에 못 박는 것"이라는 신념으로 지속된다. 몸에 대한 이런 거부감은 여신으로 대표되는 신체 감각을 황홀하게 감상하는 것과는 거리가 멀고, 일반인들은 이를 쉽게 받아들이지 않았다. 마더피스 이미지에서 '성스러운 사람' 뒤에서 검을 치켜든 병사는 역사를 통해 사람들을 새로운 종교로 '개종'시키는 데 사용된 힘을 상징한다.

타로에서 교황과 남황제라 부르는 인물들을 연결하면서 고드윈은 "수도자의 길은 전사의 길처럼 우주에 대한 이원론적 시각에 바탕을 둔다. … 영과 물질의 이원론은 인간에게서 영혼과 몸 사이의 간극으로 나타난다"고 말한다. 교황은 인도, 중동, 아프리카, 훗날에는 북남미와 남태평양의 자신들보다 피부가 검은 사람들에게 자신들의 지배를 강요한 밝은 피부를 가진 인도-아리아 침략자들의 이런 이원론적 견해를 나타낸다. 이들은 세상을 '좋은 것과 나쁜 것'으로 나누고 빛과 어둠, 남성과 여성, 영과 물질로 나누었다.

교황은 '오컬트 에너지'와 이의 사용을 억제한다. 여사제가 지닌 신성한 신탁의 힘은 그녀의 여성-달 주기가 선사하는 재능이었다. 피를 흘리고 쿤달리니의 불을 일으킬 때 그녀는 미래를 볼 수 있었고 그녀의 말은 신비한 힘으로 가득했다. 이 내면의 직관적 비전(인간의 양심)은 나중에 교황이 나타내는 도덕으로 관습화되었는데, 성문화된 법과 삶의 규칙들에 의존한다. 페미니스트 메리 데일리Mary Daly는 이 통제가 얼마나 중요한지 지적하면서 가부장제의 '끝없는 전쟁'은 "일차적으로 심령적이고 영적인 차원에서 일어난 것"이라 강조한다.

성서의 십계명은 교황의 작업 중 좋은 예이다. 구약성서의 많은 부분처럼 십계명은 당시에 널리 퍼져있던 종교적 신념을 덮으려는 분명한 목적으로 쓰였다. 가나안 사람들의 불의 여신, 페니키아의 아스타르테Astarte(히브루어로는 아스다롯)을 지우려한 것이다. 그리고 가장 중요한 계명은 "너희는 내 앞에서 다른 신을 모시지 못한다"로, 구종교의 다양한 현현을 용납하지 않는 신진 남성 신의 질투심을 강조한다. 수메르의 위대한 어머니 이슈타르는 바빌론이 참녀의 합고 대제 또는 알레이스트 크롤리가 불렀던 것처럼 주홍 여인이 되었다. 수천 년 동안 신성한 의식을 치렀던 신전의 여사제들은 '사원의 창녀'로 길들여졌다. 어떤 형태로든 성스러운 숲이나 아세림asherim이나 기둥 혹은 '우상'을 둘러싸고 어머니 여신을 숭배했던 사람들은 새롭게 등장한 '정의로운' 군벌에게 학살되었다. "살인하지 말라"는 계명은 편리하게도 무시되었다.

티아마트에서 릴리스1970년대 유명한 유대 페미니즘 운동가이자 신학자인 Judith Plaskow가 《The Coming of Lilith》를 펴내며 셈족 신화 속의 악마, 또는 민담의 요녀쯤으로 취급되던 릴리스를 남성인 아담, 지배자격인 야훼에 맞서 자신의 권리를 위해 투쟁한 최초의 여성으로 재조명했다에서 판도라까지, 바다괴물 뱀에서 악마와 사악한 마녀에 이르기까지, 여성들은 악인, 악의 화신이 되었다. 죽음과 파괴, 폭력과 불손함 같은 생명의 어두운 면들은 새로 세워진 남성 지도자들이 체화한 것임에도 여성들에게 투사되어 이제 깨끗하지 않고, 물질적이고, 본능적이고, 역겹고, 성적이고, 선천적으로 사악하다고 불리게 되었다. 마더피스 이미지에서 여성에게 던져진 이런 비난은 교황의 납빛 회식 두루마리로 표현되었다.

1979년 메리 데일리는 《여성/생태학Gyn/Ecology》에서 가부장적 종교의 이름으로 여성에게 가해진 학대와 여성과 자연에서 여신을 말살하려는 계속되는 노력에 대한 명쾌하고도 놀라운 설명을 발표하였다. 1978년 말 나는 3주 동안이나 교황 이미지를 그리려 노력했는데, 전통 타로카드에서 본 복잡성을 그래픽으로 표현하는 동시에 그에 대한 나의 페미니즘 해석을 더하고 싶었기 때문이었다. 그림이 완성된 직후 나는 《여성/생태학》의 페이지 조판 교정쇄를 받고 놀랐다. 데일리의 가설과 마더피스 이미지가 같은 비전을 표현하고 있었다.

종교를 장악하는 과정에서 여성들이 둘러싸던 가마솥은 한 남성이 높이 든 성배가 되었다. 데일리는 다음과 같이 묻는다. "그렇다면 변형의 힘과 동일시된 여성의 가마솥이 도둑맞았을 때, 즉 그리스도교의 신화에 의해 성배로, 남성 사제직의 변형의 힘으로 바뀌었을 때 어떤 일이 일어나는가?" 마더피스 이미지에서와 같이 그녀의 견해로는 "가부장제가 비계층적이고 여성 중심적인 고대의 상징을 사용하여 남신의 이름으로 다른 사람을 지배하는 힘을 행사한다."

우리에게 속한 고대 여신의 힘을 되찾기 위해 우리는 '배경'으로 들어가 '전경'에 존재하는 가부장제 문화와 종교의 끔찍한 거짓말을 '몰아내'거나 '추방'해야 한다. 교황은 거룩한 지혜에 직접 접근하는 것을 금지하고 배경에 있는 물의 마법적이고 종교적 힘을 막는다. 물은 정서와 감정, 무의식과 달, 여성을 나타낸다. 한때 팔을 들어올리고 어머니 여신과 직접 소통하는 것으로 예술가들이 그리던 여성들은 이제 거지에게 빵 부스러기를 주듯 종교를 나눠주는 교황 앞에 무릎을 꿇게 되었다. 모계 시대에 고위 여사제의 손은 열려 있었고 이는 창조와 권능을 상징했다. 교황이 인공적인 성찬을 제공하는 곳에 그는 두 손가락만을 가리킨다. 이는 고드윈이 "생각, 로고스, 가르침"이라 부르는 것을 상징한다.

열린 두루마리는 '로고스' 즉 남성 '신의 말씀'의 다른 표현으로 성문법, 신성한 경전, '신성한' 책들을 나타낸다. 여신 종교의 상징들은 새로 들어온 사제들에 의해 염치없이 무단으로 사용되며 왜곡되거나 억압되었다. 고드윈은 신비는 상징을 통해 기능했고, "단어의 정밀함은 생각을 나비처럼 박제시키는 것 같아서 상징을 정확하게 표현하지 못한다"고 지적한다. 교황은 미묘함이 상실되었음을 나타낸다.

현존하는 오래된 글 중 일부는 이난나의 지하세계로 가는 샤먼의 여정이다. 후기 버전에서 주인공은 더는 비전을 찾는 샤먼이 아니라 괴물로 의인화된 여신을 칼로 베러 간 남성 영웅으로 그려진다. 이후의 신화는 원래 내용과는 더 멀어지게 되고 초기의 개념들이 완전히 뒤바뀌게 되지만, 이런 반전이 종교적 치장으로 가려진다. 예를 들어, 성찬의 기원을 생각해보자. 의례를 통해 음식을 나눠 먹는다는 아이디어는 최초의 제단 역할을 했던 화롯불까지 거슬러 올라간다. 여신의 살과 피는 원래 숭배자들의 살 떨림과 고동치는 피로 경험되었다. 4장에서 설명했듯 신성한 제단에 최초로 놓인 피는 여사제의 월경혈이었다. 후대의 종교는 여성의 월경혈을 빼버리고 인간과 동물 제물로 대체했다. 이렇게 생명을 취하는 것을 '여신 숭배'나 '모계'의 것으로 잘못 말해질 때가 많지만 어머니 여신과 그녀의 자연적 삶과 죽음이라는 원칙에 완전히 반대되는 것이다.

포도주는 피의 제물을 대체했고, 인간이나 동물 제물 대신 포도주로 바꾼 이는 그리스도로 여겨진다. 하지만 그리스도교의 포도주와 제병은 예수의 시대에 꽤 널리 퍼져있던 알코올 소비의 오랜 전통을 잇고 있다. 고드윈은 "내 몸을 먹고 내 피를 마셔서 나와 하나 되고 나와 함께하지 않는 자는 구원을 모를 것이다"라는 페르시아의 미트라교의 한 글귀가 "예수의 말과 놀랍도록 닮아 있다"고 주목한다. 이는 그리스도의 이야기와 아주 유사한 디오니소스의 신비였다. 알코올과 마약이 섞여 '황홀경ecstasy'의 순간에 찢긴 동물의 생살을 먹는 것으로 이어진 이 신비는 분명 어머니 여신의 부드러운 황홀경이 역겹게 부패한 것이다.

교황이 일상에 미치는 영향을 느끼기 위해 가부장적 종교를 고수할 필요는 없다. 여성들은 최근에야 투표권을 얻었다. 우리는 여전히 출산도 우리 마음대로 통제하지 못한다. 평등권 개정을 반대하는 사람들은 여성이 완전한 법적 평등을 누리면 안 되는 주된 이유로 '신의 법'을 든다. 메리 데일리가 외치는 것처럼, "가부장제는 그 자체로 전 지구를 지배하는 종교이다."

하지만 교황은 남황제와 동일하지 않다. 교회가 국가의 이데올로기를 지지할 때가 많지만 대개의 종교 전통은 국가 권력과 특히 폭력에 대한 잠재적 비판을 포함한다. 퀘이커 교도들은 이를 "권력에 진실을 말하는 것"이라 부른다. 성직자가 분쟁 중인 군대 양쪽에 축복을 내리고 "신은 네 편"이라고 말하는 황당한 광경 뒤에서 교회는 '정의로운' 전쟁과 '불의한' 전쟁을 구분 짓고 분쟁을 중재하고 싸우는 방법을 제한하려 했다.

역사상 이 시기에 교회에게는 핵무기 군비 경쟁을 지속하는 것의 윤리적 결과에 대해 신도들과 다른 이들을 깨울 기회가 있다. 점점 더 많은 가톨릭 주교와 성직자들이 핵무기를 계속 쌓는 것의 도덕성에 의문을 제기하며, 양측에 핵탄두 비축을 그만두고 협상하고 감축할 것을 촉구해왔다. 주교가 군비 경쟁을 뒷받침하는 세금을 거부한 사례도 있다. 교회가 신도들에게 강한 영향력을 행사하기 때문에 교황이 평화를 옹호할 때 다른 많은 이들이 모두를 죽이는 무기 체계에 더는 묵인할 수 없을 것이다. 정치 지도자들은 교회가 자신들의 정책에 광범위하고 지속적으로 항의하면 쉽게 버티지 못할 것이다. 이렇게 교황은 남황제의 자기파괴적인 방법들을 멈추도록 도울 수 있다. 교회가 군비 경쟁에 대항하는 투쟁을 진지하게 이끌면 이는 오랫동안 필요했던 '카르마 정화'를 의미할 것이다. 이는 교회의 행동과 거룩한 가르침을 일치시키고 몸과 마음을 결합하는 혁명적 함의를 가질 수 있다. 그러면 교황은 그 이름이 암시하는 신성한 진리의 스승이자 계시자 역할을 할 것이다.

✢ 이 카드가 나오면

교황 카드가 나오면, 어떤 식으로든 관습적 도덕과 가부장적 법을 다루고 있다는 의미다. 법원이나 교회나 사찰과 같은 권위와 충돌하거나 아니면 단순히 부모나 비판적인 인물과 갈등을 겪고 있을 수 있다. 누군가 판사나 도덕적 지도자처럼 굴며 여러분과 여러분의 감정 사이에, 아니면 여러분과 여러분의 신 사이에 서 있을 가능성이 있다.

이런 사회적 반대에 맞서 강경한 자세를 유지하는 것이 중요하다. 그렇지 않으면 여러분은 그림 속 여성들처럼 무릎을 꿇게 될 것이다. 누군가 여러분에게 일이 원래 그렇다고 이야기할 것이고, 여러분은 그 말을 믿으려 할 수도 있다. 그들은 어쩌면 법이나 성경을 인용하며 여러분이 '신을 두려워'하며 묵인하도록 하려 들지 모른다.

반대로, 남황제의 경우처럼 어쩌면 여러분이 교황일 수도 있다. 자신의 진정한 자아에 반하지만 규칙과 규율을 지키며 어떤 식으로든 착한 소녀나 소년이 되려는 면이 있는가? 내면화된 문화의 규칙은 강하고 그 금기는 일반적으로 몸의 무의식에 내재되어 있다. 여러분의 부모님이나 선생님들이 옳고 그름에 대해 말한 것들은 여러분이 독립적인 나름의 양심을 개발하지 않는 한 평생 여러분을 따라다닌다. 여러분은 지금 관습적이거나 프로그램된 방식이 아니라 조건화된 방식으로 행동하고 있다. 아마도 여러분이 깨닫지 못한 어떤 두려움이 작동하고 있을 것이다.

어떤 규칙을 어길까봐 두려워하는지 알아내고 그 규칙을 어겼을 때 여러분을 벌주려는 부분과 접촉할 수 있는지 본다. 조심하라고 말하는 것이 정말 여러분의 성숙한 양심인가, 아니면 여러분의 가치를 반영하지 않고 이제 떠나보내고 싶은 각인된 어린 시절 중 하나인가? 어떤 식으로든 삶을 즐기는 것을 금지하는 자신을 발견하면 내면의 '판사'나 '사제'에 의해 통제되고 있는 것이 아닌지 자문한다.

교황의 이미지가 때로 여러분이 반성하지 않는 양심을 깨닫게 해주는 것과 마찬가지로 여러분이 사제나 법 집행자처럼 행동하지 않는지 자문하도록 도울 수 있다. 어쩌면 여러분은 조금 팽창되어 필요 이상의 책임을 지고 다른 사람들에게 "상황은 이래"라고 말하는 중일지 모른다. 모든 것을 아는 사람처럼 굴지 않는지, 그 신호를 주의해서 살핀다. 특히 여러분이 누군가의 행동이나 행동부족을 '나쁘다'고 암시하고 있다면 조금 느슨해지고 상대에게 발언권을 주는 것이 좋을 것이다.

교황은 지루하다. 그는 거만하고 잘난 체하며 다른 사람들보다 우월하다고 느끼며 일어나는 일들을 통제하려 한다. 그는 아마도 춤추고 노래하고 사랑을 나누는 것에 반대할 것이다. 그가 '악마의 도구'라 부를 타로카드를 여러분이 쓰는 것을 분명 원하지 않을 것이다.

그가 여러분이 실려져 연여이기 물리덕 공간에 있다변 그의 신바시에
서 벗어나야 한다.

결합

전통적으로 이원성과 선택의 이미지인 연인 카드는 우주의 음양의 힘들과 이들이 서로에게 자연스럽게 끌림을 나타낸다. '사랑,' 즉이 상호보완적인 힘들이 하나로 합쳐지는 것은 여러 차원에서 일어난다. 사회적 수준에서 연인은 결혼marriage을 상징한다. 더 깊은 비의적수준에서 이미지는 히에로 가모스hieros gamos 즉 입문 신비의 신성한결혼, 한 존재 안에서 대극의 성질들이 합쳐지는 것을 가리키고 이는온전함으로 이어진다.

남성과 여성의 결합union은 모든 문화에서 종의 지속에 필요한 것으로 인정된다. 인도의 탄트라 수행에서 이 결합은 특정한 환경에서 의례로 행해진다. 엘레우시스 신비와 다른 고대 종교와 전통에서 히에로 가모스는 하이로펀트^{hierophant}가 추진하며 오늘날에도 공식적으로 결혼하려면 신부나 랍비, 목사나 판사가 필요하다. 하지만 기저에 깔린 '연금술적 결혼'의 중요성은 성적이든 아니든 항상 우리 내면과 우주의 신성한 것들과의 결합이다. 마더피스 이미지에서 이 결합은 아직 달성되지 않았고 마음속에 그리며 욕망하는 것일 뿐이다. 이 시점에 활동하는 것은 끄는 힘 그 자체이다.

연인의 이미지는 점성술에서 쌍둥이자리에 해당하고 사물을 쌍으로 보는 것을 나타낸다. 오컬트 과학은 영혼의 짝이라는 교리를 가르치며, 연인 카드는 이 아이디어를 가장 분명하게 구현한다. 물리적인 차원에서 인간 각자는 영혼이 결합을 갈망하는, 적어도 하나의 대극이나 '쌍둥이' 측면을 지구상 어딘가에 갖고 있다. 서로를 찾게 되면 이들은 그것을 알고 연결된다. (동화에서 이들은 사랑에 빠져 영원히 행복하게 살게 된다.) 보다 수직적인 축에서 영혼의 짝 교리는 인간의 영혼이 지구에 몸을 갖고 태어나기 전부터 존재했다고 한다. 이런 육화의 과정에서 몸-인격은 반대되는 영적 자아와 분리되어 요가나 명상 수행을 통해 영혼과 몸을 재결합하려는 필요가 생겨난다. 그 둘이 조화를 이룰 때, 지복에 찬 결합이 일어나고 존재는 일자가 된다.

타로에서 연인 카드는 대개 성적 결합이 진행 중임을 가리킨다. (마더피스 이미지에서 연인들은 전통적인 남녀 특성을 젠더가 아니라 자질로 고려하기 위해 중성적이거나 추상적으로 그려졌다.) 탄트라는 '성적 행위'를 통한 인간의 융합이 에고 경계의 해체와 황홀경을 경험하게 한다고 가르친다. 인도의 시바-샥티 성교상이나 티베트의 야브-염^{Yab-Yum} 쌍은 신성한 결합을 인간의 수준에서 보여주는 예시다.

주역에서 설명하듯 '두 원초적 힘들 사이에 긴장 상태가 일어나고 또 일어나며, 이 잠재력은 이 힘들을 계속 움직이게 하고 결합하게 하고 끊임없이 재생되도록 한다."

현대 문화에서 연인들의 결합에는 필연적으로 문화에 의해 우리 안에 새겨진 생각들과 전형적인 성 역할 반응들이 더해져 있다. 마더피스 이미지에서 사랑이 일어나는 가부장적 전경은 그리스 꽃병으로 나타나 있다. 이 꽃병은 우리가 지키며 살고 있는 '스크립트'를 일부 그리고 있는데, 이 스크립트는 가부장제와 함께 시작되어 5,000년이 지난 지금도 영화, TV쇼, 책, 연극의 형태로, 즉 우리 시대의 신화로 사용되고 있다.

그리스 꽃병은 기원전 7세기 무렵 코린토스에서, 그리고 1세기 후에는 아테네에서 그려지기 시작했다. 특히 아테네의 꽃병은 현대 유럽과 미국의 로맨틱 신화의 원조이다. 마더피스 이미지에서 왼쪽에 있는 꽃병은 영웅이 아마존 여왕을 죽이는 유명한 신화를, 여기서는 아킬레스가 펜테실레이아Penthesilea를 살해하는 것을 묘사하고 있다. (기원전 540년에 아테네 암포라Athenian amphora에서 발견된) 이 장면의 초기 버전에서 아킬레스는 검은 두건을 쓰고 아마존 여왕은 검으로 맞서 싸우고 있다. (기원전 460년 암포라 표면이 아니라 작은 포도주 잔 안쪽에 그려진) 아마존 여왕은 나중의 해석에서 더는 자신을 방어하지도 않는다. 이제 그녀에게는 검이 없다. J. J. 폴릿Pollitt은 "아킬레스가 넘어지는 아마존 위에서 치명타를 가하려 할 때 이들의 눈이 마주친다. 분노와 의무, 자존심이 사랑과 후회와 갈등을 일으키면서 찌르려 내뻗은 팔이 얼어붙는 것 같아 보인다"고 말한다.

펜테실레이아가 반격하는가? 글쎄, 그녀는 "그를 힘없이 붙들고, 일부 애원하고 또 일부 저항한다. 그녀의 경우 두려움과 자부심, 어쩌면 사랑이 뒤섞인다."

문화적 낭만주의의 어두운 면은 가부장제로의 전환기에 강간으로 시작된 섹스와 폭력 사이의 초기 연관성이다. 강간에 대한 미화와 섹슈얼리티의 비뚤어진 연관성은 우리 문화의 추한 폭력적 뿌리를 상기시킨다.

오른쪽에 있는 꽃병에는 여성에게 폭력을 저지르는 남성이 아니라 순간 여성을 흠모하는 모습을 그리고 있고 이는 언뜻 보면 오랜 여신 문화를 반영하는 것처럼 보인다. 그러나 아테네 여신들은 남성과 동등한 지위에 존재하는 것이 아니라 숭배 받는 '권력power'을 부여받았다. 일단 결혼하고 나면 이 꽃병에 그려진 여성은 남편에게서 로맨틱한 관심을 더는 기대할 수 없다. 남성은 생식 목적으로만 그녀와 성관계를 할 것이고 열정은 다른 이성과 어린 남자아이들을 위해 아낄 것이다.

전경의 핑크빛 침울한 에너지는 사랑과 함께 우리가 관계에 가져오는 무의식적 욕망과 두려움의 조합을 나타낸다. 성적 교환으로 두 사람이 하나가 될 때 어떤 일이 일어날지에 대한 생각들로 가득하다. 오컬트 작가 앨리스 베일리Alice Bailey의 말에 따르면, "대극의 쌍이 가진 매력은 … 빡빡하고 뿌연 성질이며 때로 환희와 지복에 물들기도 하고 때로 침울과 우울로 물들며 이 이중성 사이를 오간다. 이런 오감이 얼마나 지속될까? "감정을 강조하는 한" 그리고 보다 정확하게는 가슴에서 오는 진실된 느낌으로 움직이기보다 우리가 무엇을 느껴야

하는지에 대한 생각에 빠져있는 한 지속된다. 우리가 가부장적 아이디어와 사랑이 무엇인지 그리고 우리가 그 안에서 어떠해야 하는지에 대한 이미지에 지배되는 한 우리는 우주적 환희에 접촉하는 데 어려움을 겪는다.

두 영혼이 취약함과 자발적 신뢰 안에서 서로를 향해 다가갈 때 사랑의 두 번째 단계가 시작된다. 마더피스 이미지에서 이는 흑백의 기하학적 이미지들이 합쳐지는 것으로 암시되었다. 이제 자아보다 더 큰 무언가에 대한 감각이 있고, 우리를 끄는 것은 이성이 이해하는 의식 그 이상이다. 두 사람이 사랑이라는 사건 안에 스스로를 놓아버릴 수 있을 만큼 자신들을 신뢰할 때, 미지의 힘, 공the Void에 승복할 수 있을 때, 이들은 자신들의 결합을 나타내는 빛의 신성함을 함께 쌓기 시작할 것이다.

불교에서 이 '미묘체subtle body'는 바쥐라the Vajra 또는 '금강체'로 무적이며 영원하다. 우리의 결합에서 이 '우리'는 그 자체가 하나의 독립체로 나름의 생명을 갖는다. 마더피스의 그림 뒤에 두 사람은 황홀경의 문턱에 서 있고, 이 정점에서 이들은 세속의 것들을 놓아버릴 것이다. 열정을 나타내는 붉은 장미의 화환 아래 연인들이 합쳐진다. 이들이 열린 공간으로 뛰어드는 동안 자아self는 분리되지 않은 참자아Self로 상대를 이해하게 되고, 두 파트너가 준 모든 사랑은 계속되는 에너지의 순환 안에서 즉시 되돌아온다.

서쪽 태양의 오렌지색 공으로 표현된 이 황홀함은 치유 서클circle의 원형原型이다. 움직이는 사랑의 에너지를 위한 통로가 되는 것은 요가와 다른 형태의 우주적 축하가 약속하는 심오한 돌봄과 우주적 치유에 우리를 열어준다. 오랜 고통이 사라지고 사랑의 열기가 과거의 카르마를 불태우면서 정신psyche이 정화되고 세포가 재생된다. 이 의식의 지복 상태는 언제나 어떤 최고 경험을 나타내는 숫자 6으로 잘 표현된다. 태양처럼 표현적이고 확장적인 6은 권력의 중심에서 의식이 가슴으로 이동하는 것으로 이해될 수 있다. 이 순간적 고양은 다가올 보다 영속적인 통합을 미리 예시해준다. (21장에서 논의) 사랑을 나누는 것은 자신의 참자아와의 궁극적 결합을 위한 리허설이다.

이 신성한 공간에 들어가기를 원하는 현대의 연인들에게 필요한 것은 우선 진정한 에로스와 프시케의 에너지, 즉 가슴과 영혼의 에너지로부터 주의를 딴 데로 돌리게 하는 많은 폭력적인 사고 형태thought forms와 이미지들을 정화하는 것이다. 《성의 비밀Sexual Secrets》에서 닉 더글라스Nick Douglas와 페니 슬링거Penny Slinger는 탄트라와 다른 동양의 수련법에서 신경계를 흐리고 제대로 느끼기 어렵게 하는 몸의 '독'과 '독소'를 씻어내기 위해 고안된 금식과 정화 의식에 초점을 두어 연인들이 어떻게 이 여정에 준비되어 가는지 묘사한다. 다음으로 그들은 명상 수행과 호흡과 터치와 이완법을 함께 처방하여 둘의 에너지가 변형되고 융합할 준비가 되도록 한다. 마지막으로, 욕망이 부풀어 오르도록 허용하여 우리 모두의 내면에 존재하는 신성한 열정과 갈망의 불꽃을 점화시킨다.

두 연인이 진지하게 상호 존중과 신성한 에너지에 대한 경외심으로 함께하면 이들이 세상의 진정한 사랑의 본성을 이해하는 가운데 결합한다. 이들은 자신의 몸을 의심이나 비판, 분노나 에고 중심의 욕구 없이 가슴이 열리는 여신의 신전으로 경험한다. 연습을 통해 이들은 민감성이 커지고, 함께할 때마다 낡은 패턴이 사라지고 새로운 형태에 더 쉽게 접근할 수 있게 된다. 탄트라의 현자들은 이런 방법을 통해 모든 질병을 치료하고 '장수'할 뿐 아니라 언어를 넘어선 신비에 깊이 다가갈 수 있다고 암시한다.

⁙ 이 카드가 나오면

연인 카드가 나오면 기존 관계에서 파트너십을 만들고 있거나 새로운 파트너와의 연결을 준비하고 있음을 나타낸다. 연인이 되고픈 마음이다. 상대에게 끌리며 여러분은 선택에 직면한다. 아마도 "우리가 연인이 될까, 아닐까?" 같은 질문을 하고 있을 것이다. 만약 이 질문에 열정적인 흥분이 함께 한다면, 편히 앉아 심호흡을 한다. 여러분은 보다 깊은 곳으로의 여정을 시작할 참이다. 다른 누군가가 관련되어 있기 때문에 여러분은 미지의 것을 마주하고 사랑을 신뢰하며 다른 사람 안에서 자신을 잃는 위험을 감수하라는 요청을 받고 있다는 의미다.

'성적 승복의 힘'에 대해 기억할 것은 여러분이 다른 어떤 사람이 아니라 여신에게 자신을 바친다는 점이다. 여러분이 이 사람에게 끌림을 느끼는 것이 맞고, 그 사람과 합쳐지기를 원하는 것도 맞다. 하지만 여러분이 공간 속으로 도약할 때 요구되는 내어놓음은 사랑이라는 신성한 힘에 대한 승복 그 자체이다. 그 에너지는 초월적이다. 즉, 두 사람의 인격보다 더 크다. 중요한 것은 누가 연인인가도 아니고 사랑의 행위 그 자체다.

그렇다고 파트너를 사랑하지 않아도 된다는 말은 아니다. 반대로 섹스는 상대를 사랑할 때 더 잘 된다. 좋아하지 않는 사람과 '가벼운 섹스'를 하는 것은 여러분의 가슴에 상처를 준다. 마찬가지로 폭력이나 희생자 만들기가 관련된 각본도 여러분과 여러분의 상위 자아higher Self 사이의, 그리고 여러분과 우주의 신성한 영과의 간극만 더 깊게 할 뿐이다. 강간이나 지배 환상을 즐길 수도 있지만 이는 여러분이 진정으로 느낄 수 있는 능력을 둔화시킨다. 그런 일시적 감각들과 순간적 흥분은 장기적인 정서적 고통을 볼 때 가치가 거의 없다.

언제든지 여러분의 에고가 성적 상호작용을 지배한다면 이는 육체적-정신적 수준에만 머물 것이다. 그것도 괜찮지만, 궁극적으로는 만족스럽지 않다. 가슴이 열릴 때 일상의 정신상태에서 세차게 몰려든 '더 높은' 차원이 힘으로 고양되어 보다 넓은 공간으로 들어가는 것을 느낄 것이다. 에고는 한 사람의 아이디어와 우위에 기반해 모든 것을 통제하고 싶어 하는 반면, 가슴은 둘이 하나 되는 절대적 결합을, 여러분의 모든 세포가 함께 박동하는 보편적 하나 됨의 지복을 원한다. 갈망하고 갈망하면서 여러분은 연인과 신성한 땅에서 만날 때마다 (에덴) 동산으로 되돌아온다.

여러분은 모든 생명이 그 영에서 하나이고 사랑으로 연결되어 있다는 본질적으로 영적인 드라마를 재연한다.

자기 길을 개척하기

전차는 승자, 큰 승리를 거둔 아마존 전사를 나타낸다. 연인 이미지가 신성한 결혼에서 둘이 하나 되는 융합과 결합에 관한 것이라면, 전차는 관계에서 나와 일하러 갈 수 있는 처녀 여신의 독립적 사고와 행동을 나타낸다. 전차를 모는 이는 지혜의 여신인 그리스의 아테네로, 로버트 그레이브스에 따르면 리비아의 트리톤 호수에서 왔다. 원래 "기괴하게 아버지 제우스의 머리에서 다시 태어나기 전에" 그녀는 리비아의 트리플여신 네이트^{Neith}였다. 일부 학자들이 세계에서 가장 오래된 여신이라 여기는 네이트는 천상계^{upper heavens}의 여신으로 마더피스 이미지에 그려진 이집트의 하늘 여신 누트와 동일하다.

네이트는 또 그리스의 아테네처럼 빛이나 새벽을 부르고 (산스크리트어로 아하나^{Ahana}) 마음의 지적인 빛을 나타내다. 그녀는 나중에 아테네처럼 지혜의 여신이 되었다. 이런 점에서 그녀는 새벽, 깨어남, 앎을 뜻하는 이름의 인도 우셔스^{Ushas} 여신과 같다. 우셔스에게 바치는 베다의 찬가는 다음과 같다. "이 상서로운 우셔스 님은 멀리서 탈 것을 잡아 떠오르는 해 위로 수백 대 전차를 끌고 사람에게로 오시네."

마더피스 이미지 위쪽에 걸쳐진 누트의 몸은 밤하늘을 나타내고 13개의 별을 품고 있다. 이는 그녀를 달과 달의 수 13과 연결한다. 점성술에서 게자리는 물의 활동궁으로 전차를 고위 여사제와 연결시키고 또 전차를 모는 리비아의 아마존 조상인 궁수 아르테미스와 연결시킨다. 아마존의 활과 화살이 이 연결점을 다시 보여준다. 게자리는 또 아마존 여전사^{The Amazons아마존 사람들을 아마존 여전사로 의역했다}들이 전투에서 착용하는 일종의 보호 갑옷을 상징하고, 달 어머니 여신^{the Moon Mother}이 숭배자들에게 제공하는 심령적 보호를 상징한다.

아마존 여전사들은 고대 그리스와 로마 예술에 자주 등장하는데, 일반적으로 허구로 여겨졌다. 하지만 헤로도토스와 다른 이들은 모계 세계에서 가부장제 세계로 넘어가던 전환기 동안 진짜 존재한 아마존 사람들에 대해 썼다. 아마존 여전사들은 무기를 든 용맹한 궁수와 전사로 남성들과 떨어져 사는 여성들만의 부족으로 자주 묘사되었다. 이 이야기 대부분은 북아프리카, 특히 리비아와 관련이 있지만 예전에는 아프리카 전체가 리비아로 알려졌던 것도 사실이다. 아마존 여전사들은 생각했던 것보다 더 널리 퍼져 있었을지 모른다.

필리스 체슬러^{Phyllis Chesler}는 아마존 여전사들을 '남성들의 보편적 악몽'이라 부르며 한때 아마존 여전사들이 모든 대륙에 존재했다고 말한다. 모계 사회의 중심에 어머니와 딸 사이의 유대가 있었음을 인정하며 체슬러는 아르테미스가 딸인 것처럼 아마존 전사들을 딸이라 부르고 그녀의 존재를 모계와 부계 양쪽의 권력에 대한 반란이라고 한다. 이 딸은 남성에 의한 지배에 반기를 든 만큼이나 임신과 모성과 그 제약도 거부했다. 현대의 많은 레즈비언 페미니스트들은 자신들을 아마존 여전사나 아테네의 원형적 존재, 아니면 나중에 불린 이름인 팔라스 아테네^{Pallas Athene}와 동일시한다.

전통적으로 팔라스 아테네는 두 이름이 암시하듯 그녀의 성격에서 두 측면을 의인화한다. 팔라스는 폭풍의 여신 (그녀는 아버지의 폭풍 방패를 갖고 있다.)으로 전투에서 여신으로서의 기능을 나타낸다. 머레이^{Murray}가 말하듯, 그녀는 "용맹하고, 정복하며, 자신을 성가시게 하는 군중 전체를 자신의 방패로 겁에 질리게 하였다." 하지만 그녀의 성격의 다른 면은 부드럽고 온화하고 하늘 같다. 아테네는 전쟁의 신 아레스와 달리 피를 위해서가 아니라 평화와 번영을 위해 전쟁을 지휘한다.

아테네는 네이트처럼 인류에게 "인간의 삶에 아름다움을 가져다주는 모든 것, 지혜와 예술"을 가르친다. 머레이는 아테네를 "언제나 그 움직임에 제약이 없는 마음의 의인화"라고 본다. 평화시에 그녀는 언제나 실을 잣고 천을 짜고 수를 놓는 기술과 수공예의 여신으로 "맑은 하늘, 선명한 정신"을 가졌다. 그녀는 치유 예술의 여신이자 "말을 길들여 멍에를 씌워 전차에 매는" 여신이기도 하다. 훗날 그녀는 로마에서와 마찬가지로 지혜와 '진지한 사고'의 전사 여신이자 예술과 산업의 수호신인 미네르바가 된다.

크리스틴 다우닝Christine Downing의 책 《여신》에서 팰라스 아테네에 관한 장은 아테네의 표시이기도 한 복잡성과 지성에 관해 내가 발견한 것 중 가장 훌륭하다. 다우닝은 아테네를 "일과 관계, 우정과 고독, 에고와 영혼, 여성성과 창의성 사이의 교차하는 끌림"에 의문을 제기하는 예술적으로 창조적인 여성의 전형으로 본다. 아테네 여신이 여성과 그리고 자신의 여성 세포와 완전히 단절되었다고 보는 전통적인 견해와 다르게 다우닝은 여신의 더 깊은 특성이 여성은 물론 남성과도 편안하며 이와 별개로 순결한 양성임을 발견한다. 그녀는 작품에 영혼을 불어넣는 활동적인 '아니마' 인물이자 영혼의 냉정함과 초연함 그리고 어쩌면 냉담함까지도 구현한다.

다우닝에게 아테네는 "우리의 창조성이 아버지의 힘에 의해, 그의 외적인 힘이 아니라 우리 자신의 상상 속에서 그의 힘에 의해 풀려나고 왜곡되고 억제되는 방식"을 나타낸다. 그녀는 '제우스의 영감을 받은 딸'이지만 다우닝이 지적하듯 연대기적으로는 그녀가 제우스에 앞선다. 체슬러와 마찬가지로 다우닝은 아테네가 어머니가 아니라 딸임을, "생식의 여신이 아니라 창조의 여신 … 일꾼이요 만드는 자maker임을, 영혼과 영혼의 일을 하는 이"임을 강조한다. 특히 아테네는 영혼을 겉으로 표현하려 한다. 따라서 그녀는 "문명의 업적과 우리를 인간으로 만드는 업적과 동일시되는 여신"이다. 그러나, 길들지 않는 야생의 아르테미스와는 다르다. "아테네가 처녀 여신인 것은 혼자이기 위해서가 아니라 다른 사람과 함께 있되 얽히지 않기 위해서다. 그녀는 본능과 열정보다는 혼과 영에 바탕을 둔 상호간의 창의력을 기르는 '함께함'을 나타낸다."

전차처럼 펠라스Pallas 아테네는 강하고 균형이 잡힌 온전한 중심에서 자신의 의지를 주도한다. 이 중심은 가부장적 권력과 음양이 균형 잡힌 인격의 상징인 오른손(잘 쓰는 손)에 든 양날 도끼로 표현되었다. 태양의 상징이기도 한 도끼 자체는 일부 문화권에서 창과 마찬가지로 숭배되었다. 이런 맥락에서 도끼는 우주의 지배자를 나타내고 전차를 모는 이는 분명 자신의 우주를 지배하는 이이다. 그녀는 자기 삶의 통제권을 가지고 자신의 '탈 것'이나 인격을 다룰 수 있다.

전차의 수 7은 대개 신성하고 신비로운 숫자로 여겨지고, 고대 마법의 일곱 행성과 일곱 음계에서처럼 완성과 성취감을 구현한다. 피타고라스학파 사람들에게 그레이브스가 말하듯 7은 '여성의 마법의 숫자'였고 아테네의 것이었다. 힌두교의 에너지와 심령 작업에는 차크라가 7개이고, 전차는 에너지 시스템의 균형과 통제를 나타낸다. 7은 주의와 시험, 한계와 규율의 행성인 토성의 지배를 받는다. 시빌 리크Sybil Leek의 설명에 따르면 토성은 인내심과 자제력을 가르쳐 우리가 '삶에 브레이크를 걸고' 상황을 평가할 수 있게 한다.

전차를 모는 사람이 든 방패에는 뱀 머리카락에 눈을 크게 뜨고 혀를 내민 고르곤의 여왕 메두사의 머리가 있다. 그레이브스는 아르기브인들이 메두사를 "조상 페르세우스가 그녀의 군대와 싸운 후 참수한 아름다운 리비아의 여왕"으로 묘사하고, 리비아 뱀의 여신 라미아 또는 네이트와 동일시한다. 고르곤의 머리는 "여사제들이 침입자들을 겁주어 쫓아버리기 위해 쓴 못생긴 가면에 불과"하고, 그녀가 곧 착수하려는 마법에 필요한 비밀을 가리킨다. 마스크의 붉은 얼굴은 칼리와도 연결된다. 그레이브스는 '파괴자' 페르세우스를 아르기브의 트리플 여신의 권력을 깨버린 첫 번째 아카이아인듣의 물결과 연결시킨다. 후기 신화에서는 메두사를 파괴하도록 아테네가 페르세우스를 도왔다고 전해지지만, 일찍이 아테네는 메두사와 하나이자 동일 인물이었다. 다우닝이 설명하듯 처음에 메두사는 "그저 아테네의 인격의 어두운 면⋯그녀의 그림자 측면을 의인화한 대역이었다."

마더피스 이미지에서 전차를 끄는 염소는 날개 달린 신화적 동물로 잡종이다. 수사슴처럼 야수의 여신 아르테미스의 동물로, 아테네와 아르테미스로 대표되는 여성들에 의해 길들여진 초기 동물들을 나타낸다. 염소 한 마리는 위를 쳐다보고 다른 염소는 아래를 내려다본다. 이는 "위에서와 같이 아래에서도"라는 오컬트의 격언을 상징한다. 염소들은 자신들 안에서 땅과 하늘을 연결시키고, 이런 식으로 균형과 통합이라는 아테네의 자질들qualities을 반복해 강조한다.

풍경에서 선명하게 나뉜 지구와 하늘, 새로운 성장의 녹색과 영적 현존을 나타내는 하늘색을 가로질러 생명 나무가 이들을 연결하며 서 있다. 인간이 물질과 영적 실체라는 보이는 세계와 보이지 않는 세계를 연결하는 것과 같다. 전차를 모는 자는 숙련자나 입문자로서 이원성 즉 환상으로, 사물이 보이는 방식에 불과하다는 것을 배운다.

☼ 이 카드가 나오면

전차는 그라운딩이 된 모습과 물리적 차원에서 임무를 완수하는 능력을 나타낸다. 전통적으로 자기수양에 성공했음을 상징하기도 한다. 전차 카드가 나오면 여러분은 마음으로 무의식적 부분을 더 잘 통제할 수 있게 되었음을 알게 된다. 이 통제는 황제처럼 금기시하고 경직되지 않으며, 성취를 목적으로 무의식의 내용물을 의식의 표면으로 가져오는 것을 포함한다. 이 작업에서 여러분은 카를로스 카스타네다Carlos Castaneda가 묘사하듯 괴물과 맞서 동맹으로 만드는 전사처럼 행동할 수 있다.

여러분은 11장에서 기술한 크론이나 은둔자처럼 혼자 있는 게 아니라 누군가와 관계를 맺더라도 자율적으로 관계를 맺고 절대 지배당하지 않는다. 여러분은 다른 사람에게 자신을 잃어버리거나 힘을 빼앗기지 않는다. 여러분은 강인함과 독립적인 자리에서 관계를 맺는다. 과거에 이미 굴복한 적이 있었던 8장에서 기술한 연인 이미지의 끌리는 힘을 잘 통제하고 있다. 이제 여러분의 마음은 일 그리고 창의성과 결과물이란 면에서 스스로 중심이 되며, 자신에게 중요한 것으로 돌아선다. 여러분은 목표를 달성하기 위해 필요한 것은 무엇이든 한다. 할 일에 마음을 두고 달성할 때까지 집중한다. 그렇다면 여러분의 목표가 긍정적이고 다른 사람에게 거칠게 굴지 않는 것이 중요하다.

자신의 정서와 단절된 것은 아니지만 여러분은 지금 거기에 집중하지 않을 수도 있고 어떤 신호가 와도 주의를 기울이지 않을 수 있다. 감정 영역이 지금 해야 하는 일에 방해가 된다고 생각하며 잠시 멀리하기를 선택했을 수 있다. 감정이 없는 것처럼만 굴지 않으면 그것도 괜찮다. 때로는 어려운 일을 밀고 나가는데 확고한 의지가 필요하고, 다우닝의 아테네처럼 정서적으로 개입하는 것이 '얽힘'으로 느껴질 수 있다. 목표가 무엇이건 여러분의 집중은 성과를 볼 것이다.

그러나 여러분이 전사의 도구인 도끼, 방패, 갑옷을 관계 문제로 가져간다면 틀림없이 어려움에 부닥칠 것이다. 사랑은 일반적으로 보다 부드러운 접근이 필요하기 때문이다. 하지만 여러분이 하는 일이 실제적이거나 예술적인 일이라면 지혜의 여신을 부르는 것은 크나큰 도움이 될 것이다. 지금은 일과 감정을 극명하게 구별해야 하는 시기지만, 여러분에게는 이 둘 사이의 간극을 메우고 연결할 수 있는 능력이 있다.

여러분이 핵무기 경쟁이나 다른 가부장적 파괴에 반대하는 투쟁에 참여 중이라면 전차는 활동가의 것이다. 아테네 여신이 아테네의 지배권을 놓고 포세이돈과 전투를 벌일 때 그녀는 메마른 바위에서 올리브나무를 자라게 할 수 있었다. 올리브나무는 평화의 상징이다. 아테네 여신처럼 어려운 곳에서 평화가 뿌리내리도록 돕는 것이 여러분의 임무일 수 있다. 전차는 여러분이 그 일을 할 수 있음을 암시하니 가서 시도해본다. 이때 여러분에게는 용기와 강한 의지뿐 아니라 지도력도 있다. 마더피스 이미지에서 염소를 묶어 움직일 준비가 된 것처럼 여러분은 임무를 완수하는데 필요한 에너지를 잡을 수 있다.

바로잡기

정의는 느리게 규칙적으로 돌아가는 카르마의 수레바퀴라는 자연의 법과 무자비한 운명의 작용을 나타낸다. 전도서에서는 "모든 일에는 다 때가 있다. 세상에서 일어나는 일마다 적합한 때가 있다"라고 한다. 마더피스 이미지에서 정의는 사람들과 동물과 나무 사이의 연결처럼 한때 자동적으로 이뤄졌던 연결을 암시한다. 제인 로버츠^{Jane} ^{Roberts}가 설명하듯, "자연의 각 요소는 다른 요소들과 맞물리는 나름의 핵심 시스템을 갖고 한 생명체에서 다른 생명체로 의식이 흐를 수 있는 통로를 형성하였다." 그녀는 자신이 '독립된 존재이지만 자연의 모두와 연결되어 있음'을 이해했다. 이런 종류의 연결이 에고의 과도한 발달로 깨질 때, 한때 사람들이 말이나 개념 없이도 알고 있던 것을 요약한 '윤리' 체계를 만드는 것이 필요해진다. "처음에 언어는 단어와 아무 상관이 없었고 실제 언어는 인간이 그의 사랑의 일부를 잃고 자연과의 동일시를 일부 잃었을 때만 나타났다. 그래서 그는 더 이상 자연의 목소리가 자신의 것이기도 한 것을 이해하지 못했다."

이미지 속 인물들은 손에 운명의 실을 쥔 노른Norns 또는 노르넨Nornen으로 '실 잣는' 스칸디나비아의 세 운명의 여신이다. 노이만의 말로는 "이들은 실을 돌리고 뜯어내고 무엇이 올 것인지 결정한다." (이그드라실Yggdrasil이라 불리는) 신성한 물푸레나무 아래 서서 이들은 트리플 여신의 정의를 실현한다. 이들은 "사랑의 언어"를 말하고 자신들이 말하는 대상인 자연의 다양한 형태를 쉽게 동일시할 수 있다. 운명의 여신들은 '타자'를 직접 인지하기 때문에 말이 필요하지 않다. 노르만 신들 중에 가장 강력한 노른은 모두의 (심지어 신들의) 운명을 선포한다. 누구도 이들의 축복이나 저주를 되돌릴 수 없다. ('잠자는 숲속의 공주'와 같은 동화에서 갓 태어난 아기들을 축복하고 저주하는 요정들은 운명의 여신들the Fates의 다음 버전이다.)

위대한 물푸레나무의 뿌리에서 샘과 우물이 솟고, 노르족은 여기서 물을 길어 뉴만이 '잉태와 성장과 탄생의 자리'라 부른 생명 나무에 물을 준다. 이들은 나이든 현명한 여성들이며 "옛 관습과 옳고 그름에 관한 고대의 가르침을 배웠다." 자연의 각 표현을 '대상'으로 보기보다 이 여성들은 자신들 주변의 현실에 완전히 참여한다.

한 사람은 동물을 만지고, 그 손길을 통해 동물의 진실과 생명을 느낄 만큼 충분히 그 동물이 된다. 또 다른 이는 한 손으로는 나무를, 다른 손으로는 물을 만진다. 그렇게 그 둘을 한데 모아 자양분과 조화를 가져오고, 그 둘 사이에 균형을 잡으며 그 둘과 하나가 된다. 세 번째 사람은 조용히 앉아 자연의 가장 완벽한 형태인 수정의 고요한 현실 속으로 들어가 그 맑은 단면들 안에서 자기 자신과 미래를 본다. 이 모든 활동들은 개념화할 필요 없이 '아는' 방식들이다. "그렇다면 한 사람의 주관적 삶의 정서적 범위는 우리가 사적인 경험이라 생각하는 것을 훨씬 뛰어넘는다"라고 로버츠는 말한다. 이를 알면 우리는 자연스럽게 동물을 죽이거나 나무를 자르거나 강을 오염시키지 않을 것이다. 그렇게 하는 것이 우리 자신을 다치게 할 것이기 때문이다.

그리스 사람들은 이런 연결성의 개념을 테미스Themis라 불렀고, 이를 법과 정의의 추상적 원리로 보았다. 제인 엘런 해리슨Jane Ellen Harrison은 테미스의 기원을 '지구 자체의 신탁의 힘'으로 지구의 여신 가이아의 딸까지 거슬러 올라간다. 최초의 '규범ordinances'은 예언, 여사제들의 신성한 신탁의 명령이었고 나중에 7장에서 다룬 교황과 같은 이에 의해 성문화되었다. 가이아의 딸로서 테미스는 '흔들리지 않는 힘을 가진 대지 여신'이었고, 그 힘은 절대적이고 '변함없는steadfast' 법의 힘이었다.

현대 호피 인디언들은 자연세계와 초자연세계 양쪽 모두에게 정해진 질서가 있고 삶은 순환적이라 믿는다. 고대 이집트인들처럼 이들은 우리가 이 우주의 질서와 조화를 이루고 우리의 축복과 의례 속에 이를 유지해야 한다고 생각한다. 만일 조화가 약해진다면 삶은 '순탄하게 진행되지' 않을 것이고 인류는 번성하지 않을 것이다. 그럴 때, 패트리시아 브로더Patricia Broder는 "그들은 자신의 오류를 인식하고 가능한 한 빨리 질서를 회복해야한다"고 말한다. 이것은 '카르마 조

정’이다. 만일 무언가가 잘못되었다면 즉시 바로잡아야 한다

　온 인류가 아직 ‘테미스, 집단적 양심의 지배 아래’ 있을 때, 해리슨의 견해에 따르면 이 의무는 ‘너무나 지배적’이어서 사람들은 이를 ‘거의 의식하지 못했다.’ 그러나 집단의 지배력이 느슨해짐에 따라 종교 분야는 “개별화 된 신”으로 “조금씩 좁아졌다.” 호머의 시대에 이르렀을 때에 테미스는 사람들 사이의 사회적 계약을 나타내게 된다. 남성 신이 강력해지는 동안 그녀는 추상적 존재가 되어버렸다. 그리스의 테미스는 이집트의 마트Maat처럼 상황의 진리를 가늠하는 저울을 들고 있다. 하지만 테미스는 가이와와의 연결을 나타내는 코누코피아cornucopia도 갖고 있었다. 그녀는 노른the Norns처럼 계절의 어머니로, 인간의 사건에 적절한 시기는 물론 지구가 알차게 싹 트고 소진할 적절한 순간을 결정하였다.

　이집트 여신 마트 또한 지혜의 여신에서 내면의 진리라는 지혜의 추상적 원리가 되었다. 마트 또한 죽은 자의 심장 무게를 측정해 이들이 사후세계로 나아갈 수 있는지 아니면 ‘최근 생의 오류를 풀지’를 결정하는 저울을 갖고 있었다. 앤 포프리덤Ann Forfreedom은 이집트인들이 ‘마트의 원리’라 부르는 방식을 설명하는데, 만일 일이 잘못되면 사람들은 시정할 권리를 느낀다. 그곳의 농민은 충분한 식량이 없자 상황을 바로 잡는 것을 ‘신의 의지’로 여기고 역사상 최초의 총파업을 일으켰다.

　테미스의 한 측면은 복수의 여신인 네메시스티케와 자매간인 네메시스(Nemesis) 여신은 티케가 뿌린 행운을 받고 교만해졌거나 다른 사람에게 그 행운을 나누지 않는 자에게 무서운 징벌을 내리는 여신이다. 그리스신화에서 네메시스는

마땅히 응징 받아야 할 인간에게 벌을 내리는 정의와 율법의 여신으로 등장한다로, 보복의 수레바퀴를 돌려 일을 다시 바로잡는데 필요한 조정을 한다. 우리는 삶 속에서 우리의 잘못에 대해 '벌주려고' 어떤 사건들이 일어나는 것처럼 보일 때 운명이 개입했다고 경험한다. 오컬트 과학과 점성술은 우주가 순환주기 안에서 움직인다고 가르치고, 그 주기 중 일부는 우리 인간의 수명보다 아주 길다고 여긴다. 대부분 종교 전통에는 현재 세계 순환의 종말과 그것이 우리 삶에 지니는 의미와 관련한 어떤 종류의 '계시'가 있다. 호피족과 티베트인들의 예언과 성서의 계시는 모두 '인간'이 너무 멀리 가는 바람에 이기적이고 의도적인 행동으로 지구가 파괴될 것이라 한다. 대부분 이런 비슷한 일이 전에도 일어났다고 동의한다.

그러나 타로 전통에서 정의 카드는 저울로 상징되는 사회 정의와 균형의 활동궁인 천칭자리에 속한다. 천칭자리는 금성(사랑의 여신)의 지배를 받고 모든 것을 다른 것들과의 관계 속에서 고려한다. 천칭자리는 미와 조화를 사랑하고 세상이 평화롭게 공존하기를 원한다. 천칭자리는 테미스로, 인류를 하나로 가져오는 끈이자 우리 각자를 모든 것과 연결시키려는 충동이다. 지구 위 한 아이에 대한 축복은 지구의 자녀 모두를 축복하고, 한 아이에 대한 저주는 우리 모두를 해친다.

☼ 이 카드가 나오면

정의 카드가 나오면 여러분은 우주의 사물 체계 안에서 자신의 자리에 대한 의식을 갖는다. 어쩌면 여러분은 이 시점에 다른 사람들이나 생명체와 텔레파시로 접촉하고 있고, 아마도 지구 전체가 말하는 것을 느낄 수 있을지 모른다. 마더피스 이미지에 있는 나무처럼 여러분은 지금 특히 대지 가까이에 있으며 대지의 지혜에 그라운딩하고 뿌리를 내리고 있을 수 있다. 여러분을 성장의 다음 단계로 인도할 신탁이나 징표, 징조에 주의를 기울여라. 여러분은 그 자체로 오래된 힘인 그 어떤 생명과도 연결감을 느낀다.

삶 속에서 카르마가 작동하는 것을 느끼는 방법이 있다. 법률 분쟁이나 양육권 소송에서 이기는 중이거나, 새로운 직책이나 직업으로 옮겨가는 중이거나, 목적을 가지고 힘 있게 살아가는 자신에 대한 새로운 감각이 생겼을 수 있다. 나무 아래에서 조용히 경청하며 교감하는 여성들처럼 여러분은 이 시점에 특별히 강한 평형감을 느낄지 모른다. 아마도 여러분 삶에서 어떤 갈등이 해결되었거나 얼마간의 불균형의 기간 후 일들이 해결되었을 수 있다. 상황이 다시 안정되고 있고 여러분은 이런 조정의 결과로 평화가 되돌아오는 것을 느낄 수 있다. 고군분투가 한동안 끝났다는 것을 알고 안도의 한숨을 내쉬고 싶을 수 있다.

여러분은 자신의 현실과 과거 자신의 선택에 대한 책임을 지려하고 있다. 평소보다 더 성숙하며 자신의 결정에 편안해지고 우주의 의지와 연결된 자신감의 축복을 받았다고 느낄 수 있다. 여러분은 생명의 자연스런 순환과 함께 흐르며 자연의 법칙을 따르고 있다. 여러분이 뭘 기다려 왔든 곧 실현될 것이고 여러분이 필요로 해온 일이 일어나고 있다. 지금 일어나고 있는 일이 과거 행동에 기준을 둔 카르마의 결과임을 여러분은 이해한다.

만일 이 순간 여러분의 상황이 완전히 편안하지 않다면 무엇이 균형에서 벗어나 있어 보이는지 자문해보라. 여러분이 실수를 저질렀고 그 결과가 지금 나타나고 있는 것이라면 자신을 용서하고 앞으로 나아가라. 이것은 여러분이 따라야 할 교훈이다. 누군가 여러분에게 상처를 주거나 상황이 불공평해 보이면, 상처를 떠나보내고 정의가 승리하도록 하라. 일단 여러분이 운명을 받아들이고 무엇을 가져왔는지 이해한다면 어떤 불편함도 사라질 것이고 여러분은 다시 하나임을 느끼게 될 것이다.

때로는 자연이 우리에게 제공하는 균형이 우리 인격에 그리 좋지 않게 느껴질 때가 있다. 어쩌면 어떤 영역에서 여러분의 책임을 무시해왔고 갑자기 그것을 여러분이 뼈저리게 의식하게 된 것일 수 있다. 어쩌면 아직 끝내지 못한 프로젝트의 마감이 있어서 갑자기 야근해야 할 수도 있다. 아니면 여러분은 자신과 그리고 자연과 혼자 조용하게 사색하며 자양분이 되는 시간을 충분히 보내지 않아 아플 수 있다. 자연은 차분하고 조용하게 작동하며 우리가 원하는 것이 아닌 우리에게 필요한 것을 준다. 정의 카드는 여러분이 상황을 제대로 이해하려 노력한다면 그 상황의 '옳음rightness'에 주파수를 맞출 수 있음을 의미한다.

11장 _ 크론 CRONE

내면으로 전환

크론은 우리의 꿈과 비전을 지켜주고 우리의 내면에 비밀을 속삭여주는 현명한 노파이다. 노어 홀 Nor Hall 의 말처럼, "노래와 이야기와 물레가락 spindle 의 스승으로 여겨지는 노파는 생명의 실을 잣고 엮는 지혜 그 자체이다." 크론은 달의 힘을 불러내고 영혼들과 대화하고 마법의 주문을 쓰는 법을 아는 노파 the Hag 이다. 그녀는 지하세계의 여신이자 마녀들의 어머니인 그리스 여신 헤카테 Hekate 로 올림푸스 산의 신들보다 오래되고 아마도 마법으로 유명한 트라키아 Thrace 발칸반도의 에게해 북동부 해안지역 지역에서 유래했을 것이다. "동굴에 사는 밤의 딸 헤카테, 길을 떠나네. 세 갈래 길에 서서, 광대한 바다에서 사랑을 나누는 달의 어두운 면, 달을 움직이는 힘이네."

헤카테는 달의 어둠이고 차오르는 달은 아르테미스이다. 홀은 아르테미스-헤카테를 분열된 인물로 보고, 그녀를 "내면의 여성the medial woman"이라 부른다. 그녀의 기능은 무엇인가? 있던 곳에 더는 머물지 못하지만 가고픈 곳에 아직 가닿지 못한 이들을 돕는 것이다. "정신 psyche의 산파로서 그녀는 어떤 영혼, 노래, 대안, 새로운 존재가 등장하는 '비상emergency' 상황을 만드는 곳, 무의식의 깊은 곳에서 무언가 저절로 떠오르는 것처럼 보일 때마다 그녀의 에너지가 모아진다."

입문자이자 구도자이자 은둔자인 크론은 지혜를 구하는 삶의 단계, 즉 내면을 향해 영적으로 탐구하는 시기를 나타낸다. "입문은 자아self의 알려지지 않은 어두운 영역으로 들어가 잃어버린 딸, 생명의 여성적 근원을 능동적으로 찾는 것이다."

생물학적으로 크론은 여성의 삶에서 영적 의미에 대해 진지하게 생각하기 시작할 수 있는 완경기를 나타낸다. 출산과 양육이라는 일반적인 성역할을 할 때는 미칠 수 없었던 탐구여정quest에 나설 수 있는 것이다. 입문자로서 그녀는 언제든 내면의 질문으로 방향을 돌리는 시기를 나타낸다. "입문자가 되는 것은 잠시 세상에 등을 돌리는 것, 완전히 새로운 영적 의미를 추구하는 (순백의 옷을 입은) 지원자가 되는 것이다."

크론은 영적 영역에서 자신의 길을 알고 있는 영적 친구를 나타낸다. 꿈의 세계의 "등불을 켜는 사람"인 그녀는 외부적인 것, 사람들과 파티가 열리는 공간에 등을 돌리고 내면의 어두운 심령의 무의식 영역으로 향한다. 로마 시대의 베스타 여사제들Vestal Virgins처럼 그녀는 순례자로 겸손과 내면의 힘을 발산하며 맨발로 길을 따라 걷는다.

화로의 여신인 베스타 (또는 헤스티아)는 데메테르의 자매이며, 아르테미스처럼 제우스의 허락을 받아 평생 독신으로 살았다. 대부분의 로마 여성들과 달리 베스타 여사제들은 "침해할 수 없고 아버지의 통제로부터 자유롭고 자신의 재산을 처분할 권리가 있었다"고 머레이는 설명한다. 크론은 신성한 불을 통제했다는 점에서도 베스타와 관련이 있다. 고대 로마에서 베스타 여사제들은 도시의 화로에 신성한 불이 꺼지지 않고 계속 타도록 했다. 크론은 내면의 불이 꺼지지 않고 계속 타도록 한다.

세상 모든 곳에는 뛰어난 샤먼과 현명한 여성들처럼 크론의 내면에는 남성과 여성, 활동적인 면과 수동적인 면, 태양과 달이 모두 있다. 에너지를 간직하고 바꾸는 법을 배운 그녀는 자신이 선택하는 대로 에너지를 소비하거나 저장할 수 있다. 홀의 말에 따르면, "내향성은 심령의 에너지가 안으로 방향을 돌리는 것이고 리비도가 그 자체의 깊이로 가라앉는 것이다." 크론은 아마도 독신이겠지만 그렇다고 성적 활동을 하지 않는 것은 아니다. 단지 일시적으로, 아마도 선택에 의해, 파트너가 없는 것일 수 있다. 그녀는 관계에서 '타임아웃'을, 자신을 치유하고 재생하기 위해 내면으로 방향을 트는 것을 나타낸다.

독신인 크론은, 자신의 본질substance로 세상을 잣는weave 거미여인이다. "자기 삶의 내용으로 고치를 잣는 것은 심령의 발현에 필요한 전제조건이다. 안으로 물러나면서 우리는 밖으로 나갈 길을 준비한다." 미래를 잣는 과정의 일부는 (과거에 놓은 것은 물론) 앞에 놓인 일을 점치는 것에 달려 있다. 크론은 모자 달린 옷을 입고 돌아다니며 미래를 예언하는 예언자, '대화의 여인' 또는 '스패와이프spaewife 스코

틀랜드 여성 예언자'다. 점숙이 "남성의 눈에 그 위엄과 힘이 약화"되면서 "모자 달린 옷을 입은 현명한 노파의 내면의 힘은 억압되었고 마술과 주술이라는 왜곡되고 뒤틀린 형태로 나왔다"라고 홀은 말한다.

그래서 우리는 오명을 입은 헤카테와 마법을 어두운 '흑'마술로 보게 되었다. 하지만 무의식의 깊이로 내려갔다 다시 나오는 것은 필요하며, 의미를 찾는 영혼의 중요한 부분이다. 이것이 크론과 미래를 점치고 예언하는 밤 시간의 기술skills이 나타내는 바이다. "어두운 기다림과 기대에서 탄생의 순간이 나온다. … 노래나 예언, 시는 언제나 돌파구이다." 어둠의 여왕으로 헤카테는 재생의 지배자였다. 고대인들이 보호와 장수를 기도했던 이가 헤카테였는데, 이는 그녀가 삶과 죽음을 모두 통제했기 때문이다. 헤카테의 성일은 죽은 자들의 영이 땅 위를 걷고 삶과 죽음의 경계가 모호해진다고 하는 할로마스 또는 올 할로우즈 이브(할로윈)인 10월 31일이다. 마녀들의 어머니로서 헤카테는 좋든 나쁘든 주문을 행하는 것을 상징한다. 어떤 집회에서 할로윈은 마녀들의 새해로 여겨진다.

모나한Monaghan에 따르면, "헤카테가 야외를 거니는 동안 그녀의 추종자들은 그녀를 기리는 헤카테 저녁을 먹기 위해 안으로 모인다. 그곳에서 마법의 지식을 나누고 주술의 비밀을 속삭인다." 또 다른 의미에서 '헤카테 저녁' 의례처럼 마련된 음식으로 특히 세 갈래 길이 만나는 교차로에 종종 남겨지는 음식이었다. 머레이는 헤카테의 추종자들이 "그녀가 세 길을 동시에 볼 수 있도록" 헤카테의 동상을 놓았다고 말한다. 많은 전통에서 헤카테는 머리가 3개이거나 머리가 셋 달린 사냥개 하운드를 마스코트로 지녔다.

마더피스 이미지에서 헤카테의 동상은 전통적인 여사제의 자세로 콜럼버스 이전의 멕시코 벨라크루즈의 테라코타에 바탕을 두고 있다. 하늘을 가로지르는 밤하늘의 여신의 팔에는 (재탄생과 암흑기의 끝을 약속하는) 상현달과 소원을 비는 별을 안고 있다. 크론이 기댄 지팡이는 실패distaff 모계라는 뜻도 있다나 굴대로 (부계의 창이 아니라) 여성 모계 혈통을 나타낸다. 바람은 휘파람으로 크론에게 비밀을 불어주고 그녀는 보이지 않는 힘의 영역에서 온 메시지를 주의 깊게 듣는다. 바람은 정신pneuma, 영, 호흡으로 통찰력을 가지고 움직이는 에너지를 상징한다.

크론의 보라색 망토는 그녀의 진정한 힘, 자신을 치유하고 다른 사람도 치유하는 능력을 나타낸다. "거의 불가능한 일을 완수하는 것"을 통해 크론은 치유력을 얻는다. "자신이 진정으로 살아있는지를 알아내기 위해 세상에서 등을 돌리는 것은 의심할 여지없이 고통스럽다."라고 홀은 말한다. "하지만 다른 할 일이 아무것도 없을 때 의식적으로 외로움을 수용하는 것은 자연스러운 치유과정이다."

메리 데일리는 크론과 노파Hag, 스핀스터와 거미에 대해 미묘하고 에너지 찬 설명을 내놓는다. 말에 대한 감성이 풍부한 크론은 참자아로부터 '소외시키고 구속하는 모든 것'을 벗겨내는pares 원형적 '분리주의자separatist'를 나타낸다. "크론의 논리에 따르면 집단으로부터 또는 집단 내에서 정치적 분리주의에 대한 모든 논의에 앞서는 기본 작업은 참자아로부터 거짓 자아의 층들을 벗겨내는 것"이라고 데일리는 말한다. "참자아를 감싼 거짓 자아를 벗겨내고 불태우는 것은 모든 진정한 분리의 핵심이며 따라서 모든 분리주의 행위/형태에 대한 개인적 정치적 결정의 규범이 된다."

데일리는 실잣기를 '경계에서 창조적으로 살기'의 형태라고 정의했다. 너무도 만연한 희생시키기victimization에서 벗어나 온전함integrity이라는 새로운 지형에 들어가기 위해 가부장제 여성들이 필사적으로 해야할 일이다. "본질적으로 실 잣는 여자the Spinster는 마녀"라고 데일리는 말한다. 마더피스의 크론처럼 그녀는 변형을 추구한다. 누에처럼 그녀는 자기 주위로 섬유를 감아 나중에 새로운 모습으로 등장한다.

크론은 내면의 귀로 듣는다. "눈앞의 풍경 너머 미로에서 들려오는 소리를 들으려는 노파들Hags은 우리 자신의 새로운 목소리를 듣는다"라고 데일리는 말한다. "우리는 우리의 새로운 자리position와 움직임을 감지하는 법과 섬세한 균형을 배운다." 우리의 여정은 얼마나 되나? "미로의 입구에서 모국의 중심, 참자아의 중심으로 더 깊이까지." 이런 내면의 경청을 통해 크론은 입문자이자 선생님도 되고 다른 이들에게 길을 보여주는 사람이 된다. 여행을 하면서 그녀는 자신의 지식이 눈에 보이도록 한다. 다른 실 잣는 이들Spinners에게 그녀의 네트워크는 창조의 패러다임이다. 그녀의 적에게는 치명적인 함정이다.

실 잣는 이나 마녀Hag, 크론이 듣는 것은 '말'이 아니라 새로운 말을 '앞서 듣는 것hearing forth'이다.

우리는 야생의 부름을 듣는다. 그들의 게임을 끝내기 위해 우리는 게임을 한다. 암캐bitches라고 불리던 이들이 짖고, 아기고양이가 갸르릉거리고, 암소가 음메 울고, 늙은 박쥐들이 꺅꺅 울고, 다람쥐가 재잘거리고, 말이 히힝거리고, 병아리가 삐약거린다. 큰고양이가 으르렁거리고, 늙은 까마귀가 꺄악거린다. 여우가 꽥꽥거리는 닭을 쫓아 동그랗게 원을 그린다. 놀이는 짠 것을 풀어내고 또 새롭게 천을 짜는 우리 작업의 일부이다. 이는 소용돌이처럼 또 다른 기준으로 우리를 던져 넣는다. 우리는 악마의 방문을 이용해 우리 자신의 힘/미덕과 더 깊이 접촉한다. 그들의 속임수를 풀어내고, 우리의 진실에 이름을 붙인다.

크론의 숫자인 9는 언제나 지혜와 신성한 마법의 감각을 상징한다. 9에 어떤 숫자를 곱하든 9로 줄어든다. (예를 들어, 9 곱하기 3은 27이고, 이는 2 더하기 7로 9가 된다). 그리스 로마시대에 뮤즈는 9였고, 9는 신성한 달의 여신의 숫자로 절정과 온전성wholeness을 상징한다. 크론은 자기 안에서 온전한 여성이며 그저 여성, 남성 이상의 것이 어떤 의미인지 우리 모두에게 보여주는 예이다. 그녀의 활발한 내면생활은 자신의 여정에서 얻는 지혜와 지식으로 빛나며 다른 사람들을 감동시킨다. 결국 그녀는 다시 한 번 세상에 등장할 수 있겠지만 당분간은 자신의 에너지를 모으고 회복하는 즐거운 경험을 위해 내면으로 물러서 있다.

⠿ 이 카드가 나오면

크론 카드가 나오면 고독의 시간을 의미하는 것이 거의 확실하다. 보통 이 내면의 시간은 축복으로 다가오지만, 처음에는 외로움을 느낄 수 있다. 대개 이는 혼자 있는 것이 나쁘다고 말하는 문화에서 온다. 여러분이 긴장을 풀고 이 기회를 누릴 수 있다면 혼자 공부하는 시간에서 얻을 수 있다.

내면의 귀로 듣는 법을 배우는 게 처음에는 무서울 수 있다. 들려오는 메시지가 여러분이 배운 것과 일치하지 않을 것이기 때문이다. 헤카테는 위대한 진리를 말하는 이(예언자)이며, 일단 여러분이 그녀와 접촉하면 여러분 자신의 진리가 표면으로 떠오르기 시작할 것이다.

여러분은 갈림길에 있다. 결정과 재생의 시간이다. 헤카테는 여러분을 무의식으로 데려가 통과하도록 안내하며 여러분의 문제가 있는 곳을 보여주고 이전에 꿈도 꾸지 못했던 선택과 가능성들을 제공한다. 때로 이 경험은 28~29세 즈음에 오는데, 이를 점성가들은 토성의 회귀라 불렀다. 헤카테처럼 토성은 위대한 시험관이자 작업관리자로 여러분이 자신의 삶에 진지해지도록 강요하는 때이다.

지금은 타로나 주역, 꿈 일기를 쓰며 마법을 배우고 점술과 예언의 치유력을 배울 때이다. 여러분의 치유 기술이 발달 중일 수 있으므로 자신 안에서 새로운 민감성, 영양이나 자연 의료에 관한 여러분 몸의 메시지에 깨어 있도록 한다. 어쩌면 현저하게 달의 영향을 받을 수 있으니 차오르고 보름이 된 후 이지러지는 달의 주기에 주파수를 맞춘다. 여러분은 영적인 차원이나 '실제' 세상에서 스승이나 안내자와 접촉하게 될 수 있다.

성적으로는 아마도 파트너가 없는 시기를 겪게 될 것이다. 몸과 그 에너지에 열려 있게 되면 이 시간을 즐기며 혜택을 볼 수 있다. 독신 생활이 '성관계 없음'을 의미하지는 않는다. 여러분은 다른 사람에게 느꼈던 것만큼이나 진지하게 자신을 연인으로 여길 수 있다. 자신이 무엇을 느끼는지, 어떻게 사랑받고 싶은지를 배워라. 그러면 여러분은 결국 자신이 관계에서 무엇을 원하는지 정확히 알게 될 것이다. 여러분은 궁핍함 대신 온전한 상태로, 고갈되지 않고 충만한 에너지로 관계를 시작할 수 있다.

위대한 회전

타로 역사학자들은 타로라는 단어 자체가 '회전rotation'이란 뜻의 라틴어 로타rota에서 유래했고, 삶을 움직이는 바퀴로 본 고대인들의 감각을 반영한다고 믿는다. 바퀴통hub에 움직이지 않는 축이 있지만, 그 외 바퀴의 다른 부분에서는 언제나 바깥 사건들을 관통하며 돌아간다. 특히 운명의 수레바퀴는 황도대와 동일시된다. 따라서 이 책의 다른 어떤 장보다 여기서는 점성술의 관점에서 여신을 기술한다. 그리고 풍부한 상징들을 개괄하기 위해 다른 메이저 아르카나보다 더 많은 지면을 할애했다.

우리에게는 고대 이집트부터 전해 내려오는 유명한 황도12궁 덴데라Denderah가 있다. 하토르Hathor의 신전 천장에서 발견된 이 둥근 황도

12궁은 파괴된 동일 유적에 있던 훨씬 오래된 신전에서 나온 디자인을 뒤에(기원전 300년) 구현한 것이다. 그 목적은 픽스^{Fix}가 '오랫동안 세심하게 관찰한 산물'이라 부르는 점성술 데이터를 정리하고 기록하는 것이었다. 픽스는 다른 많은 기념비적인 건축물들과 마찬가지로 이 황도12궁이 북극성(큰곰, 용, 작은곰)을 중심으로 배치되었고 "피라미드 안에 일어난 일은 모두 이 주극성들과 상관이 있다"고 상정한다. 그곳에서 어떤 일이 일어났을까? 아마도 고대 구석기 동굴 거주자들과 아프리카 바위 예술가들이 기념한 위대한 신비의 한 버전일 것이다. 오늘날에도 아프리카의 도곤 사람들은 여전히 고대 별 지도에 있는 일종의 암호에 담긴 비밀의 지혜를 찬양하고 숭배한다.

덴데라의 신비는 하토르의 수레바퀴 아래 신전에서 펼쳐졌다. 이 황도12궁의 이미지들은 별과 마법 비행과 샤먼의 여행을 그린 지도였다. 변형의식 상태에서 고대 이집트인들은 살아 있는 동안 '죽음의 영역'을 여행하고 그것을 말하기 위해 살았다. 돌아오자마자 이들은 상징과 이미지로 정보를 제공하여 다음 입문자들이 별로 갔다 돌아오는 이 여정을 안전하게 시작하도록 도움을 주었다. 내 견해로는 이 입문자들이 한 일은 초기 동굴 벽화나 전 세계 샤먼들이 하는 머리 없는 여성들의 심령^{psychic} 여행과 비슷하다.

이 수레바퀴는 세계 도처에서 발견된 달력 바퀴와 환상열석^{stone circle}에도 나타난다. 달력은 원래 달 시계였는데, 결국 태양의 주기도 포함하게 되었다. 스톤헨지는 둘의 동화를 보여주는 좋은 예로, 드루이드^{Druid}들은 구 종교의 어머니 여신과 새 종교의 아버지 신을 가져와 (전환이 무자비했던 너무도 많은 곳들과는 다르게) 상당히 우호적으로 결합하였다.

마더피스 이미지에서 운명의 수레바퀴는 다양한 '별자리들'에 의해 지배되는 12개의 '집들'이 있는 점성술적 '출생natal' 도표에 제시된 황도12궁을 나타낸다. 각각의 집은 고대 여신 숭배 문화에서 가져온 삽화들이 있다. 이 장에서 우리는 12개 삽화를 차례로 살펴보고, 왼쪽 빨간색 배경의 여성부터 시작하여 시계 반대 방향으로 움직인다.

첫 번째 집은 양자리로 불의 활동궁이다. 엉덩이에 손을 얹은 여성은 인도 모헨조다로에서 발견된 구리 조각상이다. 미술사학자들이 대개 그녀를 '춤추는 소녀'(때로 '노예 소녀')라 부르지만 나는 보다 정확하게 '신성한 요기니yogini'로 묘사된 것을 보았다. 이제 그녀는 성적 신비의 스승이자 고대 탄트라 종교의 대표자가 된다. 오늘날 인도에서 탄트라의 마법에 능통하고 입문자를 승복과 초월의 길을 따라 이끌 수 있는 구루, 즉 여신의 진정한 여사제에게서 이 가르침을 받는 일은 여전히 상서롭게 여겨진다. 비록 칼리Kali가 몸을 집어삼키거나 살인을 나타내는 끔찍한 어머니 원형으로 왜곡되었지만, 그녀는 사실 에고의 죽음과 성적 신비의 재생력을 나타낸다.

두 번째 집은 황소자리로, 흙의 고정궁이다. 남성의 힘potency을 나타내는 놀라운 이미지로 고대에 황소는 섹슈얼리티의 모든 측면을 포함하는 여신의 번식력을 떠올리게 할 수 있었다. 마더피스 이미지에서 이 여성은 출산을 통해 공동체를 비옥하게 만든다. 고대 세계 도처에서 여성은 출산하는 모습으로 그려지고, 그녀의 다산성은 찬양과 숭배를 받았다. 이 특정한 이미지는 콜럼버스 이전의 것으로, 잘 알려진 아즈텍의 지구 어머니 여신인 틀로졸테우틀Tlozolteutl과 비슷하고 출산하는 자세로 이를 악물고 있다.

　콜럼버스 이전의 아름다운 조각상은 멕시코 발굴의 초기 층에서 나온 것인데, 마치 자신의 출산을 돕는 것처럼 쪼그려 앉아 커다란 배를 아래로 누르고 있는 여성의 모습을 보여준다. 벨기에령 콩고에도 비슷하게 쪼그려 앉은 모습의 인물상이 있다. 아프리카 여성이 만삭의 배를 두 손으로 눌러 내리고 있다. 뉴멕시코주의 챠코 캐년의 한 벽에 있는 출산 과정에 있는 어머니를 그린 4개의 암각화 시리즈를 나는 직접 보았다. 분명히 이 이미지는 '신비한' 힘으로 가득했다. 주디 시카고 Judy Chicago는 자신의 최근 예술적 시도인 '탄생 프로젝트'와 연결해 서구 미술에서는 출산하는 여성들의 이미지를 찾아볼 수 없는 점이 두드러진다고 관찰한다. 그녀는 남성이 출산을 했다면 산도에 등장하는 순간부터 수천 개의 '대관식' 이미지가 있을 것이라 비꼰다.

　수레바퀴의 바닥 근처에 있는 세 번째 집은 쌍둥이자리에 속하고, 공기를 나타내는 별자리로 오른쪽 왼쪽으로 나뉜 뇌와 인간이 인식하는 모든 사물의 이중성을 나타낸다. 여기 있는 작은 조각상은 '눈의 우상'으로 다산의 여신이라는 쪼그려 앉은 어머니 이미지의 변형이다. 구석기시대에는 쪼그려 앉은 여신의 얼굴에 분명한 특징이 없는 반면 신석기시대에는 눈 모티프가 나타나기 시작했다. 이 특정한 예는 시리아 동부 텔브락 Tel Brak의 '눈 eye 사원'에서 발견된 수백 개의 조각상 중 하나이다.(기원전 약 3,500년)

　신석기시대 스페인 '눈 여신'의 몇몇 예에는 뼈와 항아리에 추상적인 눈이 새겨져 있다. 몰타의 한 유명한 문에는 나선형의 눈이 새겨져 있다. 아일랜드의 뉴그렌지New Grange에 있는 매장실로 가는 돌문에도 있다. 이집트에서 호로스의 두 눈은 태양과 달을 상징하고, 외눈 우자이트uzait는 강력한 상징으로 오늘날에도 자주 나타난다. 기원전 3,000년의 수메르 봉인석은 눈의 여신 모티프와 수메르-바빌로니아의 위대한 대모신 이쉬타르와 연결된다.

황도대의 네 번째 집은 게자리로, 물의 활동궁으로 양육하고 생명과 사랑을 주는 위대한 어머니의 형태이다. 자신의 가슴을 감싸고 있는 이 조각상은 어머니의 젖을 선물한다. 마더피스 이미지에서 이 인물은 기원전 3,000년 수사Susa(현재 이라크)의 점토상에서 영감을 받았다. 비슷한 인물상들이 키프로스와 메소포타미아 (기원전 2만 4,000년 전)와 크레타 (기원전 2,000년에서 1만 2,000년)에서도 전해진다. 기원전 3,000년경 우르Ur에서 자신의 가슴을 감싸 안은 테라코타 여신상이 전해진다.

흔히 어머니 여신the Mother이 아이에게 가슴을 내어주는 모습을 볼 수 있다. 이집트의 이시스와 호로스의 상이 그렇고 콜럼버스 이전의 아메리카 대륙에서 발견되는 인형 항아리에서도 그렇다. 신기하게도 이들 조각상에 그려진 변형의 신비는 탄트라의 성행위 동안 여성의 젖가슴에서 나오는 꿀을 언급한다. 운명의 수레바퀴에 치유력을 전하는 분비물로, 말 그대로 사랑을 나누는 동안 그녀의 파트너가 맛볼 수 있는 미묘한 진액essence이다.

다섯 번째 집은 사자자리로, 태양과 불의 고정궁이자 창조력의 집이다. 주황색을 배경으로 콜럼버스 이전의 인물의 배에는 따뜻함을 발산하는 태양이 그려져 있다. 후대 마야의 '태양 숭배'의 전조로 생각되는 그녀는 여성의 성적 생성력을 강조한다. 나는 이 상을 샥티 이미지라 생각한다. 인도에서 많이 발견되는 샥티 이미지는 모양을 바꾸고 변하며 영원한 생명의 춤 그 자체를 춤추는 것 같은 불타는 여성의 창조력을 나타낸다. 인도 우주론에서 샥티는 (남신의 마음에서 투영된) 여성의 활동력이다.

어떤 요가 형태에서는 이 샥티 에너지를 대극의 시바 에너지와 결합하도록 장려한다. 성적 결합을 통해 황홀경과 균형을 창조하도록, 머리와 가슴이 결합하는 것이다. 다른 요가학파에서는 성적 에너지를 의도적으로 잡아채서 변신시키거나 창조적이거나 영적인 과업에 쓰기 위해 더 높은 센터로 올라가도록 한다.

여섯 번째 집은 처녀자리로, 흙의 변형궁이다. 처녀라는 단어가 '순결'이나 '처녀막이 온전한'이라는 제한된 의미가 아니라 고대의 자율적이며 성적으로 정서적으로 자유로운, 온전하고 자족적인 여성이라는 의미이다. 이 집에서 그려진 여성 인물은 이집트 18번째 왕조의 테베 궁전에 있는 프레스코화에서 가져왔다. 이 프레스코는 나중의 크레타 크노소스 성의 프레스코화처럼 여성들이 함께 의례에 따른 몸움직임과 춤을 통해 종교 의례를 치르는 모습을 보여준다.

이 인물이 양자리를 묘사하는데 쓰인 인물처럼 '춤추는 소녀'로 자주 묘사되지만 의심할 바 없이 고대 여신 종교 전통에서 황홀경 의례를 치르는 곡예 여사제이다. 남성의 오락을 위해 몸을 돌리는 것 같은 인상을 주는 현대의 이름과 달리, 그녀는 여성들만의 공간에서 숭배되고 있다.

춤추는 여성을 그린 최초의 그림은 적어도 구석기시대 이전으로 거슬러 올라가는 아프리카와 유럽의 동굴 벽화에서 찾아볼 수 있다. 여신을 숭배하는 모든 문화에서 여성은 몸에서 느낄 수 있고 즐길 수 있는 신성한 에너지를 황홀경 속에서 찬양한다. 프롤로그에 그려진 춤추는 여성상에 더해 무녀들이 원으로 소년(스페인)과 남성 음악가(멕시코), 여신 자체(보에티아 Boetia)를 둘러싸고 춤추는 작은 테라코타 상들이 우리가 가진 증거이다. 나중에 그리스 마에나드족의 예술에서는 디오니소스의 의례에서 춤추는 야생의 여성들로 나타난다.

이 모든 조각상은 영 spirit에 의해 힘을 얻은 여성들이 몸과 동떨어지고 몸보다 더 '높다'고 흔히 여겨지는 영역과 물리적 몸을 통합시키는 것을 보여준다. 영(좋음)과 몸(나쁨)을 분리하는 이런 종교적 패러다임은 영을 남성으로 몸을 여성으로 상정하는 경향을 보이고, 전 세계 가부장제를 특징짓는 불행한 위계질서를 만들어낸다. 마찬가지로, 성적·영적 자유를 포함하는 '처녀'라는 여성 원형은 현대의 '처녀'와 '창녀'라는 원형으로 갈라진다.

보라색 바탕의 일곱 번째 집에는 공기의 활동궁인 천칭자리가 차지하고 있다. 마더피스 이미지에서 그녀는 (기원전 470년) 그리스의 컵에서 따온 하얀 거위를 탄 아프로디테이다. 이 이미지는 반은 인간이고 반은 새이며 영의 영역으로 날아갈 수 있는 날개 달린 여신의 변형이다. 아르테미스는 자주 날개 달린 모습으로 그려지고 때로는 새와 함께 있다. 날개가 달리고 다소 금욕적인 이시스를 그린 아름다운 버전은 마치 지상의 생각에서 멀어져 영감을 주는 서늘한 영적 세계에 침잠한 것 같은 모습을 보여준다. 이 개념은 샤머니즘과 영의 몸이 '다른 세계'로 갔다 다시 돌아오는 여정에서 정보를 모으고 신성한 것을 지구로 데려오고 영혼과 소통하는 능력을 가리킨다. 영어 자장가에 나오는 어미 거위는 이 아프로디테에서 파생된 후기 버전이다.

여덟 번째 집의 전갈자리는 물의 고정궁으로 여성 전사나 치유자를 나타내고 여기서는 고르곤(날개 달린 형태의 버전, 이전 형상과 연결됨)으로 보인다. 마법뿐 아니라 아마존 사람들과 널리 연결된 고르곤은 아르테미스로서는 사자나 표범, 새와 같은 야수가 곁에 있을 때가 많고, 이시스나 헤카테나 메두사일때는 뱀과 연결된다. 고르곤과 뱀은 흔히 여신의 파괴적인 면으로 '끔찍한 어머니'라는 발상에서 나왔기 때문이다. 이들의 주 역할은, 그레이브스에 따르면 치유와 마법이라는 고대 마술을 실행하는 여성들의 비밀을 보호하는 것이다. 많은 칼리의 이미지에서처럼 입 밖으로 튀어나온 고르곤의 혀는 "물러나라" 말하며 입문하지 않은 이들의 침입에 대해 경고한다.

궁수자리가 아홉 번째 집을 지배하고, 여기서는 '눈eye 여신'의 다른 버전으로 신성한 새로 고상하게 그려져 있다. 이는 여신의 힘을 표현하는 널리 퍼진 고대의 방식이다. 이 새머리를 한 여신은 기원전 3,000년대 수메르의 조각상으로 자궁에 있는 생식의 눈the generative eye of the womb을 강조하며 몸과 마음의 일치를 반영한다. 이 조각상에서 종교적 힘이 신체나 성적 힘과 결합한다. 수메르의 형상은 성경의 많은 히브루와 가나안의 '우상들', 이쉬타르나 아스타르테Astarte, 아나트Anath, 아슈토레스Ashtoreth 여신들과 닮았다. 그녀는 흔히 종종 꽃이나 식물을 들고 정면으로 서 있는 모습이고, 그녀의 요니yoni는 배 위에 아래를 향한 삼각형으로 눈에 띄는 선으로 그려져 있다. 때로 그녀는 동물(특히 나중에 '데몬demon'이 되는 릴리스Lilith 곁에 서 있는 모습)

으로, 야수의 여인 아르테미스 그리고 나중에는 마녀들의 다이애나로 연결된다.

열 번째 집은 염소자리로 흙의 활동궁이다. 생명의 나무로 표시되고 아르테미스의 전통적인 두 야수가 곁에 서 있다. 이 경우 동물은 염소로 여신의 다산 및 대지적 측면과 그녀의 배우자인 발굽 달린 염소 신 판Pan을 나타낸다. 염소는 아마도 아르테미스의 가장 오래된 동물일 수 있고 주로 채식이었던 식단에 우유를 주었던 여성들이 초기에 길들인 동물을 가리킨다. 어떤 곳에서는 염소(또는 뿔 달린 수사슴)만 아르테미스나 마녀들의 다이애나를 대표하는 것으로 이해된다. 고대의 염소 어머니 여신은 암염소 아말테이아Amalthea이다.

성경에 나오는 생명 나무와 지식의 나무는 이전 보다 생생한 형태의 여신의 다음 버전이다. 셈족의 '나무 숭배'는 불교와 다르지 않은 위대한 세계수World Tree 형태로 아슈라Asherah('동물 세계에 쉴 곳과 보호와 영양분을 주는' 여신) 경배를 가장한 것이었다. 여신의 신성한 나무들이 있는 언덕에서 성서의 아세림 또는 나무를 닮은 기둥(이 또한 상징적으로 여사제를 위한 표식을 닮았다)까지 여신 숭배를 따라갈 수 있다. 여사제들이 옛 종교를 섬겼다는 이유로 처형되면서 종교 자체는 지하로 들어가 성경의 생명 나무처럼 더 추상적이고 상징적인 형태가 되었다. 이 모티프motif는 중세시대 마녀를 불태우는 동안 연금술의 나무로 다시 나타났고, 오늘날 10개의 세피라 또는 가지를 가진 생명 나무인 유대인들의 카발라의 일부로 연구된다.

황도대의 열한 번째 집은 물병자리인데, 우리가 지금 들어가고 있는 뉴에이지에 빛과 사랑을 가져온 공기의 고정궁이다. 노란 배경에 묘사된 여신은 기원전 1,000년 "가슴이 많은 에피우스의 아르테미스" 이다. 원래 세계 불가사의 중 하나인 이 유명한 아르테미스 또는 다이 애나의 성지 shrine는 모계 사회가 전환의 격동기에 살아남기 위해 애쓰 던 때 아마존의 부족이 세운 것이다. 천 개 가슴을 지닌 아르테미스는 특히 질병을 치유하는 힘으로 알려져 있었고, 수 세기 동안 사람들은 그녀의 성지를 방문했다.

아르테미스를 주제로 한 이 특정한 버전의 느낌은 강한 전사 여신 으로 묘사된 것과 비교하면 이례적이다. 이 조각상은 중국의 관인이 나 티베트의 화이트 타라, 초기에 '가슴이 많은 모든 이의 어머니'였 던 그리스도교의 성모를 떠오르게 하며 보다 양육적인 성질을 가진 다. 시베리아에서 그리스까지 아르테미스는 샤머니즘이나 여성 집단 의 힘이라는 주제를 갖고 있다. 피비린내 나는 전환기에 여성을 노예 화한 다양한 형태에 대한 반응으로 그녀의 이미지가 분열된 것 같다. 비록 모계 문화의 파편화가 이들이 더는 공동체로서 계절 의식을 행 하지 않았음을 의미하지만 수천 년 동안 비밀 동굴과 외딴 섬, 그리고 순례자들이 찾는 '성인'의 치유 성지에서 여신 숭배는 여전히 계속되 었다.

열두 번째 집인 물고기자리는 고대 물고기 여신들의 물의 변형궁 으로, 달의 이미지와 후에 유명한 신전들이 바닷가에 자리한 '거품에 서 태어난 아프로디테'의 이미지를 불러낸다. 마더피스 이미지는 '뱀 다리를 한 스키타이 여신'인 인어로, 아마도 메두사의 한 버전일 것이 다. 인어 모티프는 역사적으로나 지역적으로 널리 퍼져있다. 그레이 브스는 '인어 mermaid'를 (마녀의 고위 여사제를 부르는 이름이기도 한)

'즐거운 하녀', 또 그리스 엘레우시스 신비의 여신과 펠리기아의 무릇 사물의 여신 원조인 달의 여신 유로노메Euronome, 그리고 온 코스모스를 창조한 수메르의 남무Nammu로 연결시킨다.("그녀의 물이 온 우주이다.")

그레이브스는 아르테미스가 "탈출하려 했으나 성공하지 못하다가 마침내 물고기 형태로 빠져나왔다"고 하는 2세기 신화기록자의 말을 인용한다. 나는 이 신화가 여신의 여사제들과 그들의 부족이 배를 타고 지중해를 빠져나온 것을 가리킨다고 믿는다. 리비아와 켈트, 페니키아와 북남미의 이베리아 사람들이 여신을 찬양하는 글을 새기고 여신의 여사제들과 사제들이 서명한 돌 비문들이 있다. 이 비문들은 콜럼버스가 아메리카를 '발견'하기 훨씬 전인 선사시대로 거슬러 올라간다.

엘람의 물고기 꼬리 여신상에서부터 기원전 3,000년 영국 엑스터 성당의 인어조각과 뉴멕시코 챠코 캐년 벽에 그려진 범선의 그림 문자까지 고대 바다의 여신들은 흔적을 남겼다. "온 우주를 창조한 최초의 어머니는 항상 물이었습니다. … 한때 온 지구 표면을 씻겼던 원래의 양수입니다."

초기의 운명의 수레바퀴 중에 "타로는 하토르의 법을 말한다"는 글이 새겨져 있다. 이집트 변화의 여신인 하토르는 초기의 어머니 여신Mother Goddess 이시스에서 진화했고, 이시스의 상징 중 하나가 바퀴였다. 원 자체는 당연히 여성을 위한 고대의 상징으로 온전함wholeness을 상징한다.

로버트 그레이브스는 켈트족의 여신 아리온호드와 죽음과 재탄생을 넘나드는 미로로 나타내는 그녀의 은빛 바퀴를 이승과 저승 사이를 회전하는 고대의 문과 연결시킨다. 아일랜드 뉴그랜지(기원전 2,500년)에 있는 것처럼 켈트족이 새긴 이런 이중 나선은 끊임없이 돌아가는 생명의 수레바퀴라는 아이디어를 반영한다.

불교 사상에서 생명의 수레바퀴는 삼사라Samsara로 감각의 물리적 정서적 세계를 나타내는 결코 끝나지 않고 어디로도 가지 않는 환영의 수레바퀴이다. 불교 신자들은 육체적 정서적 세계를 초월하여 그 수레바퀴를 떠나는 것이 해결책이라 믿는다.

이와는 대조적으로 여신 종교는 원인과 결과를 이해하고 자신의 삶에 방향을 잡음으로써 수레바퀴를 받아들이는 법을 제안한다. 포투나Fortuna(행운의 여신), 하토르, 이시스는 생명을 주고 온전함으로 우리를 인도하고 생의 마지막에 우리를 환영하는 위대한 세상의 어머니Great World Mother의 긍정적 이미지들이다. 그녀는 시간Time으로 상징될 수 있다. 운명의 수레바퀴를 생애 전 과정을 통해 기대되는 변화를 묘사하는 '운명의 시계'인 것처럼 여기는 것이다. 여신 종교는 불교처럼 우리를 수레바퀴에 갇힌 존재가 아니라 우리의 개인과 집단의 운명destiny을 통해 운fate에 개입하고 움직이는 존재로 본다.

⁜ 이 카드가 나오면

이 카드는 여러분의 삶이 행운의 손에 달려있음을 암시한다. 행운이 여러분에게 웃음 짓고 있으니 그 흐름에 승복하는 것이 낫다. 뭔가 놀라운 일이, 큰 사건이 일어나고 있기 때문이다. 마치 여러분이 세상 꼭대기로 올라가는 회전관람차를 탄 것처럼 여러분은 어떤 식으로든 두각을 나타내게 된다. 운명이 우리의 삶을 통제하지는 않지만, 우리가 무언가를 소망하며 노력해왔을 때 사건이 일어날 시기를 결정하는 것은 포르투나 여신이다. 운명(행운)의 수레바퀴는 정점, 소원 성취, 고대하던 일의 발현을 의미한다.

마더피스 이미지는 전통타로가 그런 것처럼 '높고' '낮은' 것에 초점을 맞추기보다 시간과 변화의 순환하는 성질을 강조한다. 황도대 바퀴의 모든 점은 긍정적이고 잠재적인 '행운'으로, 각각의 위치는 주어진 순간 삶에 특정한 의미나 영향을 미친다. 어쩌면 이 장에 제시된 여신의 열두 집과 측면들을 명상하며 수레바퀴 상에 여러분의 현재 위치를 찾고 현재 진행 중인 전환에 대한 더 깊은 통찰을 얻을 수 있다. 마찬가지로 여러분의 점성 '차트'를 마더피스의 수레바퀴와 비교하며 행성 차원의 대응을 찾아볼 수도 있겠다.

마법의 도우미 찾기

타로 전통에서 힘^{Strength} 카드는 모계 의식을 나타내며 6장에서 기술한 남황제의 가부장적 지배와 대비된다. 이 카드에서 구현된 힘은 정신력으로 길들이는 여성의 힘이다. 그녀는 야수의 레이디^{Lady}이고 자연의 친구이자 문명화하는 힘으로서 대지 모신이다. 전통 타로에서 그녀는 사자의 입을 열거나 닫는다. 크롤리 타로에서 그녀는 사자를 타고 여성의 섹스 포스를 발산하는 '관능적인 욕구^{Lust}'이다. 위대한 여신들은 모두 섹슈얼리티(불)와 언어(알파벳)를 가져온 것으로 알려져 있다. 몇 가지 예를 들자면 인도의 사라스바티^{Sarasvati}가 그렇고 메소포타미아의 이시타르, 이집트의 이시스, 영국제도의 브리짓이 그렇다.

마더피스 이미지에서 힘은 켈트족 이전의 브라이드(브리짓), 즉 페어리^{Faery요정} 왕국의 여왕이 아일랜드의 에메랄드 언덕 위에 동물 친구들과 그녀가 대표하는 보이지 않는 '작은 사람들'과 앉아 있는 것으로 그려진다. 그녀는 어머니 여신, 소생의 트리플 뮤즈^{the Quickening Triple Muse}였다. 그녀의 휴일은 2월에 캔들마스라는 불꽃의 축제로 기념되었다.(지금도 그렇다.) 아일랜드에서 그녀는 브라이드이고 그녀의 성스러운 불꽃을 돌보는 여사제들의 경배를 받았다. 로마의 베스타 여신을 모시던 여사제들이 도시를 위해 화롯불을 지켰던 것처럼. 그리스도교 제국의 도래 후에 가톨릭 수녀들은 중세 때까지 그녀의 불꽃을 지켰다. 중세에 유럽 전역에서 마녀들이 화형 됐고 브리짓의 불꽃은 '이교^{pagan}'라 불리며 꺼져갔다. 오늘날 브라이드 성녀의 불꽃은 아일랜드 킬데어에서 다시 한 번 타오르고 있다.

마더피스 이미지에서 아일랜드의 붉은 머리 '반시^{banshee아일랜드 민화에서 구슬픈 울음소리로 가족 중 누군가의 죽음을 알려준다는 여자 유령}' 주위의 동물들은 그녀가 하는 많은 역할을 나타낸다. 그녀가 오른손으로 만지는 토끼는 달과 지구와 밤의 의식이 지닌 힘을 상징한다. 중국에서 토끼는 다산과 건강을 가져오는 달의 여신이다. 《이상한 나라의 앨리스》에 나오는 흰 토끼는 신비와 마법을 나타내고, 보이지 않는 환상의 영적 친구들, 상상의 아스트랄 차원을 나타낸다. 앨리스가 토끼굴로 미끄러져 내려가는 것은 그녀가 그 사실을 알든 모르든 샤머니즘의 실행이다. 앨리스는 다른 세상으로 빠지고 변형의식 상태에 들어가 샤먼의 여정과 비슷한 심령적인 마법의 여정을 경험한다.

여사제 근처에 똬리를 튼 푸른 인디고 뱀은 그녀가 지닌 신탁의 힘을 나타낸다. 남아메리카 뱀 부리는 사람^{snake-charmer}이 다루는 이 구

불구불한 척추동물은 요가 전통에서 '나선으로 휘감기는 쿤달리니'로 불릴 뿐만 아니라 고대 델파이의 비단뱀을 떠오르게 한다. 척추 아래 비밀의 장소에서 쿤달리니 여신이 깨어나면 에너지 센터인 차크라를 통해 머리를 향해 올라가 영적 삶을 활성화시킨다. 가슴 센터가 열리면 마더피스 이미지에서 여사제의 왼손에서 그렇듯 불이 세상으로 발산되어 나간다.

뱀 여신은 전 세계에서 나타난다. 예를 들어 이집트에서 여신을 나타내는 가장 초기의 상형문자는 고개를 쳐든 코브라의 모습으로 뱀을 나타내는 문자와 똑같다. 인도에서 여신은 잠자는 쿤달리니로 깨어나면 샥티가 된다. 캘틱 이전의 영국제도에서 브리짓 또는 브라이드는 뱀과 긴밀하게 연결되어 있었다. 패트릭 성인이 아일랜드에서 '뱀'을 몰아낸 날, 우리가 성 패트릭의 날로 기념하는 날 그가 박해한 것은 여신의 사람들이었다.

하지만 가톨릭이 차지하고 난 후에도 아일랜드의 페어리fairy 전통은 강하게 남아 교회와 함께 존재한다. 그래서 아일랜드 사람들은 특히 도시를 벗어나면 마법과 '녹색'의 치유의 힘과 여전히 접촉하고 있다. 이 마법의 힘은 대지와 대지의 생물들에게서 바로 온다. 그 동물들은 숲에도 살지만 언덕과 크래노그호수의 섬에 사는 도깨비와 엘프처럼 이 세상과 다른 세상에 사는 생명들이다.

늑대는 여러 면에서 개와 비슷하고 또 개를 대신할 때도 많아 시리우스와 트리플 여신의 신비를 나타낸다. 마더피스 이미지에서 강철 같은 회색 늑대는 세상들 사이의 황혼의 시간, 즉 "사람들 대부분이 죽고, 잠이 가장 깊고, 악몽이 제일 선명할 때, 유령과 악마가 지배하는…대부분 아이들이 태어나는" 늑대의 시간을 나타낸다. 티베트에서 늑대는 그 유명한 그린 타라 여신의 여사제를 시중든다. 타라의 이미지는 티베트의 암벽에 새겨져 있고, 스티븐 베이어 Stephan Beyer에 따르면 "개인이나 주거지, 전체 지역을 지키는 가장 강력한 보호 수단"으로 여겨진다.

의례를 위한 타라 여신의 그림은 상현 무렵 그려지고 "차오르는 달의 힘이 가장 강력한" 보름에 완성된다. 한 티베트 의례에서는 타라 여신이 "왕족같이 편안한 자세로 앉아 있고 그 뒤에는 보름달의 후광이 빛난다"고 묘사한다. 티베트 의례에서 월경혈의 사용은 타라 여신과 힘 카드 사이의 연관성에 비추어 흥미롭다. 티베트 사람들은 "여자가 남자를 복종시키고 그의 사랑을 얻는 제일 쉬운 방법은 자신의 월경혈로 얼룩진 천을 태우고 그 재의 일부나 월경혈 한 방울을 남자의 음식이나 음료에 섞는 것"이라 믿는다고 베이어는 말한다. 타로에서 힘 카드는 전통적으로 정신력과 의지로 원하는 것을 얻는 힘을 가리킨다.

마더피스 윗부분에 사자와 황소가 언덕 위 떡갈나무 아래에 앉아 있다. 전경의 뱀과 토끼처럼 이들은 불과 흙의 섞임을 나타낸다. 아르테미스가 이 둘과 나란히 나타날 때가 많다. 고대 문화에서 사자와 황소 모두 여신에게 신성한 존재였다. 땅속으로 뻗어나간 나무의 뿌리가 두 신성한 동물의 발 사이에 보이고 잎이 무성한 가지는 여인과 그녀의 열두 생명체의 쉴 곳이 되어준다.

황야에서 아르테미스는 무엇을 하고 있나? 노어 홀에 따르면 아르테미스는 "무의식과 접촉하고 살아남는 법을 우리에게 가르쳐 주겠다”고 한다. 이 임무를 하는데 그녀는 “어둠이나 야생동물이나 인간이 살지 않는 곳에 대한 두려움이 없다.” 샤먼인 그녀는 이 지하세계, 즉 저승세계에 함께 가자고 우리를 초대한다. 그곳에서 우리는 의식과 치유의 선물을 받게 될 것이다.

이 여정에서 입문자는 자신과 영원히 머무르고 인간에게 에너지와 힘을 주는 동물 친구나 조력자를 얻는다. 이 힘이라는 선물을 받은 답례로 인간은 어떤 식으로든 동물을 ‘춤추고’ 몸을 부여하고 극화해야 한다. 나에게 이는 유럽의 구석기시대 동굴이나 아프리카의 바위 쉼터에 그려진 실물 크기의 동물 그림과 그 정신spirit과 아주 가까워 보인다. 분명 이들은 티베트 의례에서 승려들이 세밀한 시각화 기법을 통해 타라 여신을 ‘모아들이는’ 것처럼 이것은 자신에게 받아들일 목적으로 쓰였을 것이다.

현대 마녀들의 모임처럼 마더피스의 힘은 12동물에 둘러싸인 옴파로스 또는 세상의 배꼽이라 불리는 언덕 위에 앉아 있다. 고대 그리스에서 델포이는 다른 신탁의 중심지들처럼 옴파로스였다. 이 자리에서 그녀는 드루이드나 파이토네스the Pythoness, 시빌the sybil, 고대의 예언자들처럼 예언한다. 로버트 템플Robert Temple에 따르면, “옴파로스는 신성한 목소리, 성스러운 소리를 뜻하는 옴페Omphe의 장소이다.” 옴페는 산스크리트어의 신성한 옴과 연결되고 신성한 음악, 전통적인 신성한 이름과 ‘절대 말해선 안 되는 신의 말’과도 연결된다.

보름달의 여사제로서 힘은 섹슈얼리티의 여신들과 탄트라 가르침을 떠올리게 한다. 수메르의 이시타르에서 인도의 칼리와 아일랜드의 브라이드에 이르기까지 여신은 불의 힘, 성적인 불꽃으로 존경을 받았다. 성적 비밀에 관한 지식뿐 아니라 당당한 성적 주장과 성적 에너지의 외부적 표현으로 존경받았다.

보름달은 신탁을 말하는 여사제에게 시적 예언과 황홀한 연설이 강처럼 흐르거나 샘물처럼 솟아나도록 영감을 준다. "속삭이듯 흐르는 샘물이나 분수, 강을 막을 수 없는 것처럼 예언자sibyl의 열변은 막을 수 없다"고 홀은 말한다. 원래 보름달은 바빌로니아의 이슈타르 시대에 '안식일'이었다. 사바투Sabbatu는 '심장 휴식'을 의미하며 이시타르의 월경일을 나타낸다. 바빌로니아에서 이 날은 보름달과 일치한다. 한때 여성의 '주기'처럼 매달 축하했던 '안식일'이 나중에는 한 달에 네 번씩 매주 행해지게 되었다. 이렇게 노어 홀은 우리를 여성의 월경 순환과 신성한 월경혈로 이끈다. "특별히 어린 소녀의 첫 월경은 심한 병을 치유하는 힘이 있었다"고 홀은 말한다. "또 '이 조건'의 여성이 벌거벗고 들판을 뛰어다니면 곤충을 죽일 수 있기 때문에 농작물의 성장을 보장할 수 있다."

힘 카드는 여성의 힘, 치유하는 열기(인디언 타파스)와 접촉함으로써 치유하는 힘을 나타낸다. 마더피스 이미지 제일 앞쪽의 전갈은 힘을 치유와 재생의 물인 고정궁 전갈자리와 연결시킨다. 이 내면의 힘은 너무도 강력해서 야생동물도 길들이고 보이지 않는 힘들의 세상도 탐색할 수 있다. 꿈을 꾸거나 변형의식 상태에 들 때 그리고 치유나 심령의 힘을 사용할 때 우리는 이 힘과 접촉한다.

마더피스 이미지에서 떡갈나무에 앉은 자그마한 굴뚝새는 보름달에게 노래하고, 이는 진실을 노래하고 시와 음악을 짓고 언어와 '저 세계'에서 이 세계로 소통을 가져오는 여사제의 능력을 나타낸다.

라쿤은 그녀의 친밀한 파밀리에이다. 그 앞발은 그녀의 종아리에 걸쳐 있고 그 얼굴은 샤먼처럼 마스크를 썼다. 전경의 세 마리 물새는 날고 헤엄치는 샤먼의 능력을 보여준다. 그녀처럼 새들도 물(감정)에 뿌리를 두고 있지만 지상을 날며 공기(쁘라나 Prana)생기 에너지를 폐에 불어넣는다. 이들의 비행은 우리에게 이주와 주기적인 변화도 상기시킨다.

나뭇가지들 사이의 거미처럼 여사제는 자신의 물질적 생명과 변형의 그물망을 자아낸다. 그녀는 자기 내면에서 듣는 것을 외부 세상에서 유형의 무언가로 바꿀 수 있다. 그녀는 바깥에서 보는 것을 지혜와 지식의 형태로 받아들여 일이 어떻게 돌아가고 어떻게 해야 하는지 이해할 수 있다. 구종교에서 숭앙받는 것이 바로 고대 마법, 즉 이 집단의 복지를 위해 '달을 끌어내리는' 여사제의 힘이다.

⁂ 이 카드가 나오면

힘 카드가 나오면 여러분이 삶에서 원하는 것을 얻을 준비가 되었고 그럴 능력이 있다는 의미이다. 여러분이 겪은 에너지의 경험이 바탕이 되고 중심을 잡았기에 자신이 필요로 하는 것을 가슴에서부터 알고 있다. 여러분이 필요로 하는 것이 다른 사람들의 필요와 단절되지 않았기 때문에 이 시점에 여러분은 아마도 다른 사람들을 위한 에너지를 제공하고 의식적으로 도움을 줄 수 있을 것이다. 여러분은 다른 사람을 치유하거나 소통하기 위해 손을 뻗을지도 모르고, 열정과 배려심으로 그렇게 한다. 여러분의 도덕적 힘은 지금 살아있고, 자신의 감정을 공개적으로 표현하고 다른 사람들에게 감동을 줄 때 여러분의 용기와 확신은 강력하다.

이미지 속의 여사제가 요정 세계의 녹색으로 둘러싸여 있는 것처럼, 이 시기 여러분의 삶에는 마법이 일어나고 있다. 늘 원해왔던 것을 소망해본다. 지금이 그것이 발현될 시기일지 모른다. 여사제 주위의 동물 친구들은 여러분 주위의 다양한 세계에서 얻을 수 있는 도움을 증명한다. 동물 세계에 주파수를 맞추도록 해보라. 어쩌면 변형의식 상태에 들어가 영의 조력자인 동물을 찾는 '샤먼 여정'일지 모른다. 지구는 여러분에게 힘의 원천이다. 지금 조용히 앉아 지구의 자력을, 바위와 식물과 나무와 강과 언덕을 느낄 수 있다면 여러분은 엄청난 혜택을 받을 것이다. 여러분의 심령의 힘 psychic powers이 열릴 준비가 되었다. 꿈이 더 생생해질 수 있고, 여러분 자신의 신탁의 목소리를 들을 수도 있다.

가슴의 느낌과 마찬가지로 지금 여러분의 리비도도 강하다. 여러분이 열망하는 연인이나 성적 파트너가 있다면 따라가 본다. 여러분을 위한 에너지가 그곳에 있다. 여사제 뒤에 드리워진 생명 나무는 여신이 보호하고 양육하고 있음을 상기시킨다. 그녀는 두 팔을 벌려 여러분을 껴안는다. 보름달이 여러분의 노력에 여신의 빛을 비춘다.

입문을 수용하기

  '거꾸로 매달린 사람'은 원래 여신에게 속했다가 나중에 남성 신에 의해 계승되어 새로운 종교에 맞도록 바뀐 수많은 전통 중 하나다. '아르테미스, 거꾸로 매달린 자'에게는 고대 그리스의 아르카디아에 성역이 있었는데, 그곳에서 사이프러스는 그녀에게 신성했고 여전히 부활을 상징한다. (마더피스 이미지의 나무들은 습지 사이프러스이다.) 물론 아르테미스가 유일하게 나무에 매달린 신은 아니다. 노르웨이 신화에서 (프레야 Freya 여신을 대체한) 오딘은 (10장에서 기술한 생명 나무) 위그드라실 Yggdrasil에 아홉 번의 밤낮 동안 스스로를 매달았다. 보다 친숙한 그리스도교 전통에서 예수는 갈릴리의 십자가에 매달렸고, 사흘간 매장되었다가 기적처럼 부활했다.

심령의 측면에서 이 세 이야기 모두 어떤 형태의 매장과 뒤이은 영혼이 몸을 떠났다 되돌아오는 입문 과정을 나타낸다. 윌리엄 픽스는 "다양한 상황에서 보통은 육체에 거하는 인간의 의식적이고 지각 있는 부분이 잠시 몸을 떠나 멀리 또는 가까이로 여정을 떠났다 몸으로 다시 돌아와 그 경험을 기억하고 보고할 수 있다."

거꾸로 매달린 사람은 근본적으로 샤머니즘에서 기념하는 죽음과 부활 과정에 대한 자발적인 승복을 나타낸다. 그런 사건이 최초로 기록된 역사는 픽스^{Fix}가 "사후 세계로 과감히 뛰어들어 살아있는 이들의 땅으로 다시 돌아옴으로써 죽음을 극복했다"고 하는 아쉬타르와 관련이 있다. 비슷하게 구석기시대 동굴에서 살던 이들도 동굴의 작고 접근하기 어려운 부분으로 기어들어가 비전을 경험하고 벽에 마법의 상징들을 그렸다. 이집트의 사제들은 사르코파지^{석관}에, 북미 원주민들은 키바스^{kivas}에, 인도의 요기들은 며칠 동안 산 채로 묻혔고 아일랜드의 신석기인들은 뉴그랑지^{New Grange}와 같은 지하 묘지에, 선사시대 오하이오 주민들은 지하의 '뱀 언덕^{mounds}에, 고대 그리스인들은 그들의 꿈의 신전과 신성한 동굴에 묻혔다. 대중문화에서 최신 버전의 거꾸로 매달린 사람은 영화 <제국의 역습^{The Empire Strikes Back}>에 나오는 영웅으로 충분히 오랫동안 거꾸로 매달린 끝에 '포스'를 받았다.

거꾸로 매달린 사람은 물고기자리 카드이다. 물의 변형궁으로 물고기 여신들과 해왕성의 영적 힘의 지배를 받는다. 황도대의 12번째 자리인 물고기자리는 생의 전체 주기를 완전하게 경험한 사람의 죽음 또는 내려놓기를 나타낸다. 이 별자리^{sign}와 거꾸로 매달린 사람에서 인간은 인격을 포기하는 것에 승복하고 영혼 또는 더 상위 자아를 향한다. 물고기자리는 발을 지배하고, 거꾸로 매달린 사람은 이런 변화가 일어나도록 발에 매달려 있다. 물고기자리 사람들은 인간의 감정에 쉽게 주파수를 맞추기 때문에 치유자 리차드 모스Richard Moss에 따르면 "신뢰, 균형, 승복, 허용하기, 사랑 같은 말이 그저 단어 이상임을, 현실을 정의하는 에너지임을 알게 된다." 거꾸로 매달린 사람의 집단의식은 "인격의 에고 경계나 개인의 자기의식이 사라져 더 큰 참자아의 영역으로 들어가면서" 발견되는 부분이다.

경계가 느슨해지면서 모든 샤먼의 머리에서 그러하듯 거꾸로 매달린 사람의 머리에서 내면의 빛이 퍼져 나온다. 에스키모 문화에 관한 글에서 라스무센Rasmussen은 "샤먼이 자신의 몸, 머리, 뇌 안에서 갑자기 느끼는 신비로운 빛, 설명할 수 없는 서치라이트, 어둠 속에서 빛나는 불이 그가 은유적으로 말했던 그대로 어둠 속에서 볼 수 있게 한다"고 묘사한다. 이 내면의 서치라이트를 통해 "그는 이제 눈을 감고도 어둠을 꿰뚫어 보고 다른 사람들에게는 숨겨져 있는 사물과 다가올 사건들을 인식할 수 있다."

명상의 목표는 여신이나 남신, 아니면 위대한 공Void, 신비로운 모든 것으로 신성을 경험하는 것이다. 관세음보살을 모시는 중국의 비구니 스님이 이 여신이 나타난 공간을 어떻게 준비하는지 존 블로펠드John Blofeld에게 전한 말이다.

마음으로 모든 것을 비우게 만듭니다. 아무 것도 없다, 할 수 있습니다. 그렇게 보는 겁니다. 아무 것도 없는, 텅 빈⋯ 그러다 거기에 바다와 달이 떠오릅니다. 가득 차고 둥글고 하얀 달이요⋯ 당신은 그

달을 고요하고 행복하게 오래, 오랫동안 응시합니다. 그러면 달이 점점 작아지면서도 점점 더 밝게 빛나지요. 진주나 씨앗처럼 작아지면 간신히 바라볼 수 있을 정도로 밝아집니다. 그 진주가 커지기 시작하고, 무슨 일이 일어났는지 알기도 전에 관세음보살님이 하늘을 배경으로 서 계시는 거죠….

일단 그렇게 되면 일상 현실 못지않게 분명하게 관세음보살을 볼 수 있다고 비구니 스님은 설명한다. "마음을 고요히 유지하면서 관세음보살님의 이름을 속삭이되 너무 애쓰지 않으면 보살님은 오래, 오래 머무르실 겁니다." 관세음보살과 달과 하늘이 이 지복의 내면에서 사라지고 나면, "그저 공간만 남습니다. 아름다운, 정말 아름다운 공간이 영원히 지속됩니다. 그 공간은 당신이 당신 없이 지낼 수 있다면 오래 남습니다. 당신과 공간이 아니라, 그저 공간만 남고, 당신은 없습니다." 바로 이 '너는 없는' 경험을 위해 에고가 더 큰 마음Mind 속으로 사라지도록 하기 위해 요기들은 엄격하게 명상한다. 우리가 이 자아soul의 '죽음'을, 육체의 죽음에 대한 일종의 '리허설'을 경험하면 더 이상 후자가 그렇게 겁나지 않게 된다.

요가에서 헤드 센터들을 열고 가슴과 하나 되게 하는 뛰어난 기술은 물구나무서기로 거꾸로 매달린 사람의 자세와 비슷하다. 거꾸로 서게 되면 송과선과 뇌하수체가 자극되어 호르몬 시스템에 변화가 일어난다. 물구나무를 선 후 내려오면 기분이 상쾌해지고 뭔가 '변형된' 느낌이 든다. 명상과 치유 작업에서 경험하게 되는 경계가 무너지는 것에 대해 모스는 자신의 몸 안에서 깨어나는 느낌의 강력한 에너지를 묘사한다. "가슴, 머리, 복부에 부분적으로 나타나기도 하지만, 어떤 때는 몸 전체에 퍼져서 활성화되기도 한다"고 그는 말한다. "이런 의미에서 몸이란 단어는 더 이상 정확하지 않다. 왜냐하면 몸 안과 바깥에서 방사되는 것 같은 에너지뿐 아니라 생각을 통해서도 몸 표면을 넘어서 밖으로 확장되는 느낌이 있기 때문이다."

미르체아 엘리아데Mircea Eliade는 첫 번째 입문 경험은 대개 '영이 들어오도록' 신참자의 머리를 여는 게 포함된다고 말한다. 따라서 완전히 포기한 상태로 거꾸로 매달린 사람은 머리 센터에서 빛을 발산하고 노어 홀이 '비옥하게 하는 상상력의 이상한 힘'이라 표현한 것에 열려 있다. 모스는 이 새로운 에너지를 '가슴이 열리고 말을 넘어선… 무조건적인 사랑… 그 자체의 상태'의 경험과 연결시킨다. 그는 "그것이 거기 있을 때, 당신은 없습니다"라던 중국 비구니 스님의 말을 반복한다.

여성들은 때로 지구the earth를 초월하거나 완전히 떠나려는 동양 종교 학파들의 가혹한 금욕주의에 반대해왔다. 그런 사상의 학파들은 흔히 여성을 지구에 비교해 여성을 비하하고 둘 다를 피하려는 결심을 분명히 한다. 이와는 대조적으로 거꾸로 매달린 사람은 본질적으로 여성적인 것과 마더피스 이미지에서 공Void의 열린 공간과 보름달로 표현된 수용성과 가슴의 느낌들에 승복하는 것이다. '멍하다spacey'고 비난받고 '직관'을 자연스레 사용한다고 평가절하 되어온 여성들은 이런 여신의 에너지에 승복하는 데 큰 어려움이 없음을 알게 될 것이다. 요기들이 필요하다고 여기는 훈련과 기술이 도움이 될 수는 있지만, 어떤 여성들은 그런 것이 덜 필요하고 시간도 덜 걸린다. 많은 여성들이 명상을 하며 어려움 없이 매우 자연스럽게 승복을 경험할 수 있는 것 같다. 애초에 우리가 그렇게 통제를 많이 하지 않기 때문에 통제를 내려놓는 것이 여성에게는 덜 어렵다.

서양의 마녀술에서와 마찬가지로 탄트라에서도 이 힘을 인정한다. 마더피스 이미지에서 거꾸로 매달린 사람은 내면 여신의 상징이자 힌두교 전통에서는 쿤달리니의 상징인 뱀에 의해 매달려 있다. 필요한 것은 뱀에 의해 일깨워진 무조건적 사랑에 승복하는 것이다. 모스는 이를 '무한으로 이끄는 동의the yes'라 부른다.

물고기자리 사람들의 이러한 감정의 바다에 대한 승복은 의식적이거나 이성적 선택만으로는 가능하지 않다. 어떤 경험이 일어나기 위해서 에고가 스스로를 잃어버릴 만큼 오래 '한 점을 향한 의식'을 발달시켜야 할지 모른다. 어떤 이에게는 이미지나 아이디어에 대한 명상을 통해, 또 다른 이들에게는 만트라나 챈팅Chanting단어나 구를 계속해서 반복하거나 노래하는 영적수행을 통해, 그리고 또 누군가에게는 물고기자리의 특징인 기쁨이나 감각에 초점을 맞추는 사랑과 강렬한 능력을 통해 이러한 일이 일어난다. 추구하는 것은 쾌락이나 황홀경에 대한 승복으로, '열심히 노력하는' 것이 아니라 '그 안으로 해체해 들어가는' 것이다.

마녀들의 집회에서는 춤과 노래, 변형의식과 호흡과 축하를 통해 이 마법적인 승복을 추구한다. 스타호크는 '원초적인, 고동치는 결합의 환희' 안에서 그런 지복의 나눔에서 나오는 '신성한 황홀경'과 창조의 '오르가슴적 과정'을 이야기한다. 가부장적이고 금욕적인 종교가 가리려고 한 것은 마녀들의 마법이 그 힘을 '악마'가 아니라 샤먼 경험에서, 좀 더 넓게는 황홀경에서 가져온다는 점이다. 스타호크의 말에 따르면, 황홀경은 "마녀집회의 중심 아니면 사랑하는 이와의 침대에서, 숲 한가운데서, 자연 세계의 아름다움에 대한 경외와 경이로움 속에서 발견되는 결합, 치유, 창조적 영감, 그리고 신성과의 친교의 원천"이다.

그런 환희를 경험하려면, 특히 다른 사람들과 함께하기 위해서는 모스가 "우리 경험한 것들을 통해 반영되는 것보다 더 넓은 차원 속으로 녹아드는"이라 묘사한 '투명성'이 필요하다. 명상이나 요가나 자연과의 고요한 친교 안에서 이 환희를 혼자일 때 아는 것은 여신 자체에 투명해지는 일이다. 그럴 때 황홀경에 대한 인식이 단순한 인간의 일상 의식에 스며들면서 눈물이나 웃음이 나기도 한다. 자아의 죽음은 여신의 치유와 재생의 힘을 환영하며 받아들이는 법을 배울 때 일어난다. 왜냐하면 "내가 존재하지 않을" 때가 가장 "나" 다울 때이기 때문이다.

⁙ 이 카드가 나오면

이 카드가 나오면 여러분이 죽게 된다는 의미가 아니라 여러분 자신을 잃게 된다는 의미이다. 그리스도교 전통과 다르게 거꾸로 매달린 사람은 십자가에 매달리는 고통이 아니라 어떤 황홀감과 사랑에 대한 투항을 암시한다. 중력을 믿고 자신의 줄에 매달린 거미를 생각해보라. 지금, 여러분의 시간은 정지되어 있다. 어쩌면 그건 여러분이 명상하거나 빛이 발산되는 고요한 중심을 찾아야 한다는 의미일 것이다. 확실히 '행동을 중단'하고 일이 일어나도록 '허용'하는 것을 의미한다. 여러분이 이 필요와 싸운다면, 빙글빙글 원을 그리게 될 거이다 왜냐하면 여러분의 정신이 무언가를 동화하기 위해 고군분투하고 있기 때문이다. 내면을 향해 돌아서서 승복하고 기다리며 무슨 일이 일어나는지 본다.

아마도 여러분의 에고는 통제를 잃는 것을 두려워하고, 속으로 "문제야…주의해…조심해…뭔가 좀 해"라고 말할 것이다. 하지만 가능한 한 마음을 고요히 하고 여러분의 다른 부분인 가슴, 비전이 오는 깊은 고요한 중심에 귀를 기울여야 한다. 여러분의 여성적 부분을 찾아 비이성적인 것이 표면으로 떠오르도록 허용하고 보름달이 지배하도록 깊이 숨을 쉰다. 내면의 여신이 여러분에게 말하고 싶어 한다. 여신의 말을 들을 수 있도록 조용히 한다.

관점을 바꾸기 위해 말 그대로 자신을 잠깐이라도 거꾸로 세우고 싶을지도 모른다. 힘센 어른이 아이들을 거꾸로 뒤집어 주면 얼마나 좋아하는지 생각해보라. 그렇게 해주면 아이들은 웃으며 기쁨으로 비명을 지른다. 어쩌면 여러분이 머리를 바닥에 대고 물구나무를 설 수 있을 것이다.(어렵지 않은 경우에만, 아니면 단계별로 배워야한다.) 아니면 여러분은 사다리나 막대에 거꾸로 매달려 머리로 피가 쏠리는 이상한 느낌과 변화를 거의 즉각 느낄 수 있을 것이다. 아니면 이런 것보다 덜 '극적인', 예를 들어 바닥에 누워 눈을 감고 여러분이 의식이 조용해져 내면의 비전에 집중하는 것이 필요할 수도 있다.

어떤 경우든, 힘 센 어른이나 어떤 신화적 인물에 의해 거꾸로 매달려 있다고 상상해보라. 그 사람을 전적으로 믿고 자신을 내맡기고 호흡이 이완되고 깊어지는 상상을 해보라. 폐가 부풀고 가슴이 열리도록 한다. 이런 신뢰를 여러분의 일상으로 가져가 여러분의 통제 없이, 뭐가 일어날지 확신 없이 일들이 일어나도록 허용한다고 상상해보라. 여러분을 온통 둘러싼 이 애정 어린 치유의 에너지를 가슴으로 느껴보라. 들숨 하나하나가 진정한 들-숨in-spiration이 되도록 하라. 숨을 내쉴 때마다 더 많은 것을 놓아주며 우주에게 여러분이 내려놓는 것이 무엇인지, 그것이 긴장인지, 통제, 지배, 의심, 증오인지 말한다. 여러분은 긴장이 사라지고 몸이 빛으로 채워진다고 느낄 것이다. 일상의 의식으로 천천히 되돌아온다.

떠나보내기

죽음은 변화다. 샤머니즘적 용어로 죽음은 몸이 차갑게 움직이지 않고 문이 열려 영혼이 이 세상과 저 세상 사이의 문턱을 넘어가는 기간term이다. 어떤 의미에서 샤먼은 사고를 당한 사람이 혼수상태에 있는 것처럼 변형의식 상태에 놓여 있다. 영혼이 몸으로 되돌아오지 않으면 죽음은 완성된다.

밤처럼 죽음은 어둡고 조용하고 햇빛과 생명의 온기가 부족하다. 하지만 밤은 음과 양처럼 낮과 짝을 이룬다. 태양이 다시 떠오를 것이다. 죽음과 삶의 춤이 우주를 가득 채우고 또 우주를 그려낸다. 몸의 관점에서 죽음은 끝이다. 한 존재로 지구에서의 시간이 끝났다. 하지만 영혼의 관점에서 죽음은 무형의 세계에서 새로운 여정의 시작이며 존재가 확장된 상태이다.

죽음의 힘은 보통 매년 가을 데메테르의 딸 페르세포네를 납치하여 지하세계의 어둠으로 데려간 그리스 지하세계의 신 명왕성의 속성이라 본다. 재생의 행성인 명왕성은 우리 내면 가장 깊은 곳에서부터 우리를 변화시키고, 황도대의 전갈자리와 관련이 있다. 전갈자리는 변형과 죽음과 신비주의라는 샤먼 신비의 세 가지 주요 경험들을 나타낸다. 죽음을 직면하는 과정, 명상이나 죽음을 통해 우리는 영혼을 더 깊이 알게 된다. 전갈자리는 생식기, 깊은 무의식, 치유에너지를 전달하는 능력을 지배한다. 섹스와 죽음과 명상은 동양 종교 교리에서 자주 연결된다.

타로에서 죽음 카드의 숫자는 13이다. 마법과 고대 여신 종교의 마법적인 달의 숫자이다. 음력에서 1년은 13개월이다. 13번째 달을 지우고 우리가 지금 사용하는 양력을 고안하고 숫자 13에 불운의 분위기를 붙인 것은 가부장 문화였다. 한때 가장 신성한 숫자로 시작을 의미했던 숫자 13은 이제 사람들이 너무 불안해서 호텔은 심지어 13층이 없다. 위험을 감수하고 그 층에서 자려는 사람이 거의 없기 때문이다. 13번째 요정은 저주를 가져오고, 13일의 금요일은 제일 운이 없는 날이다. 이 모든 것이 우리 문화에서 일어난 죽음이란 문제에 대한 왜곡을 말한다.

길고 충만한 생의 끝에 자연스레 죽음이 다가오면 사람은 두려움 없이 최소한의 슬픔으로 이를 맞이한다. 할 일이 끝난 것이다. 하지만 요즘 세상에서 너무 흔히 일어나듯 죽음이 너무 빨리 와 영혼을 떠나는 일이 마무리되지 않고 할 일이 끝나지 않으면 우리는 두려움과 슬픔, 좌절감을 느낀다.

우리의 고대 조상들은 지상에서 사는 동안 몸을 영혼이 머무르는 집으로 이해했다. 조상들은 새로운 영혼을 공손하게 의식ceremony으로 환영하였고 가능한 모든 면에서 몸, 즉 집을 존중하고 사랑했다. 그리고 '다산'의 여신은 죽음의 여신이기도 했고, 생의 마지막에 지구 어머니 여신에게로 돌아가는 것으로 여겼기에 정중하게 매장을 위해 시신이 준비되었다. 다우닝이 말하듯, "죽는 것은 수용적이고 생산하는 어머니 여신에게로 돌아가는 것이다. 지구는 자궁이다…." 시신은 태아 자세로 싸여 먼저 간 친지들과 함께 공동묘지에 묻혔다. 그런 둥근 '벌집' 무덤은 모계 문명의 특징이다.

가부장제 문화의 유입을 표시하는 가장 쉬운 방법 중 하나가 이런 공동 매장지의 부재이다. 신분과 개인성에 집착한 가부장 문화는 사회적 계급을 확립하고 매장 관습에서 그런 차이를 유지했다. 왕들은 이전 문화에서는 생각도 할 수 없었던 시신을 보존하려는 노력과 함께 호화롭게 묻혔다. 마더피스 이미지에서 죽음은 어머니 여신에게 쉽게 돌아가는 해골로 그려져 있다. 한때 여신의 재생력을 상징하는 붉은 황토로 덮여 있었지만 이제 여신의 애정 어린 포옹에 내맡겨져 있다.

뼈는 마법적이어서 전 세계 '원시인들'과 마법사들의 존중을 받는다. 현대의 샤먼인 브룩 메디슨 이글Brooke Medicine Eagle은 뼈의 마법적이고 점술적 힘을 가리키는 샤먼의 노래를 받았다. "오늘 나는 마른 백골을 찾았네. 현대적 수단들이 통하지 않을 때, 미래를 물으려 그 뼈를 모아 가방에 넣었네…." 우리의 구석기시대 조상들은 자신들의 월경 주기를 뼈에 새겨 월경 주기에 상응하는 최초의 음력을 만들었다. 뼈가 놀랍도록 오랜 시간을 견디기 때문에 이 구석기시대의 초기 달력 샘플이 아직 우리에게 있다.

가을마다 잎을 떨궈 보내는 나무들처럼 죽음은 순환한다. 모든 것은 태어나고 살다 쇠퇴한다. 생각도 일어났다가 특정 형태로 잠시 살다 죽는다. 타로의 죽음 카드를 이해하는 열쇠는 보편적인 변형 과정이다. 모든 물질은 형태를 바꿔 다른 어떤 것이 될 수 있다. 죽음의 모든 과정에는 재탄생이 동시에 있다. 죽음과 삶은 같은 현상의 양극이자 세계들 사이의 회전문이라는 점이 여신 종교의 중심 메시지이다.

뼈가 죽음과 부패로 드러나듯, 한 생 안에서 재생의 과정은 허물을 벗는 뱀으로 상징되었다. 14장 힘 카드 이미지를 보면 뱀은 많은 동물 도우미 중 하나의 자리를 차지한다. 하지만 마더피스의 죽음 이미지에서 뱀은 중심 무대를 차지한다. 뱀이 허물을 벗을 때는 마치 재탄생에 대한 본능적 의식consciousness과 이 과정을 수용하는 것처럼 행동한다. 뱀은 허물을 벗기 쉽게 자작나무 두 그루를 감싸고 있다. 인간의 영혼을 목격하는 의식처럼 뱀은 죽음과 재탄생의 과정에서 자신을 지켜본다.

뱀과는 대조적으로 인류는 우리의 성장을 제약할 때조차 오랜 허물을 벗는 것을 두려워한다. 옛것이 더 편안한 우리는 미지의 것, 미래를 두려워한다. 따라서 죽음이 '추악한' 머리를 들 때 우리는 어떤 대가를 치르더라도 그걸 외면한다. 물리적으로, 하나의 문화로서, 우리는 생명력을 향상시키는 방식으로 살기 보다는 몸의 생존을 연장하기 위해서는 믿기 어려울 정도의 엄청난 의학적 노력을 들인다. 영혼은 조화와 연결성이 필요하다. 사랑받고 다른 사람이 진정으로 '알아주길'

원한다. 스트레스와 파괴 등으로 상처받는다.

허물을 벗는 뱀처럼 되려면 우리는 낡은 방식을 떨쳐내고 내면의 밝은 피부가 드러나도록 해야 한다. 지금 세상에서 요청되는 죽음을 몇 가지만 예로 들면 가부장 문화, 전쟁과 폭력, 탐욕과 권력의 죽음이다. 마더피스 이미지에서 뱀의 빨갛고 노란 새 피부는 소멸을 직면한 개인의 의지력과 열정처럼 생명력으로 가득하다. 심령술사와 종교계 인사들은 우리가 지금 새로운 이해와 지혜, 재탄생한 참자아의 힘이 세상에 영향력을 미치는 새 시대에 접어들고 있다고 말한다.

죽음과 조우하고 이를 '마스터'하는 것은 어디서나 샤먼 입문의 중심 주제다. 지하세계로의 하강이나 다른 세계로의 상승의 목적은 언제나 이 죽음이라 불리는 힘과의 직면이다. 죽음을 만나고, 경험을 통해 이해하고, 더는 두려워하지 않는 것이다. 죽음과 삶 사이를, 대극 사이를 오가는 것이 입문 경험이다. 조안 핼리팩스Joan Halifax의 말에 따르면, "그것이 됨으로써 신비를 여는 것, 삶 속에서 죽음으로서 죽음을 초월하는 것, 대극들을 끌어안음으로써 이원성을 꿰뚫는 것, 균열된 것들을 재결합하는 것"이다. 샤먼들은 이를 '위대한 과업'이라 부르고 일단 이를 해내고 나면 영구적으로 힘을 받는다. 이 힘으로 치유하고 축복하고 모든 것의 과거와 현재와 미래를 볼 수 있다.

창세기 아담과 이브가 에덴동산에서 쫓겨난 이야기에서 선과 악, 삶과 죽음의 지식을 제공한 것은 당연히 뱀이었다. 이 규칙 위반으로 이 둘은 질투심 많고 경직된 여호와에 의해 낙원에서 추방된다. 우리가 어머니 여신의 낙원과 지식의 나무로 돌아가는 것은 생명과 죽음의 신비를 다시 배우는 것, 즉 이 둘 사이의 기본적 관계를 이해하는

것과 같을 것이다.

하지만 가부장 문화에서 죽음에 대한 부정은 죽음에 대한 위협과 끔찍하게 결합되었다. 상대인 소련 연방^{지금의 러시아}처럼 우리도 30분이면 핵미사일로 문명이 파괴되는 상황 하에 살고 있다. 여론 조사에 따르면 상당수 인구가 우리가 그런 미사일에 대응할 방어력이 있다고 잘못 믿고 있다. 개인적인 차원에서도 죽음의 위협 앞에서 우리는 무시하거나 의식적으로 이해하기를 거부함으로써 죽음을 멀리

할 수 있는 듯 행동한다. 이렇게 죽음은 피를 갈망하는 끔찍한 여신terrible Goddess처럼 우리를 지배한다.

동양 종교에서는 죽음을 이해하고 받아들여야 하는 것으로 가르친다. 죽음이 다가올 때 우리가 마음의 눈을 뜨고 다가갈 수 있기 위해서이다. 이런 의식적 방식에서는 죽음이라는 경험이 우리를 두렵게 하는 것이 아니라 조상, 그리고 우주의 한 줄기 빛과의 즐거운 재회가 된다. 가르침 안에는 '나쁜 카르마'나 우리를 어둠 속에 있게 하는 이전 행동들의 나쁜 영향을 정화하고 씻어내는 기법들이 있다. 티베트의 〈사자의 서〉는 이집트의 〈사자의 서〉처럼 죽은 이가 저 세상으로 건너가는 여정을 도울 방법들을 알려준다. 매달리고 울며 사랑하는 이들을 붙잡기보다 가족이나 집단이 노래를 부르고 챈팅을 하고 기도하며 환희와 감사로 영혼을 영의 영역으로 보낸다.

죽음과 죽어감에 대한 이런 아주 분별 있는 접근이 우리 문화에서는 엘리자베스 퀴블러-로스와 같은 뉴에이지 치유자들에 의해 받아들여지고 있다. 그녀 자신이 현대의 샤먼이기도 한 퀴블러-로스는 사람들이 죽음의 과정을 보다 광범위하고 영적으로 이해하고 받아들이도록 돕는다. 그녀의 접근법은 힌두교에서 '나쁜 카르마'라 부를 두려움과 막힘과 같은 '옛 일'을 영혼psyche에서 씻어내는 일이다. 씻어냄과 함께 삶 속에서 죽음을 보고 이해하며 '예행연습'을 할 자유가 따르기 때문에 두려움 없이 받아들일 수 있게 된다. 이것이 충분히 일찍 이뤄진다면, 이는 영혼을 자유롭게 해서 삶에서 개인은 물론 사회의 변화와 변형을 향해 일하게 해 준다. 예를 들어 이런 이해는 우리가 핵무기 개발 경쟁에 대해 절망하기보다 온 마음을 다해 반대하게 해준다.

⁙ 이 카드가 나오면

이 카드가 나오면, 육체적 죽음을 의미하는 경우는 거의 없고 여러분의 삶에서 경험하는 어떤 죽음과 재탄생에 대한 은유이다. 아마도 어떤 관계가 끝나가고 있거나, 어떤 식으로든 앞으로 나아가야 할 때다. 죽음은 아픔과 상실을 수반해 여러분이 슬픔과 사별을 느끼고 가슴이 아플 수 있다. 하지만 변화는 필수적이고 최종적이며, 재탄생이 이미 일어나고 있다. 이 카드의 중심 메시지는 재탄생의 과정에 주파수를 맞춰 여러분의 낡은 허물이 떨어져 나가고 새로운 것이 등장하도록 허용하는 것이다. 어떤 식으로 여러분은 변화하고 있나? 여러분은 어떻게 재탄생하고 있나?

운이 좋다면 뱀이 낡은 허물을 벗는 것을 지켜보며 돕는 것처럼 여러분도 이 변화를 겪으면서 목격할 수 있다. 어떤 식으로든 죽음을 의례로 만들어 이를 더 현실이 되도록 형태를 부여하고 지지할 수 있다. 어쩌면 여러분은 이것을 떠나보내고 작별 인사하는 의식ceremony을 할 수 있다. 여러분의 일부가 죽어가고 있다면 그 부분에게 말을 걸 수 있는지 보고 사랑으로 떠나보내라.

오랜 패턴이 새롭고 더 나은 대처법으로 대체되고 있다면 이를 인정하고 긍정적인 것에 집중한다. 만일 관계에서 죽음이 일어나고 있다면 떠나보내는 과정을 긍정하고 더욱 빠르게 일어나도록 돕는 심령 씻어내기의 과정이 있다. 이 과정은 파트너와 함께, 또는 파트너 없이도 할 수 있다. 여러분이 할 일은 조용한 시간을 가지며 그 관계를 온전히 기억하며 눈물과 고통을 놓아주는 것이다. 옛 사진들을 보고 함께 나눴던 노래를 듣거나 옛 연인이 여러분에게 준 물건들을 한데 모을 수도 있다. 감정이 자유롭고 완전히 흐르도록 한다. 어느 시점에 여러분은 완결된(아니면 기진맥진한)

느낌이 들 것이다.

그런 다음 심호흡을 하며 마음속 조용한 명상의 자리를 찾는다. 여러분을 그 사람에게 연결해 준 끈이나 줄을 심상화하거나 생각한다. 그건 여러분의 몸에서 그 사람 몸으로 가는 교환대에 연결된 전선들처럼 보일 수 있다. 여러분은 그 선들을 하나씩 보며 그것이 무엇을 나타내는지 결정한 다음 그 선을 뽑거나 자른다. 아니면 전체를 한꺼번에 다 자를 수도 있다. 전선을 뽑거나 자를 때, 다음과 같은 강한 확언을 한다. "나는 …을 사랑으로 떠나보낸다. 나는 이 관계의 죽음을 인정한다. 이 관계는 끝났다."

그런 다음 마더피스의 죽음 카드를 잠시 명상하며 허물을 벗는 뱀의 이미지를 여러분의 정신에 스며들도록 한다. 죽음에 대한 두려움이 낡은 허물과 함께 사라지는 것을 느끼며 새로운 자아가 계절의 변화처럼 부드럽게 등장하도록 허락한다. 죽음이 여러분의 삶에 들어올 때마다 이 과정을 이용하라. 그러면 여러분은 죽음을 마스터하고 더는 두려워하지 않는 샤먼의 힘을 알게 될 것이다.

우주에너지 그라운딩하기

타로 전통에서 절제 카드는 부분들이 섞여 융합이 일어나고 '현자의 돌'이 만들어지는 과정인 연금술의 힘을 받는 것을 나타낸다. 내게 절제는 샤먼 입문의 절정, 즉 정서적 힘과 육체적 힘의 통합이라는 내면과 외면의 대극의 축복받은 결합을 가리킨다. 더는 초보가 아닌 절제의 샤먼은 성년이 되었다. 모든 배움은 뛰어난 기량이 되었다. 샤먼은 불을 마스터했고, 더는 죽음(이나 다른 무엇)을 두려워하지 않는 영들의 여인이다. 한때 무의식적으로 영들에 사로잡혔던 샤먼은 이제 '불을 지피고' 영을 불러들이는 과정을 이해하고 적극적으로 사용한다. 그녀는 과거의 과정으로 씻겨지고 정화되어 엄청난 힘과 에너지를 다룰 준비가 된 열린 채널이다. 그녀는 한 극단에서 다른 극단으로 흔들리지 않고, 완벽한 일치 속에 파도를 타며 불교에서 중도라 부르는 것에 머물며 곧장 가슴으로 간다.

!쿵부쉬족¡Kung Bush-person!표시는 혀끝으로 입천장을 차면서 내는 '딱딱' 소리와 비슷한 치조구개음의 노인 '치료사'는 샤먼-치유자가 입문에 성공하면 받는 n/um"느음"으로 읽는다. 에너지라는 뜻 또는 '치유의 의술'의 이야기를 들려준다. '치료자'Curer'는 마더피스 이미지에 그려진 것 같은 '트랜스 댄스'를 추는 동안 힘을 얻는다. "배에 있는 n/um은 격렬한 트랜스 댄스와 불의 열기로 활성화된다."라고 조안 핼리팩스Joan Halifax는 말한다. "그것은 척추를 타고 상승하거나 '끓어 올라' 머리로 들어가고, 이때 다른 사람을 괴롭히는 병을 빼내는데 사용된다."

처음에 이 에너지는 정말 평범하게 보이지 않고 채널이 열려 급격하게 의식이 바뀜에 따라 사람이 균형을 잃을 수 있다. 여기 현대 치유자 리처드 모스Richard Moss의 경험이 있다.

모든 세포는 사람이 전류가 흐르거나 말할 수 없는 지복을 느끼는 것처럼 살아있고 진동한다. 스스로 요동치는 것처럼 보이다가 점점 안정된다. 여기에 기본은 묘사할 수 없지만 매 순간 배워야만 하는 내면의 균형 같은 것이다. 떨림이나 약함, 열이나 추위에 극도로 민감함, 근육 경련 같은 신체 증상이 일어날 수 있다. 그러나 그 흐름과 조화를 이루게 되면 거의 초인 같은 강인함과 활력이 생긴다. 내면의 평화가 있더라도 처음의 에너지는 전선에 너무 많은 전류가 흐르는 것처럼 몸이 감당하기엔 너무 과할 수 있다.

대부분 토착 문화에는 몸 안에서 이런 우주의 에너지를 느끼는 놀라운 경험을 그라운딩하는 활동과 맥락이 있다. 현대 미국 문화에는 이런 배출구나 구조가 전혀 없어서 심령의 힘psychic power에 열린 사람들은 '미쳐버릴' 때가 있다. 어떻게 도와야 하는지 이해하는 이가 아무도 없기 때문에 이들은 정신 병원에 가게 된다. 해결책은 아주 간단하다. 번개처럼 그라운딩접지 되어야 한다. 첫 단계는 정신psyche을 물리적 차원과 계속 접촉하게 하는 할 그 무엇이다. 춤이나 달리기, 수영이나 다른 형태의 신체활동도 좋다. 의미 있는 성 행위도 훌륭하다. 정서를 고양시키는 동시에 에너지를 '접지earth'시키기 때문이다.

앨라이스터 크롤리Aleister Crowley는 절제 카드를 '예술'이라 부른다. 이런 격렬한 에너지를 채널링할 진정한 가능성이 있기 때문이다. 마음과 손으로 뭔가를 창조하는 것은 영적 에너지와 물리적 에너지의 완벽한 결합이다. 신성이 일상 현실의 일부인 문화에서 예술은 기도의 한 형태이고 예술 활동은 삶과 통합되어 있다. 의례에서 음악이나 작품을 만드는 것은 흔히 춤과 함께하는 (아니면 작품활동을 위해 춤을 추는 것은) 일반적 치유의 한 부분이다. 춤이 에너지를 올리고 민감성을 높인 후에 에너지를 받은 사람이 작품을 만들거나 치유를 하거나 둘 다 한다.

타로에서 절제는 궁수자리로, 처음에는 다루기 정말 어려운 우주 에너지의 채널이 되고 또 그라운딩하는 균형 잡힌 능력을 나타낸다. 절제는 치유의 영을 부르는 원형적인 '치유자'이다. 태양과 달, 뜨거움과 차가움, 밤과 낮의 에너지의 흐름에 중심을 잡고 그녀는 핼리팩스가 말하는 '문턱의 달인, 대극 사이의 중재자'가 된다. 그녀가 그들을 통합하는 데 성공하면 모스가 말하듯, 변화가 "구조의 모든 층위에서 동시에 일어난다… 변형은 근본적 radical이다. 변형이 일어나면 효과적으로 통합이 이뤄지고 인간의 본성을 모든 수준에서 한꺼번에 바꿔놓는다."

절제의 여사제는 타고난 여성적 치유와 마법의 예술을 의인화했다. 성적 힘은 춤을 통해 정점, 즉 오르가슴의 지점에 도달하고 치유에너지로 전환된다. 그녀는 마녀 같은 여성으로 그녀가 지닌 고대의 힘은 손상되지 않았고 온전히 표현되었다. 이런 지식 때문에 중세에 900만 명의 마녀들이 불에 태워졌다.

고대 여신 숭배 문화에서는 공동체 전체가 치유 의례에 참가했고 샤먼 없이도 춤추고 챈팅하며 서로를 사랑했다. 나중에 이 문화가 파편화되고 단절되면서 여신은 통합된 힘을 잃게 되었고 질병이 더 널리 퍼졌고 개인 치유자들이 필요해졌다. 종교활동은 '세속'과 분리되었다. 다른 사람들보다 이 고대 마법의 힘을 더 체화하고 있는 사람들이 있다. 특히 마녀로 알려진 노파들과 샤먼으로 알려지게 된 나이 든 남성들이 그들이다. 여성 샤먼과 남성 마녀witch도 있지만 일반적으로 이 단어들도 흔히 가부장제에서 '좋은(샤먼-남성)'과 '나쁜(마녀-여성)'으로 젠더에 따라 갈라졌다. 두 유형의 치유자 모두 같은 치유력을 체화하지만 이들의 지위는 많은 문화에서 매우 다르다.

중세 유럽에서 대학살 된 수백만 명의 여성들은 주로 '특히 의학과 부인과영어권에서는 산과와 부인과가 나뉘어 있다 기술을 가졌다'는 이유로 기소되었다. 이들을 억압하고 전멸시킨 것은 그리스도교 교회였지만 마녀사냥은 남성의료기관의 출현과 '일치'했다. 고대부터 여성의 분야였던 치유 지식은 대체로 남성의 영역이 되었다. 겸자Forceps의사들이 쓰는, 날이 없는 기다란 가위같이 생긴 도구의 발달로 산과라는 새로운 직업이 구체화 되었다. 피임과 낙태, 임신과 출산에 대한 안전하고 효과적인 지식을 가진 현명한 산파를 신뢰할 수 있었던 여성들은 갑자기 자신들을 더럽고 오염되고 역겹고, 어떤 고통을 경험하든 적절한 치료를 받을 자격이 없다고 느끼는 남성들의 '관리care'에 내던져졌다. 이 새로운 의사들은 여성이 출산 중에 고통을 감수해야 한다고 설득하기 위해 성서의 '원죄' 부분을 인용했다.

심지어 오늘날까지 미국에서 가장 오래된 여성의 기술인 조산술은 낮은 합병증과 부드러운 분만법으로 흠잡을 데 없는 기록을 보여줌에도 캘리포니아주 산타크루즈에서 조산사를 체포한 예에서 보듯 불법이고 심하게 제한된다. 산부인과 의사들이 독점한 제도 아래에서 여성과 그 자녀들에게 무슨 일이 일어나고 있나? '선진국'에서조차 유아 사망률과 질병률은 극도로 높다. 제왕절개 출산율은 급격히 증가했다. 외과의사들은 여성에게서 가슴과 자궁 같은 장기, 우리의 고대 힘을 상징하는 장기들을 제거하는데 대단히 열성적이다.

여성들이 무엇을 할 수 있을까? 가부장적 종교가 지배적인 소위 원시적이라 불리는 많은 문화에서 여성 집단들은 고고학자들이 '접신 컬트possession cults'라 부르는 것을 형성한다. 이런 집단에서 여성들은 젊은 여성들에게 기술을 가르치는 나이든 여성 치유자의 안내 하에 마법의 종교를 실천한다. 여성들은 영혼에 '접신possess' 된 후 병이 나면, 오래 전에 영의 여인이 된 치유자의 도움이 필요해지고 그제야 이 '컬트'에 들어간다. 얼마 뒤에 사로잡힌 여성은 치유될 뿐 아니라 자신의 멘토에게서 어떻게 영혼을 자신의 몸(또는 냄비 또는 페티시) 안에 불러들이고 다루는지 배운다. 다시 말해 이들은 편치 않은 영을 다루는 법을 마스터한다.

널리 퍼진 이 여성 종교 관습의 주요 특성은 '황홀경'이다. 이 여성들은 영이 자신들의 몸에 침입하면 사로잡히고 자신들과 다른 이들을 치유하기 위한 춤을 추며 황홀경에 빠진다. 여성들 집단 전체가 이 틀 안에서 정기적으로 함께 모여 황홀경의 힘을 축하하는데, 이 틀을 부족 남성들은 받아들일 만하다고 여긴다. 이런 수단을 통해 여성들은 남편과의 관계에서 약간의 힘을 얻고 침입한 영의 목소리와 샤먼-치유자의 중재를 빌어 그들과 대화한다. 이는 노골적인 억압과 불평등과 싸우는 효과적인 수단이다. 남성들은 여성들의 강력한 마법을 두려워하고 존중하며 이 과정에서 특정한 이득을 양보한다. 이들에 대해 글을 쓴 학자들에 의해 '주변적'이라 여겨지지만, 이 여성들은 일상적으로 깊은 종교적 느낌을 경험하고 소위 해방되었다는 어떤 신성한 진리에 우리보다 훨씬 가까운 게 분명하다.

여성들의 '주신제 같은' 성향에 남성문화는 용기가 솟거나 두려워하기도 한다. 예를 들어 고대 그리스에서 마에나드족과 (훗날 바칸테스족)은 보름달 아래 만나 광란의 춤을 추었고 그 끝은 난폭하게 동물을 토막내는 것이었다. 심지어 어린아이를 희생시켰다고 하는 사람도 있다. 이것이 단순히 은유적인 것이 아니라면 그런 행동은 역사상 그 시기에 성찬 포도주에 첨가된 마약의 결과일지 모른다. 그런 관습이 자연스런 여성의 성적 힘에 대한 극심한 억압에서 비롯된 것인가? 여성들이 마더피스의 절제 카드 이미지에서 불타는 파도로 상징된 '성애적인 축하erotic celebration'를 통해 여신을 경배했을 때는 전쟁도 강간도 없었다. 우리가 여신을 위해 춤추지 않으면 에너지가 막혀 우울해지거나 화산처럼 폭발한다. 절제는 화산의 여신 펠레가 쉴 때처럼 우리에게 땅과 하늘, 몸과 마음, 여성과 남성 에너지의 균형을 맞추고 조화를 이루는 타고난 능력이 있음을 일깨워준다. 춤의 리듬을 통해 절제 여사제는 자신을 잃고 인류에게 알려진 가장 오래된 형태의 숭배인 에너지의 신성한 춤에서 신성을 찾았다.

∴ 이 카드가 나오면

이 카드가 나오면 여러분이 균형을 잡고 있다는 의미이다. 주변과 내면 에너지의 자연스러운 움직임이 조화와 통합을 이루고 있다. 여러분은 파편화되거나 자신으로부터 단절되어 있지 않다. 탄트라의 융합이 일어났고, 이를 통해 여러분의 부분들이 합쳐졌다. 여러분은 고양된 의식 상태이고 자신이 평소보다 훨씬 많은 것을 흡수할 수 있으며 그것들을 여러분 존재 안에서 자연스레 동화시킬 수 있다고 느낄 수 있다.

여러분은 다른 사람이나 자연 또는 주변 세상과의 통합union을 경험하고 있을 수 있다. 다른 누군가와 연관해 이 카드를 얻었다면, 여러분은 8장 연인 카드에서 묘사한 결합에 도달했고 그것이 이제야 이뤄진 것이다. 이 융합은 본질상 분자 수준이어서 여러분을 세포 수준에서 변형시키고 내부로부터 변화시킨다. 치유가 일어나고 있는 것을 느낄 수도 있다. 세포가 얼얼하고 귀가 울리고 심장이 두근거린다. 에너지가 강하게 여러분을 통과하며 치유하고 새롭게 하고 있다. 여러분은 아마도 새로운 용기와 행복감을 느끼고 있을 것이다.

이 카드에는 엄청난 힘이 담겨 있다. 여러분의 몸과 영혼을 관통해 전류가 고동쳐 흐른다. 에너지가 여러분을 통해 온다는 점을 자각하며 그라운딩 되고 의식적인 상태로 유지하는 것이 필수이지만 그것이 여러분은 아니다. 이것은 명확성과 사랑으로 다뤄야 하는 선물로 이기적이거나 다른 사람에게 불리하게 사용해서는 안 된다.

이 시점에 여러분은 누군가를 치유하거나 다른 누군가를 위해 자신을 헌신할 수 있다. 여러분은 치유의 능력을 선물받았고 여러분이 중립을 지키며 이 힘에 에고를 붙이지 않는 한 자유롭게 다른 사람에게 도움을 전달할 수 있다. 여러분이 '신화적 정체성'을 취하고 여러분이 이 힘이며 여신이라고 믿기 시작했다면 틀림없이 문제가 생길 것이다. 하지만 여러분이 통과하는 에너지와 그 우주적 원천을 존중하는 한, 치유와 우주의 아름다움을 창조하는 능력이 커질 것이다. 이것은 최고의 중심과 평형, 순수한 힘과 에너지의 집중을 위한 기회이다. 여러분의 힘을 현명하고 자유롭게 써라.

영혼을 부인하기

타로에서 악마는 역설적 의미로 가득한 복잡한 카드이다. '악마'는 가부장적 종교의 남성 지도자들과 중세에 900만 마녀 치유자 살해를 합리화하기 위해 만들어진 개념이다. '악마'라는 이름은 발굽 달린 숲의 신, 판에게 붙게 되었다. 판은 자연의 힘, 특히 긍정적인 남성의 섹슈얼리티를 체화한다. 판의 육감적인 본성과 대지적 특성은 야생의 여인들과 황홀한 흥겨움을 나타낸 디오니소스와 박카스라는 이전 형태에서 나왔다. 마법계에서는 여신을 부를 때처럼 다산과 풍요를 가져오는 남성 원리로 판을 불러온다.

중세의 마녀 사냥꾼들이 신성한 보름달 의례에서 악마와 짝짓기 한다고 여성 마녀들을 비난한 후 비기독교 여신 숭배자들은 지하로 숨어야 했다. 자신의 신앙을 고문으로 옹호한 독신주의 가톨릭 사제들의 열띤 상상력으로 창작된 범죄 자백을 강요받고 많은 이가 죽어갔다. 많은 경우 현명한 여성들과 치유자들이 체화한 샤먼의 힘을 은유적으로 묘사한 것, 예를 들면 '나는(fly)' 능력 같은 것을 글자 그대로 받아들였다.

융 심리학의 용어로 우리는 악마를 가부장 문화가 여성에게 투사하는 집단의 '그림자'로 생각할 수 있다. 대부분 남성은 여성들이 "자기 자리를 지켜야 한다"는 데 동의하는 것 같다. 현대의 페미니스트 여성들은 이런 이미지를 거부하고 '악'의 진정한 뿌리를 찾는다. 마더피스 이미지에서 악마는 사회 조직의 '속박 모델(bondage model)'과 삶의 방식으로 '지배하는 권력'의 철학을 상징한다." 우주 자연법칙의 자리에 이 모델은 지배와 위계질서를 세운다.

가부장제가 너무도 사랑하는 피라미드 구조의 꼭대기에는 6장 남황제와 비슷한 모습의 빅맨이 있다. 다음 줄에는 그의 직속 부하들이 있다: 이들은 그의 명령을 수행하여 자신들의 지위를 유지한다. 이 그림에서 두드러지는 것은 고위층 사이의 황금의 교환이다. 왼쪽에 최하층 어머니는 아이를 명령에 희생시켜야 한다. 오른쪽에 군인들은 빅맨을 호위하며 사슬을 끊은 아마존과 싸운다. 위계질서에 있는 사람은 누구나 쇠사슬에 묶여 있다. 차이는 이들이 어디에 앉거나 서거나 무릎을 꿇고 있느냐이다.

피라미드 안쪽 블록에는 수메르의 도시 우르(Ur)에서 따온 벽화가 있다. 왕의 '황실 표준(royal standard)'에서 이들 이미지는 가부장제 구조의 위계질서를 묘사하고 서기관과 제사장은 꼭대기 가까이에 있다.

다음으로 군인과 귀족이 등장하고 한 액자에는 '전쟁'이, 그 아래 액자에는 '평화'가 적혀 있다. 주목할 것은 평화 시의 풍경에 인종차별주의와 노예제도가 보인다는 점이다. 인구의 일부가 상류층의 소수 백인 남성의 '필요'에 부응하여 음식을 공급하고 있다. 이 더미의 밑바닥에는 여성들이 그려져 있다. 고대 여신의 딸/어머니/크론 대신에 이제 우리는 (왼쪽에서 오른쪽) 아빠의 착한 딸, 아빠의 나쁜 딸, 아빠에게 버림받은 노파가 있다.

구조물의 꼭대기에 있는 시계는 왕좌에 앉은 남성 권위자(소유자나 상사, 지주)의 배경이자 일에 대한 속박의 표시다. 모든 일은 다수의 희생으로 소수의 개인적 이익을 위해 행해진다. 기본적으로 이 악마의 이미지는 탐욕과 이기적인 자기중심주의를 암시한다. 이는 인류 문명이 지속되려면 옹호할 수 없는 패턴이다. 이는 앨리스 베일리와 다른 비교의 스승들이 논한 '분리의 죄'로, 이 스승들은 인류가 서로와 또 지구와 연결되는 것만이 인류의 생존을 위한 유일한 희망이라 이해한다. 악마의 사고방식은 다른 이들로부터 스스로를 단절시키고 '나 먼저' 그리고 '정상에 가기 위해서라면 뭐든'이라 말한다.

흙의 활동궁으로 악마에게 주어진 염소자리는 현현과 정상에 오르려는 시도를 나타낸다. 이는 대지 모신의 아주 영적인 표시이다. 하지만 가부장제의 경쟁적 이상과 산 같은 지위를 만들어냄으로써 육체적 만족과 권력과 부로 돌아선다. 이 겨울철 흙의 별자리는 1년 중 가장 긴 밤 동지를 나타내며 부정적 성격으로 알려져 있다. 영적인 것과의 연결 없다면 인간의 에고는 비현실적인 것에 몰두하게 된다. 다른 어떤 것에도 주의를 기울이지 않기 때문에 에고는 어떤 사고방식도 '비현실적'인 것으로 무시한다. 에고가 가슴을 지배하는 것과 마찬가지로 이성적 사고가 비이성적이고 직관적인 힘을 지배하면 "볼 수 없으면 믿지 않아도 된다"는 슬로건대로 살아간다.

하지만 우리 각자 안에는 눈에 보이지 않고 길들지 않은 영이 살고 있다. 우리가 이를 느끼지 못하고 관계 맺지 못하더라도 영은 처음부터 그리고 본질적으로 표현을 원하고 자유를 갈망하며 우리 안에 있다. 마녀들과 고대의 비교도들, 다른 여신 숭배자들은 이 간단한 현실을 이해하고 길들지 않은 영혼이 각 개인의 몸과 마음을 통해 정기적으로 자신을 표현할 수 있는 맥락을 만들었다. 악마는 권위와 질서에 위협이 되는 이 자유로운 정신spirit에 대한 교회와 국가의 억압을 나타낸다. 의도적이든 그렇지 않든 이 정신이 풀려나는 것은 죄악이나 범죄로 간주되고 신이나 세속의 '권위'에 의해 처벌받을 수 있다. 남황제의 힘은 교황의 법을 집행하는 데 사용되고 이런 목적으로 만들어진 체제는 악마로 대표된다.

우리 내면의 야생성을 억누른 결과 로봇처럼 따분하고 기계적이고 단조롭게 살게 된다. 그런 노예 같은 상태로 무의미하게 살다 보면 폭력적이고 극단적인 '예상치 못한' 반응이 나타난다. 평소 예의 바른 개인을 통해 영혼의 이런 모습이 감지되면 오해를 받아 마치 "악마가 그렇게 시킨" 것 같이 느껴진다.

마더피스 이미지에서 인물들을 둘러싼 우울한 회갈색은 위계질서가 만들어낸 공포와 의혹을 나타내는 배경이다. 모든 상황에서 승자와 패자를 가정하는 사고방식은 비관주의와 영원한 신뢰 부족을 만들어낸다. 이런 전제가 바탕에 깔린 문화에서 사람들의 관계는 사랑이나 단순한 애정과 보살핌이 결여된 지배와 복종의 상호관계 형태를 띤다. 인간이 할 수 있는 가장 충만한 치유의 경험인 사랑을 나누는 일이 가학-피학적인 포르노에서는 왜곡된 형태로 나타난다. 여기서 우리 문화의 병폐를 엿볼 수 있다. 섹슈얼리티가 신성한 '종교'나 신성의 숭배에서 제거되면 잘해봐야 무해하고 평범한 활동이 된다. 성적 표현이 더는 생명과 어머니 여신의 보편적 사랑과 연결되지 않을 때 그것은 세속적 삶의 부정적인 면과 권력 투쟁의 형태를 띤다. 여성에 대한 강간이나 공공연한 폭력으로 드러나는 성sex 간의 다툼 또한 평범한 사람들의 침실에서도 고통스럽게 행해진다. 여신을 존중한 사회에서라면 오르가슴을 경험하지 못하는 여성과 발기부전을 겪는 남성이 이렇게 많을까?

더 넓은 사회적 수준에서 개인은 정말 빠르게 지구에 재앙을 가져오는 '군대-산업 복합체'의 영향과 싸우기가 점점 더 어렵다고 느낀다. 핵무기 경쟁은 통제불능 상태이고 조나단 셸Jonathan Schell의 말처럼 생물학적 진화를 곤충과 풀 수준으로 되돌리려 위협하고 있다. 대체 뭘 위해서? 권력과 통제에 대한 논란에 연루된 여러 나라의 최고위층 남성들의 목표와 욕망은 보통 사람으로는 도저히 이해할 수 없는 수준이다.

악마 카드로 상징된 힘들을 물리치기 위해서는 엄청난 노력이 필요하다. 상상할 수 없는 정도의 개인적이고 집단적인 힘을 동원해야 한다. 낡은 습관 패턴과 고착된 사고방식에 우리를 묶어두는 쇠사슬에서 벗어나려면 아마존 의식, 승리에 집중하는 메두사 같은 의식, 아테네의 규율이 필요하다.

속박에서 벗어나는 첫걸음은 저항하는 것이다. "안 돼!"라고 말하는 것이다. 억압을 습관적으로 묵인해온 개인이 "안 돼!"라고 말하면 그 자체로 에너지를 풀어놓는 것이다. 여기에는 용기와 확신, 참자아에 대한 강한 믿음과 내면의 길들여지지 않은 영을 자유롭게 하려는 충동이 요구된다. 이 간단하고 어쩌면 제한된 시위나 보이콧은 존재 전체가 느낄 수 있는 연쇄반응을 일으킨다.

예를 들어 "안 돼!"라고 말하는 것이 반핵 시위같이 집단의 수준에서 일어날 때 사람들은 변화를 위해 존재하는 잠재된 힘을 느끼기 시작한다. 악마 카드의 힘, 즉 존재하는 권력들은 우리를 시민 불복종으로 감옥에 가두거나 물리적 잔혹함으로 통제하지만 집단이 공유한 초점, 즉 무엇이 옳은지에 대한 집단의 지식은 아주 강력한 에너지의 진동을 일으켜 당장의 상황을 너머 세상 속으로 움직여 나가고 다른 변화들을 이끌어낸다.

개인적으로 우리를 정서적으로 무력하게 만드는 사고 형태에 "안 돼!"라고 말하는 것도 역시 타당하고 역량을 강화한다. 중독을 끊은 사람들, 텔레비전을 버리거나 음주나 흡연, 마약 복용을 멈춘 사람들은 이런 노력과 승리가 무슨 의미인지 안다. 악마는 우리 모두 안에 어떤 형태로든 존재할 수 있지만, 언제나 퇴치될 수 있다. 필요한 것은 자유의지를 행사하고 인간적으로 확인하는 것이다. 그것은 심오한 선택이다.

이 카드의 메시지는 여러분이 어떤 권력에 속박되어 있다는 것이다. 여러분은 어떤 면에서 지배 복종의 사고방식을 채택하고 있고, 권력의 문제가 걸려 있다. 어쩌면 여러분이 어떤 식으로든 권력을 남용하고 있을 수 있다. 자신의 의지를 다른 사람에게 행사하고 여러분의 에고가 주도권을 잡고 야망을 따라가고 있을 수 있다. 어쩌면 다른 사람들이 여러분 삶을 통제하고, 어떤 일을 해도 소용이 없고, 도달 가능한 목표도 긍정적인 결과도 없는 것처럼 보일 수 있다.

여러분이 권력을 휘두르는 사람이건 아니면 권위에 복종하는 사람이건 여러분의 영혼은 해방되어야 한다. 마더피스 이미지에 그려진 피라미드에서 자신을 찾으라. 지금 여러분은 어떤 인물인가? 어떤 식으로 여러분은 지배자나 희생자의 역할을 하고 있나? 그런 다음 여러분의 상황에 대해 자신에게 기본적인 질문을 한다. 여러분은 이 권력 구조에서 어떤 식으로 즐거움을 얻고 있나? 만일 그렇다면, 여러분이 기대하거나 경험하는 '보상'을 포기하고 싶어 하지 않을 수 있다. 악마 카드에 내재한 속박에서 벗어나기 위해 아주 깊은 수준에서 여러분의 현실을 정면으로 마주하는 것이 필요할 것이다. 여러분이 어떤 게임에 연루되어 있건 어떤 보상을 거두는지, 어떤 상황이 여러분을 포로로 잡고 있는지 제대로 보아야 하고 그것의 '비현실적'이고 중독적인 측면을 넘어 전체를 보려 노력해야 한다.

일단 여러분이 피라미드에서 어디에 있는지, 여러분의 게임이 무엇인지, 그것이 여러분과 다른 사람들에게 얼마나 상처를 주는지 정확히 알아내면 여러분을 노예로 만드는 행동이나 사고 패턴을 없애버리고 싶을 것이다. 그렇게 하려면 여러분은 자신을 보고 느낄 필요가 있고 보다 삶을 긍정하는 방식으로 상호작용해야 한다. 그런 다음 나쁜 버릇을 버리고 해야 할 일을 하는 긍정적인 방법들을 만들어야 한다. 구체적으로 그런 변화에 여러분의 상상력을 실제로 집중하라. 일을 다르게 할 수 있다는 가능성을, 타고난 분별력과 정의, 자연법, 보편적 사랑을 믿어야 한다.

긍정적 에너지가 부정적 에너지보다 더 강력하고, 단순한 선이 악을 이길 수 있다는 것은 오컬트의 진리이다. 하지만 긍정적인 에너지가 동원되어야만 한다. 일단 여러분 자신이 진정으로 변형되는 것을 볼 수 있으면, 변형이 일어나기 시작할 것이다. 개인의 선택하는 힘은 '지배하는 권력'이 아니다. 그건 지배에 의존하지 않는다. 힘으로 가득하다는 것은 생명력을 표현하는 것이고 긍정적 변화를 위해 일하는 것, 즉 '악마'를 몰아내는 것이다. 부정의 힘은 모든 것을 보는 진리의 눈 아래에서 산산조각이 된다.

구조를 산산조각 내기

전통 타로에서는 탑을 파괴와 격변, 지축이 흔들리는 듯한 깨달음과 거짓 의식의 종말을 상징한다고 해석한다. 오늘 이 카드를 문자 그대로 보고 싶은 마음이 들 수 있다. 우리가 지난 5,000년 동안 업보로 견뎌온 가부장제의 순환주기가 끝난다는 의미로 해석할 수 있다. 이 시기를 힌두교에서는 칼리 유가Kali Yuga라 부르고, 현재 끝나가는 타락하고 사악한 시기를 정의한다. 이 종말이 잔인한 생명의 전멸이 될 것인지, 아니면 인류 의식의 급진적 변화가 될 것인지는 두고 볼 일이다.

힌두교에서 죽음의 여신 칼리는 불과 검으로 대표된다. 끔찍하고 기괴하게 의인화되었고 피에 대한 욕망(특히 시바의 머리를 베어버리는 끔찍한 충동)을 가진 것으로 그려지지만, 실제 칼리는 진실의 첨단을 나타내고 거짓과 과거의 비행을 태워버리는 불을 상징한다. 한때 칼리는 마음먹은 대로 창조하고 파괴하는 힘을 가진 위대한 어머니였다. 칼리는 불의 여신으로 깨달음과 성적인 불을 나타낸다. 축소된 형태의 죽음의 여신이고 강력한 힘이 있기에 존경받으며 두려움의 대상이기도 하다.

타로의 탑 카드는 칼리가 머리를 잘라내는 것, 즉 에고의 죽음과 정신적 통제의 끝을 상징하고 이는 우리가 초기 동굴 예술에서 보았던 모티프 motif 이기도 하다. 칼리는 진리와 직관의 맹렬한 불길을 상징한다. 미래를 보는 신탁의 힘을 통해 표현되는 생명력은 앎 Knowing 의 신성한 충격이다. 탑의 꼭대기에 앉은 여사제가 맨손으로 번개를 잡는다. 이는 평범한 사람이 견딜 수 없는 강한 에너지의 통로가 되는 샤먼의 힘을 나타낸다. 그녀는 눈을 뜨고 머리에서는 전깃불, 마나스 manas 산스크리트어, 생각하여 헤아림(思量)을 뜻함 의 힘 또는 창조력이 불을 발산한다.

여사제 뒤에는 어두운 하늘과 바다, 여성의 지성과 지혜의 힘이 있다. 그녀 아래에는 공동체 구성원들이 자신들의 행동을 인도할 신탁을 그녀가 밝혀주길 기다리고 있다. 땅에는 호피족 이동의 상징인 이중나선과 두 마리 거미가 있고 떠내려온 많은 나무가 불타고 있다. 그 메시지는 변화가 일어나는 중이며, 한곳에서 다른 곳으로의 중요한 움직임이 있고 낡은 것과 해안으로 떠내려온 것들이 불에 태워지고 있다. 번개가 나무에 떨어질 때, 깨달음이 인간의 마음을 칠 때, 낡은 개념들이 불에 태워진다. 사람들을 바다로 데려가기 위해 기다리는 것은 구세계에서 신세계로 실어 나를 배들이다.

하늘에는 보름달이 태양을 완전히 가렸다. 밤은 아니지만 달이 태양 앞을 지나면서 한낮에 밤의 힘이 일시적으로 승리한다. 모든 '원시' 문화에서 일식은 영적 영역의 기적 같은 방문으로 여겨지며 경외심과 위기감을 가져왔다. 탑은 변화와 깨달음을 지배하는 행성이며 점성술의 물병자리와 연관된 천왕성의 지배를 받는다. 뉴에이지는 물병자리의 시대이고, 탑은 형태뿐만 아니라 의식에서 번개처럼 빠르게 일어나는 변화를 나타낸다. 미국 원주민들처럼, 땅에 가까운 사람들과 심령술사들이 오래 예견해온 것처럼 낡은 구조와 사고방식이 오늘날 세계에서 산산조각 나고 있다. 지난 5,000년 동안의 환상에 의문이 제기되면서 악마로 대변된 결정체에 균열이 생기기 시작하고 있다.

마더피스 카드의 사람들은 원래 리비아 사람들로, 기원전 2,000년경 가부장적 침략자들에게서 벗어나 아메리카 대륙이나 다른 곳으로 떠나는 중이다. 여신, 생명과 자연의 여성적 힘을 숭배하는 비자발적 망명자들은 모든 사람을 대표하여 자신들의 신념을 없애려는 파괴적이고 공격적인 인간의 침입을 피해 달아나고 있다. 하버드 교수 베리 펠Barry Fell에 따르면, 콜럼버스가 아메리카를 '발견'하기 수천 년 전인 기원전 2,000년과 1,000년 동안 지중해 지역 사람들이 아메리카 대륙으로 이동했다. 이들은 이집트, 페니키아, 리비아, 이베리아의 언어로 타니스, 아스타르테, 벨티스 여신들과 그 외 수많은 여신에 대한 돌조각과 비문을 남겼다.

아마도 이 초기 방문자 중 다수는 제프리 굿맨Jeffrey Goodman의 말처럼 이곳에서 적어도 20만 년 동안 살아온 북미 원주민들과 무역을 했을 것이다. 아마도 다른 사람들은 기원전 3,500년과 그리스도의 탄생 사이에 가부장적 침략자들에 의해 지중해 모국에서 쫓겨난 망명자들이었을 것이다. 여신 숭배와 가부장제의 전환기에 이주는 불가피했다. 세계 사람들 대부분이 대격변이라는 신화를 공유한다. 보통 그런 파괴는 화산이나 지진, 홍수와 같은 자연재해의 형태로 나타나지만, 그 성격은 거의 항상 '카르마'로 여겨진다. 즉, 인간의 잘못에 보복하려고 신들이 재난을 가져왔다고 사람들은 믿는다.

자연의 균형에 관한 호피족의 견해, 사회 정의에 관한 이집트의 생각, 인도의 카르마 개념 모두 자연법이 우주를 지배하고 '인간'은 그에 반응할 수 있다는 데 동의한다. 인간이 반응하는 것을 멈추고 자기 방식대로 행동하기 시작할 때 문제가 발생한다. 인류가 지혜의 신성한 원천과 그 안내로부터 멀어지면 멀어질수록 악마 이미지에 그려진 힘들이 더 많이 작동한다. 결국 멈춤이, 피할 수 없는 '응징'이 있어야 한다.

오늘날 많은 사람이 우리가 그런 대격변과 변화의 '보복' 시기에 도달했다고 믿는다. 어머니 지구의 몸에 핵폐기물과 화학폐기물을 묻는 전 지구적 오염과 기후와 성장주기에 대한 인간의 개입이 카르마 씻김과 예언에서 말하는 '거대한 정화'를 가져올지 모른다. 인간의 오존층 파괴는 이미 태양에서 오는 방사선의 증가와 기후변화^{저자의 주장과 달리 오존층 파괴는 기후변화의 원인이 아니다}를 상당 부분 설명한다. 또는 '보복'은 중대한 핵 '교환'의 형태로 일어날 수도 있다. 전직 대통령 국가안보 특별보좌관은 지금까지 핵전쟁을 피할 수 있었던 요인들을 고려하는 목록의 첫 번째를 '행운'이라 하였다. 위험이 너무 커서 우리 대부분은 그에 무감각하고 의식 수준에서 마치 그것이 존재하지 않는 것처럼, 아니면 누구도 그 문제에 대해 아무것도 할 수 없는 것처럼 행동한다. 이와는 대조적으로 뉴에이지의 스승들은 고대의 신탁처럼 자유로운 선택의 가능성을 제안한다. 아이들의 단순함으로 이들은 자신을 방어하기 위해 자신을 파괴하는 것이 인류에게 무슨 의미가 있냐고 묻는다. 전쟁의 어리석음을 사람들이 이해하도록 돕는 것은 '무기 통제 전문가들'의 복잡한 계산이 아니라 이런 단순한 질문이다.

여신은 치유의 여성적 힘이고, 여신의 메시지는 변형의 가능성이다. 검을 높이 들고 붉은 혀를 내민 칼리 여신은 우리에게 에너지를 동원하고 올바르게 행동하는 법을 배우라고 전한다. 낡은 형태들을 부수라고 명령한다. 진리가 우리를 통해 빛나도록 거짓을 부수라고 한다. 그녀는 과거를 잘라내고 자신과 함께 인간의 영혼이 견딜 수 있는, 그저 존재하는 것보다 삶의 질이 더 중요한 미래를 함께 만들자고 우리를 초대한다. 칼리는 분노의 비전이다. 그녀는 우리가 더 많은 존엄성과 진리를 가져야 하고 그렇지 않으면 죽어야 한다는 것을 아는 우리의 한 부분을 대표한다.

탑에서 드러나는 진실에서 눈을 돌리는 것은 파괴 안에서 길을 잃는 것이고 낡은 형태의 아이디어와 함께 가는 것이다. 진리를 응시하는 것은 우리에게 힘을 다시 가져오는 것이다. 이는 우리가 자초한 이루 말할 수 없는 상황에 대한 응답이자 그것을 바꾸려는 깊은 인간적인 욕구에 대한 응답일 것이다. 칼리가 우리에게 제시하는 각성은 고통스럽고 앞으로 다가올 것에 대한 악몽과 끔찍한 비전이지만 그녀가 상징하는 불은 깨어 있고 활성화된 쿤달리니 에너지, 즉 그 힘을 유지할 수 있는 능력을 함께 가져오는 높은 전압의 전기 같은 충격이다.

탑의 메시지는 "우리가 할 수 있다"이며, 더 깊은 함의는 "시도하는 것 외에 선택의 여지가 없다"이다. 지구가 움직이고, 신탁이 말하고, 몸과 영혼으로 여신이 곧 귀환한다. 낡은 것의 파괴는 언제나 새로운 것의 건설에 앞선다. 하지만 어느 편에 설 것인지는 개인의 선택이다. 칼리의 영적 진실은 불멸과 영혼의 영원한 본성에 대한 살아있는 깨달음을 동반한다. 이런 깨달음은 죽음에 대한 승리, 죽음과 파괴의 힘들에 대한 승리와 함께 온다. 두려움 없는 용기가 탄생한다. "삶이 승리할 것이다!" 그것이 칼리(와 발음이 같은 아일랜드의 칼리Calleagh)가 내지르는 반시banshee의 울음소리이다. 들을 귀가 있는 이들은 다시는 예전과 같지 않을 것이다.

✻ 이 카드가 나오면

이 카드가 나오면 마음을 단단히 먹어라. 여러분은 변화를 겪게 된다. 삶에 근본적인 변화가 일어나고 있고, 번뜩 깨달음이 일어난다. 보이는 것이 좋든 싫든 간에 여러분은 그것을 본다. 움직이고 싶지 않을 수 있지만 구조가 여러분 발아래에서 무너지고 있다. 미래를 준비하라. 과거가 눈앞에서 사라지고 상황이 아주 분명해지고 있기 때문이다.

이 변화는 여러분을 변형시키는 어떤 사건이나 상황이 여러분에게 일어나는 것일 수 있다. 갑자기 결혼생활이 끝났다거나 하던 일이 마무리되거나 새로운 연인이 이제 막 여러분 삶에 들어와 모든 것을 뒤흔들고 있다는 것을 알게 된다. 갑자기 자신의 파괴적인 패턴이나 중독을 명료하게 이해하고 즉각적이고 근본적인 변화가 필요하다는 점을 알게 된다. 이런 이해는 번개처럼 순간에 일어날 수 있지만 그 영향은 광범위하고 지속될 것이다. 한순간의 선명한 분노나 이해가 내면에서부터 여러분을 변화시킨다.

여러분의 쿤달리니가 깨어나고 영적 센터들이 열릴 때 여러분은 자신의 샤먼-힘과 정말 무슨 일이 일어나고 있고 무슨 일을 해야 하는지 알 수 있는 능력을 느끼게 될 것이다. 여러분은 세세한 것들에서 길을 잃지 않을 것이고, 순간적인 것들을 초월할 것이며, 마더피스 탑의 여사제처럼 평범한 일상의 수준보다 고양된 자신을 발견하게 될 것이다. 아주 높은 수준의 창조 에너지를 느낄 수 있다. 그렇다면 여러분의 임무는 거룩함과 불경스러움이 교차하는 높은 곳에서 보고 들은 것을 해석하는 일이다. 여러분이 그렇게 명확할 수 있는 이유는 내면의 불이 외부의 불과 만나기 때문이다. 여러분을 강력하게 만드는 것은 이 불들을 통제하는 능력이다.

'상위 자아'는 지금 여러분의 삶에서 일어나는 것들을 이해하고 다룰 수 있다. 동시에 여러분의 인격 자아는 아마도 질겁하고 있을지도 모른다. 신탁 여사제의 조언을 탑 아래에서 기다리고 있는 사람들처럼 여러분의 인격은 이 전환의 스트레스에 대해 도움과 안내가 필요하다. 시간을 들여 여러분이 직면하고 있는 어려움의 진위를 제대로 알아보라. 특히 지금 당장 여러분의 건강과 안녕에 주의해야 한다. 잘 먹고 충분히 휴식을 취하고 사고나 질병에 노출되지 않도록 한다.

가능하다면 탑 카드가 제공하는 힘에 자신을 열도록 한다. 칼리가 우리를 위해 드러내 보이는 것에는 큰 환희와 영혼의 불멸과 육체의 신성을 이해하는 깊은 지복이 있다. 이들 에너지가 여러분을 통해 움직일 때, 영적으로 또 육체적으로 그 에너지를 경험할 수 있다. 이들이 영적으로 최고조의 경험과 동시에 몸의 깊은 쾌락을 여러분에게 드러내 주기 때문이다.

칼리가 성의 구루이자 파괴자인 것은 우연이 아니다, 왜냐하면 뭐가 진짜인지를 제대로 인식하는 데 방해가 되는 것은 모두 칼로 베기 때문이다. 그녀는 '생의 수레바퀴'를 벗어나라고 요청하지 않고 의식적으로 바퀴 중심에 있다. 그녀를 삶 속으로 들어오게 하면 여러분은 존재하는 모든 것을 더 민감하게 경험하고 더불어 여러분에게 다가오는 모든 일들을 더 잘 다루게 될 것이다.

여신에게 열리기

별은 폭풍 뒤의 고요를 나타낸다. 탑의 맹렬한 불길이 잦아들고 가벼운 비가 내린다. 은총이 안개처럼 내려앉는다. 대지 모신이 마법의 광천수에 몸을 담그고 별빛에 몸을 씻으며 여사제는 여신의 치유력에 자신을 연다. 근심이 사라지기 시작한다. 그녀가 기도를 통해 모든 생명의 유일성oneness에 접촉하고 하늘의 별빛과 같은 빛이 그녀에게서 나온다.

분홍색의 꽃들이 웅덩이에 떠 있고 사랑 속에 봉오리가 열린다. 중앙아메리카 유카탄반도의 여성들을 위한 의례에서는 땅을 파고 한 여성이 가슴까지 잠긴 알몸으로 몸을 씻는다. 다른 여성들은 물 표면을 꽃으로 덮고 그녀를 치유하고 케이 터너Kay Turner의 말처럼 '부족 자매들의 양육 효과'를 보여주기 위해 주위에서 노래를 부르고 춤을 춘다. 다이애나 여신을 모시는 현대의 마녀 Z. 부다페스트 Budapest 는 비슷한 씻김 의례를 강간 피해자들을 위해 제안한다. 욕조에 몸을 담근 이를 여성들이 둘러싸고 꽃을 가져와 그녀를 씻기고 노래하며 그녀의 아름 다움을 다시 확인시켜준다. 나바호족의 의례 챈트 chant 는 천천히, 큰 소리로 읊어야 한다.

내 앞의 세상이 아름답게 복원되었다

내 뒤의 세상이 아름답게 복원되었다.

내 아래 세상이 아름답게 복원되었다.

내 위의 세상이 아름답게 복원되었다.

내 주위의 모든 것이 아름답게 복원되었다.

내 목소리가 아름답게 복원되었다.

그것은 아름답게 완성되었다.

그것은 아름답게 완성되었다.

그것은 아름답게 완성되었다.

그것은 아름답게 완성되었다.

나바호의 주요 신 '변화의 여인'에게 바치는 이 사랑스런 기도에서 우리는 마더피스 별 카드의 이미지와 같이 우리를 진정으로 아름답게 완성해줄 수 있는 여신의 힘에 호소한다. 별은 구원이 가능하다는 것을 나타낸다. 이런 점에서 별 카드는 자신의 거룩한 치유의 손길로 구원하는 구원자다. 13장에서 기술한 녹색 타라의 자매인 티베트의 화이트 타라를 떠올린다. 티베트인들이 타라에게 바치는 기도는 모든 것을 이루게 하고 모든 공포를 없앤다고 믿어진다. 이미 인용한 나바호족의 해방 기도처럼 이 기도문도 그저 묵독하는 것보다 소리 내어 읽자.

우리의 어머니 타라 여신에게 경배를
위대한 자비심!
우리의 어머니 타라 여신에게 경배를
천 개의 손과 천 개의 눈!
우리의 어머니 타라 여신에게 경배를
의사들의 여왕!
우리의 어머니 타라 여신에게 경배를
약처럼 병을 정복하시도다!
우리의 어머니 타라 여신에게 경배를
자비의 수단을 아시는 분!
우리의 어머니 타라 여신에게 경배를
지구 같은 토대!
우리의 어머니 타라 여신에게 경배를
물처럼 식히시네!
우리의 어머니 타라 여신에게 경배를
불처럼 익히시네!
우리의 어머니 타라 여신에게 경배를
바람처럼 퍼지시고!

우리의 어머니 타라 여신에게 경배를
온 공간에 스며드시네!

화이트 타라처럼 중국의 관세음보살도 자비와 연민의 여신으로 자비로운 빛, 치유하는 가슴, 순결의 힘을 지녔다. 14장에 인용한 중국 비구니처럼 나는 관세음보살의 손길을 느껴왔다. 내 경험상 그건 마치 그녀가 자신의 손을 내 몸 위에 올려 신성한 에너지를 센터로 보내주는 것 같다. 그녀는 모든 고통을 씻고 풀어주며 필요할 때 가슴에 희망과 환희를 가져다준다.

우주적 힘이 아래로 뻗어 내려와 지상에서 우리의 삶을 축복한다는 생각은 오래되었다. 콜럼버스 이전의 물주전자와 세숫대야처럼 영을 받는 자는 열린 그릇으로 원형적 여성성을 나타낸다. 그녀는 황홀경 상태로 믿음이 가득하며 우주를 치유하는 사랑의 힘에 열려 있다. 물에 잠기는 것은 고대의 치료 관행으로, 광천수나 온천에 몸과 영혼을 씻고 정화하는 힘이 있다. 고통이 해소되고 두려움이 사라져 모든 숨구멍이 사랑에 열린다. 몸을 둘러싼 물은 어머니 여신의 애정 어린 포옹처럼 느껴지고, 여성의 손은 자기 몸을 어루만져 달래고 쓰다듬으며 치유 에너지를 전달한다.

그녀의 머리 위로 영혼의 상징인 독수리가 치솟는다. 독수리는 그 어떤 새보다 높이 날아 태양을 만질 정도이다. 황금독수리는 평화의 상징이며 별 카드의 라벤더 안개를 뚫고 날아가는 모습으로 치유의 물에서 몸을 씻는 여성의 영적 비행을 반영한다. 머리 위를 나는 독수리는 샤먼 힘의 표시로 때로는 그 소명의 부름으로 여겨진다. 샤먼에게 독수리는 메신저이며 밤 영혼의 명령을 가져온다. 할리팩스Halifax 가 말했듯, "샤먼이 힘을 가지면 언제나 밤에 온다."

모든 치유는 우주적 에너지와 이 에너지를 물리적 차원으로 '내려 놓는' 능력에 열려 있어야 한다. 그래야 육체가 혜택을 받을 수 있다. 후이촐Huichol족 샤먼에 따르면 치유의 힘은 혼이 살고 있는 정수리의 크라운 차크라로 들어온다. 이 에너지는 머리와 영적 센터들을 빛나 게 만들고, 치유자들은 심장과 손으로 이 힘을 끌어내린다. 자연치유 자들이 수천 년 동안 사용해왔고 간호전문가들이 재발견하고 있는 치 료법이다.

별 카드는 정의 카드처럼 보이지만, 더 높은 단계로까지 간다. 이제 운명Fate에 의식적으로 순종한다. 자아를 생명의 영혼the spirit of life에 사 랑의 선물로 바치는 것이다. 예기치 못한 카르마 조정이 더는 없고, 무엇이 옳고 그른지 더이상의 혼란은 없다. 이제 존재the being가 몸과 감정을 통해 접촉되고 어떻게 사물이 흘러가는지와 인생의 목적이 무 엇인지 알게 된다.

별과 연결된 점성술의 물병자리는 '물을 가진 자'로 공기의 고정궁 이며 보편적universal 우정, 심령적 민감성, 집단의 이해와 더불어 우주 의 치유력을 나타낸다. 마더피스 이미지의 치유자처럼 물병자리 사람 들은 선견지명이 있는 편이다. 별과 자주 연결되는 점성술의 별자리 는 마법사의 활동궁인 양자리로, 신성한 힘과 접촉한 인간 내면의 불 과 영적 의지를 나타낸다. 양자리의 불은 내면에서 끓어올라 태양을 향해 날아오르는 독수리처럼 여신을 만나기 위해 내뻗는다. 치유력 이 이 여사제에게 닿으면, 여사제의 불길이 깨어나 자신이 받는 것과 똑같은 강도로 반응한다.

마더피스 이미지에서 물웅덩이를 둘러싼 돌들은 치유자 주변에서 보호하는 원을 만든다. 이 마법의 원 안에서 의식적으로 초점을 맞춰 안전하게 작업이 일어날 수 있다. 어떤 종류든 마법이나 심령 작업에서 정말 중요한 규칙 하나는 그라운딩을 위해 자신 주위에 원을 만드는 것이다. 그럼 몸이 이 마법의 공간 안에서 보호받으며 자양분을 받는 동안 혼은 독수리처럼 날 수 있다.

웅덩이 주변의 애기부들과 은방울꽃은 치료사의 대지적인 측면과 영적인 본성을 반영한다. 바위 위의 개구리는 변형과 재탄생의 상징으로, 아메리카 원주민들의 많은 사랑을 받는다. 알에서 올챙이로 또 개구리로, 다시 알로 진화하는 양서류는 죽음과 재탄생의 순환과 다른 세계들 사이를 어떻게 전환해야 하는지를 보여준다. 파란 나팔꽃이 이 메시지를 반복한다. 지나치면 독성을 가지지만 나팔꽃의 일부는 환각성이 있어서 아메리카 원주민 샤먼들은 형체와 영혼 사이의 문턱을 넘는데 이를 사용하며 귀하게 여겼다.

마더피스 이미지의 오른쪽 위에는 밤하늘에서 가장 밝은 별이자 지구에서 불과 8.7광년 떨어진 이웃별 시리우스가 있다. 그 가까이에는 플라이아데스 또는 일곱 자매라 불리는 유명한 성단이 있다. 그리스인들이 시리우스라 이름붙인 이 별은 이집트인들에게는 이시스 여신인 '소티스'로 알려져 있었다. 또 이시스는 새벽별이자 저녁별인 금성의 이름을 딴 수메르의 이슈타르와 연관이 있다. 이슈타르는 (또는 금성은) 아프로디테, 아르테미스, 천 개의 가슴을 가진 마리아, '바다의 현자'라고도 불리는 엘레시우스의 어머니 여신 등의 여신 집단에

속해 있다. 여기서 우리는 다시 물 주제로 돌아가게 되고 여성성의 영이 "그 물 위에 휘돌고 있었다"는 히브리인의 개념을 떠올리게 된다. 이 영은 나중에 별로 상징되는 그리스도교의 성령 사상에 흡수되었다.

별은 입문을 준비시킨다. 현대에 이 정화 의례에 버금가는 것은 세상의 문제들에 대한 '절망'을 해소하기 위해 현재 행해지는 일일 수 있다. 조애나 메이시 Johanna Macy는 개인들이 절망감과 두려움을 느끼지만 그런 감정을 인정하지 않을 때 고립이 생기고 그와 함께 완전한 절망에 빠진다고 가정한다. 하지만 사람들이 두려움과 재난에 대한 감정이 얼마나 깊은지 서로 나누고 어쩌면 함께 울 수도 있을 때, 노보카국부마취제의 약효가 떨어지면서 따끔거리기 시작하는 뺨처럼 우리는 다시 한 번 느낄 수 있게 된다.

⁛ 이 카드가 나오면

이 카드가 나오면 여러분은 새로운 단계로 넘어갔고 여러분 안의 무언가가 여신에게로 열렸다는 것을 안다. 여러분은 도움을 청할 준비가 되었고, 도움을 받는다. 여러분을 치유하는 우주의 능력을 신뢰하고 변형의 과정을 시작할 준비가 되었다. 미래를 학수고대하는 은총이 찾아온다. 중심에서부터 바깥으로 여러분의 존재를 관통해 발산되는 아름다움을 느낄 수 있다.

아마도 여러분은 상당히 평화롭고 편안한 시기를 누리고 있을 것이고, 이는 여러분이 다른 사람들 그리고 세상의 신성한 영들과 연결을 느끼도록 도울 것이다.

지금 시간을 내어 여러분 자신을 축복하라. 믿기 지양분이 되고 ᄉᄉ구를 사랑하는 일을 하라. 뜨거운 목욕이나 사우나를 하고 싶을 수도 있고, 그냥 따뜻한 물에 몸을 담그고 마더피스 이미지의 여사제처럼 여러분의 근심이 흘러가도록 내버려둘 수도 있다. 여러분이 춤추는 여사제들에게 둘러싸여 있다고 상상해보라. 더 좋은 건, 가까운 친구들을 초대해 여러분의 새로운 자아감을 축하하는 의례를 하는 것이다. 이게 불가능하다면 여러분을 둘러싼 고대의 여성 조상의 현존을 상상하며 여성의 영에 내재한 보살핌을 느껴본다. 신선한 꽃이 있다면 욕조에 띄우고 여러분의 아름다움이 빛나게 하라. 여러분과 꽃은 열려 있고 살아있는 생명력을 드러낸다는 점에서 똑같다.

지금은 어쩌면 나바호족의 '변화하는 여성'이 여러분의 삶에 접촉하고 여러분을 변형시키는 것을 자각하는 시기일 수 있다. 어쩌면 새로운 자신을 나타내기 위해 새로운 이름을 가질 수도 있다. 마녀들은 영적 이름이나 의례에서 쓰는 특별한 이름을 갖고 있다. 귀를 기울여보라. 여신이나 꽃이나 뭐든 여러분에게 오는 이름일 수 있다. 그 이름은 여러분 고유의 것이고 상징적 중요성을 띤다. 치유하는 꿈에 대해 그러하듯 그 이름을 명상하라. 그 이름을 마음속에 새겨 여러분 내면의 여러 층위에서 일어나는 변화들을 느껴보라. 여러분이 새로 태어나고 새로워지고 다시 생기를 찾았다고 상상해보라.

불교도들과 탄트라 수행자들은 여신을 자세하게 심상화한 다음 가슴속으로 받아들인다. 여러분도 이렇게 할 수 있다. 여러분이 좋아하는 여신의 사진이나 조각상을 찾거나, 그저 마음으로 신성한 여성의 존재를 상상하고 그녀가 형태를 띠도록 한다. 원하면 별 카드의 이미지를 심상화에

이용할 수도 있다. 그리고 의식적으로 이미지와 동일시하기 시작한다. 그녀와 강하게 동일시하여 그녀를 여러분의 심장 안으로 호흡해 받아들인다. 여러분의 에고가 그녀의 에고가 되고, 그녀의 마음이 여러분의 마음이 된다고 상상한다. 그녀의 아름다움을 여러분 안에서, 여러분의 아름다움을 그녀 안에서 느껴보라. 분리가 사라져 여러분이 그녀이고 여러분이 여신이며 여러분이 사랑 그 자체라 느낄 수 있을 때까지.

신비 경험하기

달은 고대 여성 신비의 핵심인 미로, 또는 노어 홀이 '여신의 지하 거주지'라 부르는 곳으로의 여정을 나타낸다. 미로는 중심으로 들어 갔다 다시 나오는 거룩한 길이자 모니카 쇼외의 말처럼 양방향으로 도는 '달-바퀴'로 "창조와 파괴를 위한 지식과 에너지를 가져온다." 아주 비슷한 미로들이 인도와 크레타, 애리조나처럼 떨어진 곳에서 발견되고, 미로의 단순화된 형태인 이중 나선형도 세계 곳곳에서 발 견된다. 뱀처럼 나선형은 언제나 여신의 상징이다. 특히 재생하는 여 성적 힘, 안으로 들어갔다 밖으로 다시 나오는 것을 상징한다. 크레타 의 여신 아리아드네는 미로에 들어갈 때 앞을 내다보고 실을 풀어 나 오는 길을 처음 표시했다.

13장에서 16장에 기술한 마더피스 이미지들처럼 달은 샤먼의 부름을 나타내는데, 여기서는 어둠으로 들어가라는 부름을 의미한다. 미로가 초대하고, 저 세상으로 입문할 영을 태워갈 보트가 기다린다. 노이만^{Neumann}이 논한 '날개 달린 문'이 발달의 여정 끝에 영혼을 기다리는 산도처럼 비전의 터널 끝에 봉화처럼 서 있다.

타로 전통에서 달이 가진 의미는 통제력을 잃거나, 잠이나 꿈같은 무의식 영역으로 떨어지는 느낌에 동반하는 욕망과 두려움을 나타낸다. 그러나 아스트랄 차원으로 들어가는 것을 두려워한다면 우리는 결코 자신을 진정으로 알 수 없고, 입문의 신비는 그 이상도 이하도 아니다. 마더피스 이미지에서 날아다니는 환영^{phantasms}은 아스트랄 차원을 차지한 비전과 환영이며 이를 '영혼의 어두운 밤'으로 만든다. 아스트랄 차원은 인간의 마음이 만들어내고 우리 주변의 공간에 투사된 불행한 유령과 부정적 생각의 형태로 복잡하다.

이 무의식의 영역은 망상에 빠진 의식이 만들어낸 추악한 환영과 끔찍한 창조물, 그리고 우주의 자연법칙과 부조화를 이루며 길 잃은 영혼으로 빽빽하다. 오직 강한 자만이 이 영역에서 내내 또렷한 상태를 유지하며 보호받을 수 있다. 그렇지 않은 사람들에게는 위험이 도사리고 있고 광기가 위협하는 곳이다. 인간의 마음은 부정적인 것을 움켜잡을 가능성이 크기 때문이다. 달 카드가 나타내는 진정한 대치는 오컬트와 비교의 스승들이 말하는 '문턱에 사는 이'를 만나는 것이다. 이것은 악이나 비행이 축적된 거대한 힘이자 우리가 보고 싶어 하지도 그 존재를 인정하지도 않는 자아의 흉물스러운 부분이다. 또 진정한 의식의 성장이 일어나는 지점이기도 하다. 이 '악마^{demon}

이 장에서 악마는 전부 demon. 보통 악마하면 떠올리는 devil과 구분하기 위한 다른 단어'는 온전해지려면 반드시 직시해야 할 뿐만 아니라 존재에 통합되어야 한다. 여기서 결정적인 것은 상상의 어두운 영역에서 강력하고 선한 어머니 달 여신을 그리며 그녀의 인도를 받는 일이다. 마더피스 이미지의 여성처럼 이 영역은 시각보다 음파를 가진 박쥐처럼 눈은 감고 다른 감각을 연 채로 여행해야 하고, 점점 더 깊이 들어갈 때 느낌이 방향을 이끌도록 해야 한다. 이 길에서 보호와 안내를 받으려면 아르테미스-다이애나나 성모, 크론, 헤카테를 부를 수 있다.

기원전 500년, 고대 달의 여신을 숭배하는 최초의 다이애나 마법의 '컬트'가 그리스에서 공식 설립되었다. 활과 화살을 가진 그리스의 아르테미스나 로마의 다이애나는 은빛 초승달에서 보름달까지 차오르는 달의 주기를 나타냈다. 이집트 달의 여신 네이트도 비슷하게 그려졌고, 아일랜드의 레Re도 마찬가지였다. 보름달 여신은 풍요와 섹슈얼리티, 합일의 불을 나타냈고 페니키아의 아스타르테로 의인화되었다. 그녀의 도상학 형태는 그녀의 어두운 자매 릴리스나 그리스의 셀레네Selene, 크레타의 파시파Pasiphae, 심지어 이집트의 이시스와도 닮았다. 마법에서 하현달은 11장에서 기술한 그리스의 헤카테와 수메르의 레바나Levanah(히브루의 Lebanah)로 상징되었다. 레바나라는 이름은 달을 의미하고, 특히 월경 주기와 그믐달 때 피를 흘리는 것과 연관된다.

이 여신들 모두 여전히 마녀들의 집회에서 고위 여사제에 의해 불려지지만, 오늘날 마법과 가장 많이 연관된 이름은 다이애나이다. 일반적으로 마녀들은 매달 보름이나 그 즈음에 의례를 치르고 다이애나는 달의 여신의 모든 면을 대표한다.

우리가 이러한 의식의 달 모드에 승복할 수 있다면 이 여정은 창조적이고 계시로 가득할 것이다. 주신제orgiastic를 열던 옛날의 여사제들처럼 그 여행이 강력하고 깊은 지혜와 이해를 가지게 될 것이라 기대할 수 있다. 어둠에 자신을 내주어야만 다음 이미지인 태양으로, 생명의 빛으로 제대로 나타날 수 있다. 모니카 쇼외는 "두 개의 나선이 합쳐지는 곳에 소용돌이와 소멸의 바람이 있다. 그 너머에 고요한 중심과 합일의 지복이 있다"고 설명한다. 어떻게 그걸 이룰 수 있을까? "대극을 초월함으로써 우리는 의식 안에서 한 극에서 다른 극으로의 전환을 경험하고 이 과정을 적극적으로 이해할 수 있다. 이 여정에서 두려움 그 자체 말고는 두려워할 것이 진정 아무것도 없다. 악마와 전통 타로에서 달 카드와 연관된 모든 불쾌한 것들을 만들어내는 것은 두려움이다.

이 밤의 힘은 그 환영phantasms과 화려함, 취하게 만드는 숨겨진 요소들과 함께 초기 셈족의 여신인 릴리스에 의해 가장 많이 대표된다. 그녀는 고전적인 '악마'로 이제는 '악인 여성'으로 대표된다. 이전 형태에서 릴리스는 밤의 온화한 힘으로 의인화되었고, 인간들에게 가장 큰 친절을 베푸는 영들을 집합적으로 부르는 릴림lilim으로 알려졌다.

릴리스의 힘은 유럽에서는 무엇보다 매혹시키는 힘으로 알려졌고, 남성들이 이 힘을 두려워하기 때문에 모든 여성에게 '악마' '유혹' '마법'이란 오명을 가져왔다. 달처럼 릴리스는 섹슈얼리티와 본능 영역의 욕구, 그리고 에로틱한 꿈과 판타지와 연결되어 있다.

샤머니즘에서는 성공을 위해 '돕는 영들'을 모으는 것이 필요하다.

샤먼들에게는 소위 '영의 연인들'이라 불리는 이들이 있고, 안내자나 영의 형태로 샤먼이 신성한 힘들과 결합한 것을 표현한다. 고대에 이 힘들은 밤에 찾아와 샤먼과 사랑을 나누는 '릴리스'로 긍정되었다. 하지만 중세에 들어서면서 '릴리스'는 '악마'가 되어 남성들을 공격하고 남성들이 가장 무방비 상태인 잠들었을 때 활력 액체vital fluids를 몰래 훔쳐 가는 존재가 되었다. 이에 못지않게 달과 또 다른 활력 액체의 원천인 월경 사이의 연결고리는 중세 가부장적 사고방식에는 충격적이었다. 모니카 쇼외가 지적하듯 "황홀한 달의 컬트인 샤머니즘은 월경이 매달 가져오는 신체-의식으로의 자연스러운 하강에 의존한다." 남성들은 욕망과 '에로스' 자체를 억누르려 할 때마다, 릴리스와 같은 인물에게 죄를 뒤집어씌웠다. 이런 종류의 투사는 궁극적으로 '화형의 시간' 동안 약 900만 명의 여성을 죽인 파괴의 원인이다.

오늘날 우리의 문제는 마녀 화형의 성공보다는 여신 숭배에 반대하는 선전의 성공이다. 그러나 고대 의례가 거의 사라졌음에도 불구하고 우리의 꿈들은 홀이 주장하듯 '입문자의 실제 경험'과 똑같은 '지형terrain'을 경험하도록 해준다. 입문을 공동체가 함께 축하하고 인정해주는 면은 파괴되었을지 모르지만 그 경험은 여전히 일어나고 있다. 융은 연구와 치료의 많은 부분을 이 아이디어로 작업했다. 오늘날 융 심리학은 현대인들이 무의식과 주로 꿈, 예술적 표현을 통해 고대 신비 영역으로의 입문 의례와 상징적 모험을 경험한다는 생각을 반영한다. 이런 방안들을 통해 우리는 온전해지기까지 경험들과 우리 존재의 부분들을 통합할 수 있다.

마더피스 이미지에서 바다빛 녹색은 물 같은 영역의 자력을 지닌 욕망을 상기시킨다. 달은 우리 몸과 뇌의 물을 포함한 모든 액체를 지배하고, 그래서 바다 전체의 조수를 당기는 것만큼이나 아주 강력한 영향을 우리에게 미친다. 그녀는 우리를 자신의 깊이로 끌어당긴다. 만약 두려움을 갖게 된다면 우리는 힘겹게 버둥거리며 히스테리와 편집증을 경험하고 '미치광이lunatic'가 되어 계시적 경험 자체를 놓칠 가능성이 크다. 만일 두려움 없이 나아간다면 우리는 황홀감을 느끼며 환희에 차 미로에 들어서게 될 것이다.

⋮ 이 카드가 나오면

달 카드가 나오면, 느낌에 승복하는 것 외에 할 수 있는 게 없다. 만일 지적으로 이해하려 하면 실패할 것이다. 달은 무의식의 표시이다. 여러분은 그 흐름을 따르는 게 낫다. 여러분이 앞에 뭐가 있을지 알아내려 애쓰지 않고 존재하는 그 순간에 스스로를 열 수 있다면, 어둠 속으로 간절하고 용기 있게 걸어 들어간다면, 어둠과 미지의 여정을 안내하는 더 높은 힘들을 직관적으로 신뢰할 수 있다면, 여러분은 이 여행에서 배울 것이고 의식consciousness을 입문의 선물로 얻게 될 것이다.

의식을 향한 이 여정에 내재된 친근한 어둠을 상상하려면 피라미드의 가장 깊은 방으로 내려가는 것을 그려보거나 혹은 구석기시대 유럽 조상들의 신성한 동굴 가장 깊은 곳에 있는 성역을 상상해보라. 또는 아메리카 푸에블로 원주민이 햇빛으로 다시 태어나길 기다리기 위해 위대한 키바Kiva 푸에블로 인디언이 종교 의식이나 회의에 쓰는 지하에 있는 큰 방로 들어갈 때 어떤 느낌일지를 생각해보라. 마지막으로, 여러분이 양수 속에서 자라다

마침내 때가 되어 안전하지만 어두웠던 자궁 공간에서 빛으로 나왔던 느낌들이 되돌아오게 하라.

달은 꿈을 꾸기에 좋은 시간을 암시한다. 꿈 작업을 통해 여러분이 참여하고 있는 변형을 더 깊게 이해해 볼 수 있다. 가능하면 꿈 일기장을 마련해 언제든 꿈을 적고 여러 흥미로운 방법으로 작업한다. 앤 패러데이 Ann Faraday나 패트리샤 가필드 Patricia Garfield, 스트레펀 윌리암스 Strephon Williams 등이 개발한 대중적인 상징체계에 따라 해석해 볼 수도 있다. 아니면 여러분이 이미 이런 것을 하고 있고 '꿈 요가'나 '명석몽 Lucid dreaming'을 통해 심령 psyche의 더 깊은 곳으로 들어가고 싶을 수 있다. 명석 lucid이라는 단어는 합리성이 아니라 꿈 세계에 의식적으로 들어가 꿈이 일어나는 대로 꿈과 상호작용하는 초이성적 능력을 의미한다. 여러분의 꿈을 친구나 연인과 나누며 꿈의 의미를 해석하지 않는 방식으로 그냥 느낄 수도 있다.

달에게 주파수를 맞추는 또 다른 방법은 '월경 시계'로 들어가 여러분 개인의 주기가 달의 주기에 어떻게 상응하는지 보는 것이다. 아니면 한 달 내내 여러분의 정서적 육체적 에너지를 도표로 그리고 이 '생체리듬'을 달이 차오르고 보름이 되고 다시 저무는 단계에 비춰 살펴볼 수 있다.

의식 고양

태양은 나비가 고치에서 나오는 재탄생을 나타낸다. 의식과 생명에 대한 깨어 있는 적극적 이해와 감사를 상징한다. 어두운 자궁의 밤에서 벗어나 키바 kiva 북미 푸에블로 인디언이 종교의식이나 회의에 쓰는 지하의 큰 방의 산도나 지하실에서 등장하는 태양은 광채를 내는 영혼을 나타낸다. 완전한 정신적 이해가 의식의 지평으로 터져 나오고 우리는 존재하는 것을 있는 그대로 바라보며 환희와 축하를 느낀다.

새벽에 사라진 환영은 무엇인가? 마더피스 이미지에서 인간은 더는 서로에게 또 나머지 지구 위 생명으로부터 분리되었다고 주장하지 않는다. 태양은 우리가 영원한 생명력의 빛으로 연결되어 있고, 우리 각자가 '인류'라 불리는 거대한 유기체와 지구라는 더 큰 몸의 일부라는 지식을 나타낸다.

다시 태어날 때 사람들은 큰 행복, 살아있는 환희, 확장된 놀이의 감각을 느낀다. 사람들은 욕망과 기대에 덜 집착하며 더 많은 수용감을 느낀다. 집착하지 않음이 감정의 부족이나 단절을 의미하지 않는다. 오히려 생명의 중심에 있는 하나됨과 더 강한 연결을 느끼는 동시에 개인의 일상에서 느끼는 작은 상처와 고통에 덜 집착하게 된다는 의미이다. 내면의 태양이 바깥으로 발산되고 존재의 분열된 부분을 치유하여 영혼의 지도 아래 다양한 하위 인격들을 한곳에 모으고 조화시킨다.

이것이 에고에 의미하는 바는 변성transmutation이다. 에고는 사라지지 않는다. 오히려 고양되었다. 태양신경총Solar plexus 또는 힘의 중심에서 의식이 심장으로 들어올려져 더 강력하고 균형 잡힌 생명 에너지의 흐름으로 발산된다. 이 고양된 의식은 더 높은 옥타브의 황도대 사자자리고 마더피스의 뉴에이지의 치유와 명료함의 열쇠이다. 의식적 자각이 가슴(흉부에 해당하는 4번째 차크라)에 중심을 잡으면 우리는 인격을 의식(또는 영혼)의 탈것으로 본다. 개인적 관심사와 사소한 욕망은 더는 인간을 통제하거나 지배하지 않고, 있는 그대로 즉 개인적 에고 의식의 연극이자 표출로 보게 된다. 이런 표출이 매력적이고 극적으로 보일 수 있지만 더는 한 사람의 삶에 중심 의미로 여겨지지 않는다.

태양은 인격이나 에고의 관심사를 심판하거나 깔아뭉개지 않는다. 예를 들어, 자신을 그저 전체의 일부 집단의 부분으로 본다. 그리고 이는 감사와 영적 이해의 환희로 이어진다. 인간의 성격은 복잡성과 역설 앞에서 쉽게 혼란에 빠진다. 중심 참자아는 보다 전일적인 자각으로 바라보고 다른 사람이 어떻게 느끼는지 알기 때문에 문제의 모든 면을 이해하고 개인적 욕망과 욕구보다 상호작용에 더 의존한다.

여러 번 언급했던 '참자아'란 무엇일까? 대부분의 사람들은 내면에 어떤 존재가 있음을 안다. 때때로 그 존재가 어떤 식으로든 목소리를 내어 안내나 방향을 제시하기 때문이다. 에고 인격이 지배적이면 그 조언은 받아들여지지 않는다. 17장에서 기술한 악마의 사례처럼 내면의 목소리는 거부된다. 하지만 우리는 그 목소리가 거기 있다는 사실을 피할 수 없다. 참자아는 일단 말하는 것이 허용되면 우리가 거의 의심치 않았던 세상을 우리에게 소개한다.

뉴에이지를 그리스도나 부처 같은 화신의 귀환으로, 아니면 좀 다르게 여성 메시아의 경험으로 도래할 것이라 믿는 사람들이 많다. 내 느낌 상, 한 사람에게서 너무 열심히 지혜를 찾는 사람들은 실제 일어나는 일들을 놓치기 때문에 실망하게 될 것이다. 오컬트 스승인 앨리스 베일리Alice Bailey는 20세기 초에 쓴 글에서 이 뉴에이지에 메시아의 귀환은 집단이 평화와 치유를 위해 일하는 형태로 진화하거나 발전된 영혼들의 모임이 될 것이라 예측했다.

베일리는 이 모임을 '세상에 봉사하는 이들의 새 집단'이라 불렀다. 그리고 관계와 집단 안에서의 몸부림이 결국 어떻게 뉴에이지로 나아갈 것인지를 인류에게 가르쳐 줄 일종의 정화로 이어질 것이라 예측했다. 일꾼이나 봉사자들의 각 집단은 태양처럼 빛과 치유를 내뿜는 집단 영혼을 둘러싸고 한데 모일 것이다. 개별적 에고는 그 광채에 의해 극복될 것이고, 그 광채는 카리스마 넘치는 지도자가 아니라 자유롭게 공유된 영적 아이디어에서 나오는 것이다. 오늘날 많은 이들이 이런 영혼-빛의 현존을 느끼고, 자아중심주의를 넘어 생명 옹호를 지도 원리로 삼는 집단들을 꾸리고 있다.

의식의 햇살 속으로 다시 태어날 때 유머가 시작된다. "온 세상이 무대…"셰익스피어가 <뜻대로 하세요>에서라는 말은 사실로 드러나고 각자는 맡은 역할이 있다. 더 깊고 진실한 참자아가 드러날 수 있는 '매개체'인 것이다. 마더피스의 태양 이미지에서 삶은 서커스이고 원 안에 함께 있다. 어둡고 밝은 피부가 서로에게 닿고, 자유로운 선택과 환희에 찬 집단성이라는 열린 형태로 균형을 이루며 공동체가 탄생한다.

카발라의 생명 나무에서 숫자 6은 태양의 숫자이다. 태양 카드에도 6이 여럿 있다. 전면에 3명에서 시작해 두 번째 줄에 2명, 뒷줄에 1명이 더해져 6이 되고 완벽한 조화의 삼각형을 이룬다. 동물 3마리와 풍선 3개도 또 다른 6이다. 태양도 생명 나무The Tree of Life의 중앙의 티파레트Tipareth 카발라에서 모든 생물에게 생명에너지를 공급하는 중심부 원반처럼 빛난다.

동물의 놀이는 본능적이고 자유롭다. 자의식이 없고 자발적이다. 인격의 작은 필요로 제한되지 않으면서 생명의 더 넓은 목적과 의미에 열려 있는 자유로운 인간의 놀이도 동물들의 놀이처럼 자발적인 성질을 띤다. 샤먼이 여정 중에 취하는 동물의 영은 인간이 더 자유롭고 더 자연스럽게 환희에 차도록 돕는다. 동물의 영이 춤을 추면 인간으로서 갖는 긴장이 느슨해지고 가슴이 열린다. 신성은 바로 여기에, 우리 안에, 지금 모든 것과 모두의 안에 있다는 점을 이해하면 지극한 해방감이 든다. 이것이 여신이 상징하는 '임재immanence' 또는 영적 체화의 철학이다.

일본 신화에서 수십만의 국가 신들 중 태양 여신 아마테라스는 아주 중요하다. 황실의 혈통이 그녀에게서 내려왔다. 아마테라스에 대해 가장 잘 알려진 이야기는 남동생인 폭풍의 신과 싸웠던 날이다. 화가 난 그녀가 동굴로 숨어버려 세상은 어둡고 살 수 없게 되었다. 흥mirth의 여신만이 그녀를 외설적인 춤과 노래로 유인할 수 있었다. 이 여신이 치마를 들어 올려 성기를 보여주었다고 하는데, 흥겨워진 아마테라스가 웃으며 나왔다. 이 때 아마테라스는 남신과 여신들이 나무에 매달아 놓았던 거울에 비친 자신의 모습을 처음으로 보게 되었다. 자신의 아름다움에 감동한 그녀는 동굴에서 나와 다시 빛나기 시작했다. 이 중요한 여신의 재탄생이 태양 카드의 행복에 반영되어 있다.

호주 원주민들도 태양이 여성이자 지구 최초의 생명을 창조했다고 믿는다. 해를 여성으로 여기는 대부분 문화에서는 달을 남성으로 본다. 서양의 전통적 관점과 반대이다. 서구 문화에서는 태양을 남성으로 달을 여성으로 보는 생각에 익숙하다. 이는 지중해와 영국 제도, 북유럽 문명의 여신 문화에 반영된 꽤 오래된 생각이다. 서양에서 남성인 태양은 위대한 어머니의 아들로 태어나 자라면 여신의 배우자나 연인이 된다. 위대한 어머니는 이전에 자신 안에 있던 태양을 자신의 남성 파트너로 낳았다. 매년 그의 탄생과 죽음은 초기부터 농사의 신비로 기념되었고, 흔히 씨앗의 탄생으로 그리고 나중에는 옥수수 이삭이나 곡물의 수확으로 상징되었다. 태양이 태어나고 죽는 시간이 하지와 동지로 (대략 6월 21일과 12월 21일) 양력에서 하루가 가장 길고 짧은 날이다.

옛날 가부장적 태양신들이 창조자이자 생명력을 생성하는 어머니 여신의 역할을 빼앗았고, 어두운 것보다 밝은 것, 검은 것보다 흰 것, 여성보다 남성을 선호하는 편견을 만들었다. 양력이 음력을 대체했다. 도끼, 검과 태양 전차와 같은 태양 상징이 진화했고 전사 의식이 탄생했다. 초기에 피해를 본 것은 남성과 여성이 일자 안에 담겨 있다는 의식이다. 이 의식을 되살리는 것이 치유와 영적 성장을 위한 요가와 다른 영적 수련의 목표이다.

마더피스 이미지에서 나비는 태양 위에 겹쳐져 있다. 원형적인 재탄생의 상징인 나비는 번데기 상태에서 빛으로 옮겨가기 때문에 자연의 가장 경쾌하고 경이로운 생명체 중 하나다. 의식적 변형과 재탄생의 과정을 통해 우리는 각자 나비의 기적을 경험할 수 있다. 우리의 고치에서 탈피해 완전히 변형된 채 날개를 펴고 하늘로 날아오를 수 있다. 뉴에이지 동안 인류에게는 집단적 유기체로서 비슷하게 변형할 가능성이 있다.

☼ 이 카드가 나오면

태양 카드가 나오면 여러분은 느긋하게 즐길 수 있다. 좋은 날이나 좋은 한 주, 좋은 해가 될 것이다. 여러분은 아마도 엄청난 확장과 즐거움을 누리고 있을 것이다. 여러분의 태양이 빛나고 있다. 축하하라! 어떤 면에서 여러분은 어둡거나 외롭고 슬픈 공간에서 나와 이제 에너지와 우정이 다시 시작됨을 느끼고 있다. 삶이 열려 있는 것 같고 새로운 방향들을 제시하는 것 같다. 자신이 개인적인 삶보다 더 큰 무언가의 일부라 느끼는 동시에 여러분의 개성 또한 자유롭다.

태양은 여러분에게 자신감과 세상에 자신을 내세울 수 있는 능력을 준다. 불의 고정궁인 사자자리보다 높은 버전인 태양은 여러분이 개인적 힘을 발산하도록 허락한다. 여러분이 우주의 체계 안에 자신의 자리를 알기 때문이다. 보이는 대로 말하고 자신을 표현하라. 다른 사람들이 경청할 것이고 여러분은 분명한 지도력을 발휘할 것이다. 지금은 여러분과 주변 사람들에게 아주 창의적인 시간일 것이다. 여러분의 아이디어가 자라고 바뀌도록 허용하고, 어떤 식으로든 여러분의 생각을 극화하고, 여러분의 본색이 드러나게 하라. 춤을 추거나 노래를 부를 수 있다. 태양 이미지에서 발산하는 밝은 노란 빛이 여러분을 긍정적인 정신 에너지로 축복한다. 그 에너지는 다른 사람들에게 생기를 주고 가능성을 활성화한다.

태양은 참자아를 상징하고, 참자아 안에 있는 양극성의 균형 때문에 이는 사람마다 다른 의미가 될 수 있다. 예를 들어 이 카드를 받은 이가 남자라면, 자신의 장난스러운 면이 열리고 따뜻한 사랑의 에너지가 새롭게 표현되는 경험을 할 수 있다. 여러분의 가슴이 열려 여신의 치유하는 열기를 느낄 수 있다. 이건 의심의 여지없이 평소의 통제와 수행 불안을 완화하고 자신을 증명하거나 밀어붙일 필요가 없는 차분한 자신감을 의미할 것이다.

반면에 태양 카드를 받은 여러분이 여자라면, 내면의 남성적 자아가 새롭게 표현되는 것을 느끼고 있을 것이다. 강력하고 긍정적인 '아니무스'가 새롭게 등장하고 있을지 모른다. 여러분 에고의 힘을 처음으로 제대로 표현하고 리더십을 발휘하며 세상에서 활동하는 때일 수 있다.

태양 의식은 태양왕의 통치권이나 전투 도끼battle axe 무기를 쓰던 그 도끼의 힘이 아니다. 이들은 과거의 잘못된 해석이다. 태양이 우리에게 나타내는 것은 뉴에이지 의식, 가슴의 '통치권', 중심의 영적 태양이 부각되는 것이다. 이 중심의 애정 어린 참자아가 여러분에게 어떤 식으로 등장하건 지금은 기뻐할 때이다. 열린 가슴은 평화로 가는 길과 환희와 조화로 연결된 세상으로 가는 길을 닦는다. 태양 의식은 우리의 무기를 내려놓고 전 세계적인 치유의 원에서 손을 잡는 첫걸음일 수 있다. 핵전쟁과 전 지구적 오염은 우리 모두를 아프게 한다. 한 사람이 굶주리는 고통은 나의 고통이자 여러분의 고통이다. 태양이 누구를 위해 빛나느냐고 묻지 말자. 태양은 우리 모두를 위해 빛난다.

22장 _ 심판 JUDGEMENT

지구 치유하기

심판은 생명의 어머니 여신인 가이아가 지구로 돌아옴을 나타낸다. 크롤리Crowley가 이 카드를 부르는 이름인 이언The Aeon은 귀환 주기, 치유와 지구적 재생의 시간을 상징한다. 오컬트와 비의의 스승들은 이 귀환을 '여성적 광선의 재현현'이라 부른다. 페미니스트들과 비그리스도인들은 이를 여신의 귀환으로 본다. 그리스도 의식 또는 메시아의 귀환으로 보는 이들도 있다.

영지주의 문헌에서 여성 이언은 '드러난 위대한 사상Great Manifested Thought'으로, 악을 선으로 극복하는 집단정신의 힘을 암시한다. 이 모든 기술이 비슷한 하나의 메시지를 전한다. 마더피스 이미지에서 이집트의 앙크ankh 십자가로 대표된 생명력이 다시 한 번 대지 모신과 그녀의 자녀들에게 빛날 것이다. 우리는 그 누구보다 강력한 치유의 힘을 쓸 수 있게 될 것이다.

우리가 이것을 기회로 삼을까? 평화는 그 무엇보다 우리에게 필요하다. 왜냐하면 홀로코스트를 일으킬 수 있는 무기가 존재하는 시대에 살고 있기 때문이다. 우리가 더는 우리 종의 지속을 확신할 수 없다. 무기를 어떻게 통제하고 특정 분쟁을 해결할 것인가에 관한 기술적 협상과 함께 지구인들은 치유 에너지에 접근해야 한다. 마더피스의 심판 이미지에서 고대 앙크 십자가는 사랑의 여신인 금성의 상징이기도 하다. 영의 원이 지구 4원소모든 생물과 상호작용하는 원재료, 즉 공기, 불, 물, 흙의 십자가 위에 균형을 이루고 평화의 무지개가 심장 중심의 다이아몬드에서 쏟아져 나온다.

인간의 자각awareness이 가슴 수준까지 상승하면 우리는 치유되고 비상한 힘을 만들어내는 변형된 의식 상태에 들어간다. 이 치유의 빛이 우리에게 주어지고 있다. 죽어가는 사람들이 자신의 영혼과 접촉하도록 돕는 엘리자베스 퀴블러 로스Elizabeth Kubler Ross, 핵무기 경쟁에 반대하는 목소리를 내는 소아과 의사 헬렌 캘디컷Helen Caldicot, 가슴으로 노래하며 비폭력의 전통을 강화하는 조안 바에즈Joan Baez, 세상의 기아를 끝내려는 한편 굶주리고 아픈 아이들을 돌보는 테레사 수녀Mother Teresa의 예에서 보듯 말이다.

언제 어디서든 사람들이 가슴에서부터 말하고 행동하며 세계의 파괴에 저항하고 평화를 향해 행동할 때 심판이 느껴지고 있다. 이 카드는 보살 에너지, 이시스(4장)와 관세음보살(14장)과 타라(13장, 19장)의 자비와 용서를 나타낸다. 불교에서 보살은 '깨달음'

혹은 진정한 이해 상태에 도달한 후 모든 인류가 같은 자유를 누리게 하겠다고 원을 세운 이들을 가리킨다. 인류의 일부가 여전히 쇠사슬이나 부정적 힘에 묶여 있는데 어떻게 우리가 자유로울 수 있나? 이것이 오랜 여신 문화의 세계관이다. 즉, 온 세계 공동체가 함께 묶여 있고 한 사람의 운명이 나머지 모든 이들의 운명과 불가분의 관계에 있다는 깊은 신념이다. 타로 전통에서 심판 카드는 죽은 자의 영혼이 창조자를 대면해 심판받는 '심판의 날'을 나타낸다. 그리스도교 전통에서 이 장면에는 악인에 대한 처벌과 선한 이를 위한 천상의 보상이 있다. 하지만 마더피스 이미지에서 심판은 훨씬 더 자애롭고 모든 것을 포용하는 '진실의 순간'을 그리고 있다. 이 순간은 우리의 악한 방식에도 불구하고 여신이 지구와 인류를 용서하며 바라보는 것과 똑같이 가슴이 인격을 완전히 용서하며 바라보는 때다. 우리가 진정으로 자신을 보고 용서하며, 인격과 에고를 자애롭게 받아들이고, 대개 수치스러워하는 모든 개인의 인간적 특성들을 받아들일 때, 통합이 일어나 우리는 즉각 신성한 현존의 영역으로 들어 올려진다.

우리가 자신을 명확하게 수용하며 볼 수 있을 때 다른 사람들도 똑같이 인간의 조건을 온전히 수용하며 비판 없이 바라볼 가능성이 높다. 이런 수용은 불완전함에 대한 비난보다는 인간의 아름다움에 대한 이해이고, 그리스에서 헬레나로 불린 소피아나 신성한 지혜로 의인화된다. 그래서 샐리 기어하트 Sally Gearhart가 대중적인 전통 타로를 선구적으로 재해석하며 제안했듯 심판 카드는 실은 '심판을 넘어선' 신성한 이해를 가리킨다. 과거의 편협한 비판은 사라지고 한 사람의 '죄'가 보여지고 풀려나며, 자비의 천사가 비둘기처럼 가슴으로 내려와 '모든 것을 이해하는 평화'를 가져온다.

티베트 명상에서 입문자의 목표는 바쥐라the Vajra 혹은 '금강체'라 불리는 빛의 몸을 만드는 것이다. 이 금강체는 심장, 그리고 명상과 요가, 우주의 치유 에너지가 채널링을 통해 만들어진 새롭게 '정화된' 에너지의 몸을 나타낸다. 과거에 영혼을 더럽혔던 부정적 행동과 사고와 낡은 패턴들은 강력한 하얀빛으로 극복된다. 환영이 (또는 베일리가 '화려함'이라 부르는 것이) 씻겨 나가고 사랑이 최우선적인 힘이 되어 '악'을 극복할 수 있을 때까지 인간 의식이 '고양'되고 '정제'된다. 마더피스 이미지에서 비슷한 변형이 태양(21장)과 심판 사이에 일어난다. 태양에서 한 사람의 영적 중심부의 신성한 광선이 인격을 비추기 시작했지만, 인격은 여전히 전면에 남아 있다. 심판에서 인격은 중심 참자아의 무지갯빛으로 되돌아간다.

현대 불교 사상에서 이 과정은 몸이나 지구를 떠나는 것을 암시한다. 하지만 마더피스 이미지에서는 이 둘에 존재하는 신성을 깨닫는 것, 즉 의식 속에서 어머니 여신에게 돌아가고 한때 인류에게 익숙했던 평화로운 문화의 복원을 암시한다. 이 통합되고 전일적인 여신에게로의 귀환은 더는 영적인 것과 물질적인 것 사이의 분리가 없다는 의미다. 욕망이나 섹슈얼리티로부터 자유로워지기 위해 노력하는 대신 폭력과 섹슈얼리티의 거룩하지 않은 결합을 떼어내고 여신의 화신으로 쾌락의 자연적 신성함을 회복하기를 바랄지 모른다.

어떤 식으로든 악이 대지 모신에 뿌리를 두고 있다는 가정은 해로운 환상이다. 악은 우주에 존재하고 자연의 삶과 우주적 법칙의 세계에서 인간의 영혼이 분리되는 과정에서 나타난다. '선한 이들'을 지구

보다 '더 나은' 곳으로 데려갈 외계의 우주선을 갈망하는 서구 유토피아인들은 영적 수단으로 몸(지구)을 떠나려 했던 동양 구루들의 해묵은 실수를 되풀이하는 것 같다. 떠나려는 이 충동은 왜 계속되는가? 깨지기 쉬운 '우주 식민지'를 건설해 지구의 핵무기 경쟁을 벗어나는 게 무슨 소용인가? 어떤 환경에서든 기술적 수단은 다를 수 있지만 영을 부정하는 것은 재앙을 초래할 것이다.

동굴 벽화를 그린 조상들은 우리의 거룩한 목적을 이해했다. 생물학적 진화와 영 사이에 인간 의식이 나아갈 길이 있음을 이해한 것이다. 일반적으로 타로에서 그리고 특히 심판 카드에서는 이런 자각의 귀환을, 원인과 결과에 대한 이해와 그런 이해에 수반되는 연민과 신성한 질서에 대한 이해를 강조한다. 금성의 지배를 받는 진보한 천칭자리 카드인 심판은 지구 힘의 우주적 균형을 되찾을 것을 약속한다.

'여성적 광선feminine ray'이라는 개념에도 불구하고 비의적 글과 가르침은 실재하는 여성들의 우주적 균형을 다루는 것과 여성 원리가 돌아왔을 때 우리가 어떤 역할을 해야 할 지에 대해서 등한시한다. 특히나 '여성적' 에너지가 높고 진동하는vibrant 수준으로 발현된다면, 이 시대에 여성의 몸으로 태어난다는 것은 어떤 의미인가? 나는 그것이 손에 잡힐 듯 분명한 여성의 지도력을 의미한다고 믿으며, 그것은 거의 전적으로 남성 지배적이고 남성 우월주의 분위기의 낡은 구조와 철학에 대한 분명한 도전일 것이다. 이와는 대조적으로 심판 카드는 4장에서 기술한 고위 여사제의 귀환을 약속한다.

여신의 귀환은 그녀의 많은 여사제와 '여성적 광선'의 에너지를 전달하는 강력한 여성들의 귀환을 암시한다. 이 힘을 접한 여성들이

전 세계에서 자신의 일과 삶에서 여신을 드러내기 시작하고 있다, 이 에너지를 존중하고 반응하는 남성들 또한 여성성의 힘을 느끼고 있으며, 오늘날 이들은 남성 대부분이 느끼지 못하는 온화함과 감수성을 느끼게 된다.

마더피스는 말 그대로 '어머니 여신의 평화'이다. 여신의 영향에 열려 있는 이들이 여성의 재생하는 힘으로 치유되고 과거의 한계에서 해방된다. 반면에 들어오는 이 에너지와 싸우는 이들은 낡은 형태를 파괴하는 이 힘에 거의 압도당함을 알게 될 것이다. 그렇다면 그들은 파괴자로서 여신을 경험하게 될 것이다. 이는 부정성에 집착하는 개개인에게 우리의 일부가 위협을 받고 궁극적으로는 파괴될 것이란 의미다. 15장에 기술한 죽음의 경우에서처럼 의식은 전환 중에 상실되는 무언가가 아니다. 치유자 패트리시아 선Patricia Sun이 '새로운 피부'라고 부르는 것에 집중해야만 한다. 해방의 순간을 희생시키며 끝나가는 과거의 것에 초점을 맞추는 것은 심판 카드가 제공하는 성장에 방해가 될 것이다.

변형을 위해 우리는 생명권에서 오는 직관과 치유 메시지, 즉 집단정신에서 오는 지식이자 대지 여신에게서 오는 가이아의 안내에 따라야 한다. 낡은 행동 패턴에 집착하는 것은 멸종을 의미할 것이다. 인간관계를 희생시키면서 돈이나 소유물을 소중히 여기는 것은 변형을 위한 행동을 놓치는 것이다. 당연히 개인주의의 시대는 막을 내린다.

⚙️ 이 카드가 나오면

심판 카드가 나오면 여러분의 '상위 자아high Self'나 '대령oversoul 우주에 생명을 주고 또 전인류의 영혼의 근원을 이루는 신(神)'에 의해 어떤 중요한 결정이 내려졌다고 장담할 수 있다. 정확히 무슨 일이 일어났는지 의식의 차원에서는 알지 못할 수도 있지만, 어떤 일이 일어났고 여러분의 현실을 더 좋게 바꿔놓았다. 여러분은 어떤 식으로든 고양되고, 과거에서 바로 벗어나 경이로움으로 가득 찬 새로운 현재로 옮겨졌다. 여러분은 화가 나거나 다른 사람을 탓하는 것이 아니라, 선택과 현실을 바라보는 새로운 방식에 대해 모든 책임을 진다. 여러분은 현명한 판단judgements을 하고 있다.

마찬가지로 여러분은 지구적 비전과 신성한 이해라는 새로운 공간에 있다. 어떤 면에서 여러분은 최고의 에너지에 접촉하여 균형과 선경지명을 가졌다. 여러분 가슴에 연민 어린 이해는 여러분을 앞으로 나가지 못하게 했던 낡은 부정적 패턴들을 없애고, 공감과 이해가 여러분 주위의 사람들에게까지 영향을 미치고 있다. 여러분은 편협하고 비판적인 관점에서 심판하는 것을 멈췄다. 이제 여러분은 더 깊이 보살피고 또렷한 시각으로 그들을 본다. 그들의 약점과 신성 모두를 이해하고 그들 또한 여러분 자신처럼 그 둘 다를 가진 꾸러미package로 받아들인다.

심판은 고통의 종말과 영적 부활의 시작을 그리고 있다. 지금은 과거의 잘못을 바로잡을 때다. 누군가에게 정직하거나 솔직해질 필요가 있다면 지금 하라. 여러분과 다른 사람 사이에 치유되지 않은 상처가 있다면 지금 치유하라. 여러분의 부정적인 패턴은 여신의 심장에서 나오는 치유의 마법으로 무지개 속에 녹아내리도록 한다. 이 우주의 긍정적인 힘들이 여러분을 통해 작동하고 있고 패배가 있을 수 없음을 기억하라.

수잔 B. 앤서니Susan B. Anthony가 말했듯 "실패는 불가능하다."

심판은 우주의 가장 높은 힘들이 관통해 흐르는 절대적으로 초월적이고 무집착의 채널인 신성한 치유자의 카드이다. 여러분에게는 이들 에너지를 바로 지금 발현manifest할 기회가 있다. 여러분이 그렇게 하면 그것들은 여러분 삶에 지속적인 영향을 미칠 것이다. 여러분 나름의 방식으로 뉴에이지를 그려보는 작업을 하고 싶을지 모른다. 비전이 여러분을 통해 흘러 다른 사람과 함께 볼 수 있도록 어떤 식으로든 발현하도록 하라. 여러분의 비전을 나눠라.

순환에 오르기

세계 이미지에서 우리는 위대한 어머니인 마더피스 자신이 횃불과 탬버린을 들고 제일 오래된 춤을 추고 있는 것을 본다. 그녀 뒤에는 세계의 여러 민족이 에너지의 고리를 형성하고 꽃송이들을 연결한 환영의 화환을 만들고 있다. 원 안에서 황홀해 하는 이는 아서 아발론 Arthur Avalon이 '조용하면서도 능동적인 의식 원리들의 결합'이라 부르고 폰 프란츠가 '개인의 정신 pscyhe과 온 우주의 마법적인 결합'이라 부르는 위대한 어머니를 나타낸다. 성적인 면에서 그녀는 신성한 양성구유 androgyny로 남성과 여성의 에너지를 통합한다. 요가나 다른 명상에서 그녀는 지복의 의식이 아니라 지복 그 자체인 의식의 해방을 상징한다.

영원의 원 안에서 의식의 춤은 중단 없이 계속된다. 직관과 황홀경을 강조하는 도교에서는 '중간계에서 도의 광활한 힘'을 '불멸'이라 한다. 그들에게도 이 힘은 '모든 존재의 신비한 어머니 여신'으로부터 흘러나온다. 여신이 오가면서 하늘과 땅을 창조한다. "따라서 행동하는 그녀는 결코 피곤하지 않다". 인도의 탄트라처럼 여신을 경배하는 이들에게 "비물질의 영이나 영 없는 물질은 생각도 할 수 없다". 하늘의 영과 땅의 물질을 하나로 알게 될 때 '우주 의식'을 얻는다.

우주 법칙에 대한 인도의 이해는 이집트나 수메르의 고대 문화가 그랬던 것처럼 위대한 어머니에 바탕을 두고 있다. 여신의 창조성이 모든 존재의 원인과 결과이다. 여신은 존재(불변의 의식 또는 '싯 Cit')이자 활동(형태를 바꾸는 끊임없는 창조 또는 '마야 Maya')이다. 의식적으로 인간의 기능 하나하나를 신성한 행위로 만듦으로써 우리는 세계를 누리는 동시에 모든 세계로부터 해방될 수 있다. "모든 것에서 어머니 여신을 볼 수 있을 때, 여신은 그 모든 것 너머에 계신 분임을 깨닫게 된다."<샥티와 샥크타>에서 아서 아발론이 한 말

세계 이미지에 내재된 의식에 다다르면 우리는 "존재하는 모든 것이 여기 있다"는 것을 이해하게 된다. 아발론이 말하듯 "그걸 위해 하늘을 바라볼 필요가 없다." 비스바사라 탄트라 Visvasara Tantra는 "여기 있는 것이 저기 있다. 여기 없는 것은 어디에도 없다"는 한 구절로 이를 요약한다.

'마야'라는 단어는 보통 '환영'을 의미하고 (사람들 대부분이 '현실'이라 생각하는) 존재의 모든 상태를 폄하하기 위한 것이다. 하지만 탄트라와 서양의 마법에서는 세속적 존재를 '신성하고', '진짜인' 것

의 한 형태로 인식한다. 다른 신성한 실재는 '무형'이고 '발현되지' 않았다. "원래 여신은 사람이 아니다"라고 아발론은 말한다. "하지만 여신은 끊임없이 인격화하고, 마음-물질의 다양한 형태인 가면(페르소나)을 쓴다."

마더피스 이미지에서 그녀는 원의 바깥쪽 고리를 형성하는 '자아들'의 중심에 있는 참자아로, 자신의 '다양한 자아들' 사이의 의식으로 그려졌다. 특히 세계는 '자신을 베일로 가리고 있는 의식' 또는 마야-샥티 Maya-Shakti, 옷처럼 형태를 입은 영이다. 이렇게 그녀는 육체에서 최고의 영적 몸까지 모든 '탈 것'을 통제함을 뜻하고 요가에서는 성취의 상징이다. 영적인 몸일 때 여신의 의식은 물리적 차원을 떠나 마음대로 다른 곳에 존재할 수 있다.

시간의 의미에서 '우주의 춤꾼'은 본질의 참자아로 다양한 생애 동안 다른 몸을 타고 영혼이 환생할 때마다 다른 형태를 띤다. 뇌의 반구가 몸의 반대쪽을 통제하기 때문에 그녀의 오른손에 들린 불은 길을 밝히는 좌뇌의 능동적인 의식을 상징하고 왼손의 음악은 우뇌보다 창의적이고 무의식적인 면을 상징한다. 분명히 그녀는 둘의 균형을 잡고 둘을 동등하게 활용한다. 홀은 꿈과 깨어 있는 현실이라는 두 세계 사이를 마치 경계가 없는 것처럼 움직일 수 있는 유형의 존재들, '시인, 예술가, 뮤즈, 수다쟁이 gossips, 벌, 요정, 아이들'을 말한다.

중심에서 춤추는 인물을 둘러싼 생명의 고리 또한 어머니 여신을 함께 경배하는 마녀회나 마법의 서클을 나타낸다. 중심에는 집단을 대표해 에너지 또는 스타호크가 '현실을 형상하는 미묘한 힘의 흐름'

이라 부르는 것을 전달하는 고위 여사제가 있다. 《스파이럴 댄스*The Spiral Dance*》에서 스타호크는 (살아 있는 모든 유기체의 상호의존성을 나타내는) '생태적 동그라미', '참자아의 동그라미' ("내면 여정, 개인적 비전 퀘스트, 자기치유와 자기탐색의 과정"이 일어나는 장소와 공동체 사회)를 이야기한다. 마녀들의 집회 댄스coven's dance에서는 마더피스 이미지의 순환처럼 "우리가 취하는 제스처 하나하나, 우리가 사용하는 도구 하나하나, 우리가 불러일으키는 힘 하나하나가 의미의 층들을 통해 공명하며 우리 자신의 한 측면을 깨운다." 외부에서 행동화된 것은 반드시 내면으로 받아들여져야 한다. "외부의 형태들은 내면의 심상화를 위한 망토이다. 그래서 동그라미는 우리가 그 중심에 있는 살아있는 만다라가 된다."

세계는 지복과 쿤달리니 에너지가 몸의 더 높은 센터들로 상승하는 것을 나타낸다. 그때 일어나는 몸과 영의 결합은 힘 불어넣기empowerment와 황홀경의 한 형태이다. 삼매Samadhi 명상의 최고 경지상태는 정신 또는 육체적 수련을 통해 얻어질 수 있다. 하지만 탄트라에서는 사랑 나누기를 통해 만들어지는 에너지를 상승시키면 정신적 방법만으로 가능한 것보다 더 완벽한 결합을 가져온다고 믿는다. 어느 경우든 몸-의식은 사라지지만, 쿤달리니 요가에서 몸(샥티)은 능동적으로 조용한 힘(시바)과 결합하여 정신 형태가 쉽게 제공하지 않는 즐거움을 만들어낸다. 몸-영의 결합인 고대의 방법은 여신을 숭배하는 여사제들이 초기 모계 문화의 숲과 신전에서 행하던 것이다.

세계 이미지 속의 인물은 집착 없이 과거를 떠나보내고 지지의 동그라미 안에서 황홀경의 춤을 추며 미래로, 열린 공간 안으로, 자신의 리듬 속으로 들어간다. 5장에서 기술한 여황제처럼 그녀는 평화의 가능성과 환희에 찬 생명의 축하라는 모계 세계의 선물을 제공한다. 세계 카드에서 우리는 몸이 신성한 것과 영적 진리를 실현하는 성전 이라는 것을 배운다. 대지는 신성하고 어머니 여신의 몸이며 그녀는 자녀들의 영역이다. 스타호크의 멋진 구절을 빌리자면, "여신은 세상을 지배하지 않는다. 그녀가 세계이다." 고대에는 어머니 여신의 몸이 정말 물리적 차원에서 경배 받았고 원시 문화는 여전히 그렇다. 잘 알려진 영국의 실버리 힐 Silbury Hill 영국 월트셔 카운티 애이버리에 있는 신석기시대의 인공 석회암 흙더미(언덕). 스톤헨지 등과 유네스코 세계문화유산은 위대한 여신의 상징 중 가장 크지만, 그녀의 형태는 전 세계에 기발한 방식으로 존재한다. 마이클 데임스의 말처럼 "선사시대에 땅은 '그것 It'이 아니라 '여신 She'으로 여겨졌다."

마더피스 인물이 춤추며 통과하는 꽃 줄은 페요테 Peyote 선인장의 열매와 꽃으로 만들어졌다. 그녀는 의례에서 마법 물질의 도움을 받아 일상 의식을 깨고 다른 차원에 도달한다. 아메리카 원주민들에게 페요테 원반은 일상 너머의 세상으로 가는 열쇠, 즉 시공간을 여행하는 신성한 수단이었다. 마더피스 이미지에서 춤추는 사람은 더는 페요테가 필요하지 않다. 그녀는 그저 존재하는 것만으로 고양된다. 영의 세계를 마스터했다. 신성한 공간으로 가기 위해 화학물질은 필요하지 않다. 단순한 생명의 호흡만으로 그녀는 자유로워진다.

동양에서는 '호흡 조절'을 해방으로 이끄는 신성한 수행의 일부로 가르친다. 세계는 리듬감 있는 들숨과 날숨을 나타낸다. 요가 수행에서 성취의 단계는 첫째 땀 흘리기, 둘째 떨기, 그리고 마지막으로 공중부양이다. 세계 카드는 완전한 호흡 중지라는 최고의 업적과 더불어 공중부양의 마지막 단계를 그리고 있다.

생기 넘치는 터키색 배경은 심장의 세계와 우주에서 대극들의 결합을 나타낸다. 아메리카 원주민들이 제일 좋아하는 이 색은 크레타의 예술과 폼페이의 벽화에서도 두드러진다. 이것은 '에테르' 혹은 열린 공간을, 즉 원형적 여성성과 물리적 차원의 안전을 버리는 것을 암시한다.

중앙의 마더피스 인물을 둘러싼 원형의 인간 띠는 다문화적이고 인종적으로 섞여 사람들 사이의 진정한 이타주의와 교류를 상징한다. 우리는 함께 이 지구를 공유하고 같은 공기를 숨 쉰다. 스타호크의 '연습' 중 하나다.

"원 중심에서 만나는 우리의 호흡을 느껴보라…우리가 하나로 호흡하는 동안…한 숨을 들이 쉰다…들이마시고…내쉬고…하나의 원으로 숨 쉰다…숨 하나마다 살아있는 하나의 유기체로서…숨 하나마다 하나의 원으로 하나가 되며…."

이 카드가 나오면

세계 카드가 나오면 여러분은 어떤 면에서 마음, 몸, 감정의 세 차원을 마스터했다는 의미다. 여러분은 자신을 편안하게 해주는 방식으로 자신을 알게 되었다. 어떻게 이 지점에 도달했나? 9장에서 전차는 물리적 차원의 승리를, 이 세상에서 훌륭하게 지내는 걸 나타냈다. 16장에서 절제는 정서와 에너지 영역을 마스터한 것을 의미하고, 통제와 균형을 성취하여 더는 정서와 느낌이 여러분을 통제하지 않는다. 이제 세계 카드와 함께 여러분은 더 큰 균형과 통합에 도달하였고, 이는 영적 영역에서 일어나는 것으로 처음 두 영역을 포함하고 또 초월한다. 여러분의 인격은 중심에 있는 참자아의 감각에 의해 여러분 내면의 참자아에게로 인도되는 것 같고, 참자아는 여러분 삶의 모든 수단을 통해 작동한다. 여러분은 자신의 모든 부분을 아는 상태, 세상에서 진짜 자신을 표현하기 위해 그 부분들을 이용하는 상태다.

여러분은 어떤 일을 완결해서 어떤 단계의 끝이자 다른 단계의 아주 광범위한 시작에 도달했다. 그 변화가 정확히 무엇을 의미하는지 모를 수 있지만, 그건 분명히 성장을 가져온다. 무언가를 끝냈다는 느낌보다 어떤 것이 시작되는 것을 느낄 것이다. 온 세계가 여러분 앞에 펼쳐진다. 모든 가능성이 제공되고 여러분은 이 새로운 시작에서 무엇이든 다 포용할 수 있을 것 같다. 2장에 기술한 바보처럼 여러분 또한 그렇게 느끼지만, 그때 여러분은 무의식적이고 스스로에 대해 자각하지 못했다. 이제 세계로서 여러분은 자기 자신과 다른 사람들을 안다. 여러분에게는 경험과 의식이 있다. 하지만 여러분은 바보가 옳았고 거기에는 열림과 순수한 충동만 남아 있다는 것을 이해하게 되었다.

세계 카드는 초월을 나타낸다. 그래서 이 경험을 정의하거나 말로 표현하기 어려울 수 있다. 마치 여러분의 영이 춤을 추는 것처럼 마냥 들뜬 느낌일 수 있다. 크고 중요한 통찰, 세상의 지혜를 감지하지만 분명하게 표현하지는 못할 수 있다. '우주' 의식의 경험은 이를 공유한 전 세계 현인들과 요기들 모두 합리적 어휘로 표현하기 어렵다는 데 동의한다. 제일 중요한 느낌은 역설이고, 이는 여러분을 환희에 차 울고 웃게 할 수 있다. 여러분우 자신이 한 개이이지만 다른 사람들과 완전히 똑같디는 집을 안디.

세계가 어떻게 작동하는지 이해하기에 여러분은 시간에서 한 발짝 벗어날 수 있고 자신을 억겁의 경험을 가진 영으로 느낄 수 있다. 인간적인 문제들에 기적처럼 영향을 받지 않은 것처럼 느껴지기도 하지만 삶 속의 개인적 문제들을 충분히 유능하게 다룬다. 무엇이 실재인지 이해하기에 여러분은 지금 물리적 차원에서 일어나는 일을 다룰 수 있다. 여러분은 전체 상황을 개괄할 수 있기 때문에 세부사항에 집중할 수 있다. 어떤 것도 여러분을 압도할 수 없다. 왜냐하면 전체 우주에서 여러분은 모래알에 불과하기 때문이다. 그럼에도 불구하고 동시에 여러분은 자신의 고유한 개인성을 인식한다. 그래서 여러분은 세상의 문제들을 해결하기 위해 다른 사람들과 일할 준비가 되어 있다.

2부

마이너
아르카나

MINOR ARCANA

일상의 드라마

'바보'에서 시작해 '세계'로 끝나는 메이저 아르카나 22장의 전체 순환을 거쳤다. 이제 우리는 메이저 아르카나가 구현한 우주적 테마에서 좀 더 친숙한 일상의 드라마로 나아갈 수 있다. 메이저 아르카나가 보통의 경험을 뛰어넘는 거대한 힘들을 묘사한다면 마이너 아르카나는 우리가 사는 평범한 작은 소우주의 사건들을 다룬다. 우주적 행로가 우리 영혼에 중요하다면 생각과 감정, 신체 감각과 같이 일시적인 현상을 포함하는 사건들은 우리의 인격에 중요하다. 사실 이런 사건들이야말로 우리가 직접 겪고 공유하는 세상이다.

메이저 아르카나를 다룬 장에서 나는 영혼과 우주적 단계 또는 진화적 단계를 통한 영혼의 발달에 초점을 두었고, 인간의 성격이 반응할 수 있는 환경이나 행성들의 영향, 신화적 원형들을 언급하였다. 메이저 아르카나 카드 22장을 설명할 때 후반부에 "이 카드가 나오면, 이는… 의미이다"라는 말이 나온다. 이론적이고 신화적 논의에서 개인에게 적용하는 부분으로 넘어가기 전에 잠시 멈출 필요가 있음을 강조하기 위해서 이런 형태를 취했다.

앞으로 나올 챕터에서 에이스부터 10번까지의 번호는 앞서와 같은 구분이 필요 없다. 모든 것이 인격 수준과 관련 있기 때문이다. 독자는 마치 자신이 거기에 묘사된 인격인 것처럼 혹은 자신이 행동에 참여하는 것처럼 투사를 통해 마이너 아르카나 마더피스 이미지에 접근할 수 있다. 카드 읽기는 이렇게 꿈에 나타난 모든 면을 하나하나 자신의 한 측면으로 동일시하여 어떻게 자아가 다양한 목소리들의 집합체인지 제대로 이해하는 '꿈작업'이 된다. 딸에서 샤먼에 이르는 '인물' 카드 메이저 아르카나처럼 다시 신화가 관련된다. 그래서 나는 기본적인 기술 뒤에 '리딩' 부분을 다시 덧붙였다.

현대 포커의 원조인 마이너 아르카나는 슈트suit로 나눠 불, 물, 공기, 흙의 4원소를 상징한다. 카드 게임 클로버가 타로에서는 지팡이(불)이다. 하트는 원래 컵(물)이었고, 스페이드는 검(공기), 다이아몬드는 원반 또는 펜타클(흙)이었다. 세계의 거의 모든 문화가 4원소, 즉 모든 생물과 상호작용하는 원재료를 다룬다. 흙은 물리적 차원을 상징한다. 물은 무의식과 감정을 나타낸다. 불은 생명력의 에너지, 즉 행동을 추동하는 열정을 의미한다. 공기는 생각과 (지금 우리가 묘사하고 있는 것과 같은) 아이디어, 즉 정신적 차원을 나타낸다.

각각의 타로 슈트에는 번호가 매겨진 10장의 카드와 4개의 궁정 또는 인물 카드가 있다. 현대 포커에서처럼 타로 슈트도 왕과 왕비가 있지만, 잭 카드는 전통적으로 시종이라 불린다. 덧붙여 타로에는 기사라는 궁정 카드가 있는데, 포커카드로 넘어가면서 사라졌다.

마더피스 이미지에서 유럽 전통의 왕은 샤먼이 되었고 여왕은 여사제, 기사는 아들, 시종은 딸이 되었다. 에이스와 번호가 붙은 카드들의 이미지는 새롭게 바뀌었지만 그 의미는 타로에서 항상 가지고 있던 그대로 유지된다.

마더피스 이미지에서 마이너 아르카나가 배열된 방식에는 여러 의미가 있다. 예를 들면, 백인뿐 아니라 흑인과 갈색, 여성과 남성, 노인과 어린아이까지 포함해 선사시대에서 현재까지 인간의 진화를 나타낸다. 각 슈트에서 카드를 번호 순서대로 읽으면 역사상 특정한 집단이나 시기에 관한 이야기가 된다. 딸, 아들, 여사제, 샤먼이라는 인물 카드는 다른 원소들의 에너지를 표현할 뿐 아니라 삶의 단계에 따른 성장과 발달을 반영한다. 25장에서 31장까지 이 모든 내용이 질서정연하고 점진적으로 그 풍요로움을 감상할 수 있게 구성되었다. 카드를 개별적으로 살펴보기 전에 문화의 진화를 순서대로 따라가며 네 슈트의 특수성을 살펴보자.

지팡이 *Wands*

지팡이 슈트는 불의 에너지와 힘을 기술한다. 지팡이는 막대기나 지휘봉이나 몽둥이가 될 수도 있다. 권력과 권위, 긴급함과 행동을 상징하고 또 다른 차원에서는 영의 삶을 상징한다. 점성학적으로 불의 카드는 불의 세 별자리, 즉 양자리와 사자자리와 사수자리의 지배를 받는다. 마더피스 이미지에서 지팡이는 횃불로 자주 나오고 리비도와 섹슈얼리티라는 몸의 불뿐 아니라 물리적 불이 일으키는 빛과 온기를 나타낸다. 전통적으로 '남근'과 '남성'으로 묘사되기는 했지만, 지팡이는 활발한 창조성과 여성적 힘을 나타내는 힌두교 여신인 샥티 Shakti를 나타내기도 한다.

불은 여성의 힘을 나타내는 고대의 상징으로 탄트라의 붉은색, 즉 월경혈의 색깔이다. 성스러운 붉은색은 지팡이 슈트 전반에 걸쳐 있다. 숫자가 커지면서 에너지가 쌓이고 그 힘도 커진다. 에이스와 2번 카드는 노란색에 빨간색이 조금 있고, 3번에는 빨간색이 더 들어가고, 그렇게 나아가 9번과 10번은 불길에 휩싸인 듯 붉다. 빨간색은 화성의 에너지로, 한때는 성적 열정의 신성한 에너지로 알려졌지만 최근 들어 '전쟁의 신'으로 여겨지게 됐다.

모든 문화가 빨간색을 반기진 않는다. 예를 들어, 나바호족은 '악'의 색으로 여긴다. 죽음의 여신이자 끔찍한 어머니 여신인 인도의 칼리도 붉은색이다. 우리의 문화는 붉은색을 분노와 전쟁과 연결한다. 우리는 에로스를 전사로 만들었다. 한때는 에로틱한 것이 불의 영역에서 나왔지만 우리는 이를 공기의 세계, 곧 정신적 차원으로 옮겨 버렸다. 에로스는 뜨거웠지만 현대의 에로티시즘은 많이 차갑고 초연해졌다. 솟구친 뱀을 나타내는 지팡이의 에너지와 치유의 열에서 멀어진 시각적 경험이 된 것이다.

마더피스 이미지에서 지팡이는 다시 한 번 열정적이고 에너지 넘치며 몸을 관통해 움직이는 열을 상징하며, 행동을 일으키고 세포를 재생시킨다. 이들 이미지 속 사람들은 고대인들이다. 흔히 '원시적'이고 '선사시대'로 불리는 이들은 확실히 가부장제 이전의 사람들이다. 이들은 아프리카에 살고 어머니와 아이라는 가장 핵심적인 관계를 중심으로 사회적 관계를 맺는다. 이들은 불의 발견, 언어와 소통의 발명, 문화와 예술, 그리고 종교의 진화를 나타낸다.

지팡이 슈트는 메이저 아르카나의 마술사에 대응한다. 선사시대 유적에서 발견된 수많은 '지팡이'들을 '계명의 지휘봉'라 불렀지만, 그 사용처는 고고학자들도 이해하지 못했다. '무기'나 '공구'였을까? 그 공예품들이 수작업에 사용된 흔적은 없다. 어떤 의례에 사용됐을까? 어쩌면 최고의 단서는 지팡이나 기도봉의 도움으로 마법의 힘을 집중시키는 북미 원주민 샤먼들과 현대 마녀들의 관행에 있을지도 모른다.

검 Swords

검 슈트는 정신 활동과 마음의 힘을 나타낸다. 마음은 시끄럽고 너무 자주 투사하기 때문에 검은 전통적으로 다른 슈트에 비해 좀 더 부정적 특성을 나타낸다. 마더피스 이미지에서 이들은 아리아 인종과 여신 문화에 쳐들어온 초기 가부장 침입자들을 묘사한다. 빛은 좋고 어둠은 나쁘다는 생각을 가지고 지중해와 소아시아에 들어와 원주민들에게 여신 문화를 포기하도록 강요하고, 하늘 신(나중에 태양신)을 숭배하며 공격성과 지배 그리고 영적 초월의 신을 숭배했던 것이 바로 아리아인이나 인도유럽인들이다. 하지만 마더피스의 검은 아테네 여신의 통치하에 이런 침략자들에 저항해 싸우려 했던 아마존 전사들의 의도와 담대한 지성을 체화하기도 한다.

지팡이 슈트가 석기시대를 배경으로 하는 반면, 검 슈트는 뒤이은 누런 금속의 시대, 즉 도구는 황동으로 만들어지고 가장 좋은 장신구는 금으로 만들어진 시대를 배경으로 한다. 금은 지배자와 군주들이 선호하는 금속이었고(지금도 그렇다.) 권력과 권위, 부와 지휘를 나타낸다. 금에 대한 욕망은 역사상 수많은 전쟁과 학살의 근본 원인이었고 앨리스 베일리 Alice Bailey와 같은 오컬트 스승들은 금과 금의 오용과 관련된 부정적 업보를 경고한다. 금은 본질적으로 아주 강력한 금속으로, 그 진동은 밖을 향하는 힘이다. 바깥세상에서 효과적이고 싶을 때 우리는 금을 입는다. 반면 금을 너무 강조하면 오늘날 전 세계에서 볼 수 있는 무제한적인 지배 추구로 이어진다. 금빛은 태양의 색깔을 나타내기도 하고, 이아손의 황금 양털에서 보듯 영웅의 색깔로도 알려져 있다. 또 왕의 금속이기도 해서 인간성과 생명으로부터 스스로를 단절시키는 '마이더스의 터치'로 이어지기도 한다.

이 슈트에서 두드러지는 노랑과 황록색은 검이 아우르는 정신력을 반영한다. 거기에는 추상적 사고와 개념화의 잠재력이 있고, 사물의 논리를 아는 것뿐 아니라 시스템을 만들고 미래의 시간을 명확히 보는 힘도 있다. 검은 거짓을 가르고 진실을 추구하는 마음의 힘을 함축한다. 이렇게 검은 에고와 에고의 분리적 성향, 가부장제 시대를 나타내는 '나'와 '타자'에 대한 감각을 나타낸다. 검 슈트는 6장에서 황제의 활동에 상응하는데 황제는 질서를 부여하는 의식으로 세상의 '대상들'에 이름을 붙이고 분류한다.

컵 슈트는 물의 여성적 요소와 수용적 특성을 상징한다. 컵은 그릇으로 감정과 정서와 욕망, 무의식의 꿈과 비전을 담는다. 컵은 달의 성질을 띠기에 은빛 달과 아스트랄로 나타나 있다. 4장의 고위 여사제처럼, 컵은 오라클이 떠오르는 내부의 공간이자 주신제 같은 종교적 표현 방식이다. 또한 신성한 것에 대한 깊은 느낌-수준의 경험이 일어나 내면에서부터 귀 기울이는 여성 의식의 태도를 묘사한다. 컵은 자궁과 어머니의 가슴에 대한 원형적 상징이다. 점성학에서 물을 나타내는 게자리와 전갈자리와 물고기자리의 지배를 받는 컵은 재생의 에너지, 치유력, 심령적으로 알 수 있는 능력을 반영한다.

마더피스 이미지에서 컵 슈트는 주로 기원전 2,000년 전, 여신 숭배에서 가부장제로 넘어가던 지중해의 크레타섬을 주 배경으로 한다. 다른 곳을 배경으로 하는 유일한 이미지는 북미에 위치한다. 이는 크레타의 종교와 문화가 전복된 후기 전환기에 이주가 이뤄졌음을 암시한다.

크레타 섬의 여신 문화는 광범위하게 퍼져 있었고 수백 년에 걸쳐 진화했다. 고고학자들은 후기 '궁정 시대'에 가장 주목하는데, 이 시기에 저택, 세금, 장부 작성과 일상적 통치 언어의 발달과 함께 '왕'과 '통치자' 같은 계급 분화의 가부장적이고 과시적인 요소가 나타난다. 이 시기에 가장 잘 알려진 유적인 크노소스궁은 호화롭고 귀족적이다. 하지만 사원과 곡물창고를 포함한 소위 궁정들이 섬 전역에 많이 있었다. 그 대부분은 종교적 의례가 행해지는 신성한 동굴들과 연결되어 있었고, 이런 의례는 '궁정' 문화가 파괴되는 기간에도 계속되었다. 궁정 문화는 기원전 1,400년경 테라산의 거대한 화산 폭발과 인간의 침략과 말살로 인해 파괴되었다.

컵 슈트의 파란색과 녹색은 바다와 꿈 세계의 내면 영역을 나타낸다. 이 슈트에는 즐거움과 감정이 있고, 마법과 달의 광기에 대한 이야기, 뱀 여사제와 플루트 연주자가 있다. 물은 엑스터시와 무의식적 지복, 가슴 깊은 즐거움과 사랑의 흐름을 나타내는 원소이다. 금성의 지배를 받는 이 슈트는 아프로디테에게 속하고, 크레타에서 이 여신은 브리토마르티스Britomartis나 딕티나Dictynna 그리고 에게Aegea 또는 레아Rhea로 알려져 있다.

원반 *Discs*

원반 슈트는 흙과 물리적 차원을 묘사한다. 원반은 몸과 돈, 물질 세계처럼 뭐든 견고하고 실제인 것을 암시한다. 요가에서 원반은 1번 차크라나 에너지 센터, 우리 안에 있는 생존과 건강과 물질성physicality에 집중하는 장소를 나타낸다. 전통적으로 '펜타클'이나 '동전coins'으로 불린 원반은 흙의 마술과 스스로 생명을 유지하는 능력을 나타낸다. 5장의 여황제, 즉 대지 모신에 상응하는 원반은 창조와 출산, 물물교환, 경제, 풍요로운 수확을 상징한다. 나아가 여황제의 확장으로 마더피스의 원반은 공동체적 삶의 방식을 찬양하는데 이 사회에서는 어머니와 아이의 유대와 모성과 집단의 나눔이 중심이 되고 일은 의미 있고 서로 인정받으며 모두가 예술품을 만든다.

오늘날 이런 가모장matriarchal 단어 자체는 '가모장의'이지만 '여신(문화)의'로 번역해야 한다는 이들도 있다의 생활방식은 일부 원주민 부족과 남아프리카 칼라하리 사막의 부시인 외에 거의 남아 있지 않다. 일부 민족은 백인 문화와 접촉한 뒤에도 지구와 생명체들과 조화롭게 지내는 방식을 어떤 식으로든 유지해왔고, 이는 우리가 생태학을 통해 재발견하고자 하는 것이기도 하다. 이들 문화는 생명의 수호자이자 그릇인 여성과 자연에 대한 존중을 포함해 '옛 방식'이라 부르는 것을 유지해왔다. 마더피스의 원반은 북미 원주민들이 신성한 의미와 목적의식을 가지고 접근하는 실용적인 일상의 활동을 묘사한다. 이런 의식은 현대 미국의 평범한 문화 활동에서는 거의 사라진 것이다.

원반은 당연히 원이며, 기디온Giedion은 원이 대상에 대한 상징으로 인간 의식에 떠오른 가장 오래된 상징이라 부른다. 원은 여성의 생식과 영속, 완벽한 형태에 담긴 시작과 끝을 의미한다. 선사시대나 '모계' 문화에서 원은 지배적인 모티프이다. 집은 원형이고 무덤도 둥글다. 고고학자들은 석기시대 동굴에서 벽에 둥글게 파낸 가슴 표식성혈, 性穴과 원형의 뚫어진 구멍, 손과 가슴이나 동물 주위에 혹은 혼자 색이 칠해진 지점이나 (대개 빨간색이 칠해진) 원반을 발견했다. 둥근 원반과 구멍이 뚫린 석판도 발견됐는데, 학자들은 어떤 식으로든 의례에 쓰였을 것이라 추측한다. 아메리카 원주민의 생활방식에서, 에블린 이튼Evelyn Eaton이 보여주었듯 "스웻로지북미원주민들이 땀을 흘리며 심신을 정화하는 의식을 행하는 곳. 보통 돔 모양으로 지어진다는 둥글고 불의 돌fiery rocks이 담긴 중심의 구멍도 둥글고 태양도 둥글고 세계도 둥글고 새의 둥지도 둥글고 삶은 탄생과 죽음 사이의 한 바퀴round이고 모든 것이 원으로 순환하며 모든 것이 우주의 바퀴에 정해진 자리가 있다."

마법에서 마력의 '펜타클'처럼 원반은 신성하고 비밀스러워 상징과 말이나 룬 알파벳과 같은 마법의 언어를 통해 구전된 것을 나타낸다. 여신 종교는 대지^{Earth}의 종교로 지구와 모든 땅의 에너지를 신성하게 본다. 원반은 언어와 예술의 전달자이자 우리 세포에도 신성하고 알려진 것의 전달자로서 명판^{tablet}을 나타낸다. 아주 오래된 이런 몸의 지혜는 여전히 우리가 이용할 수 있는 것이다. 이는 대지 모신의 자녀인 우리의 유산이다. 이것으로 우리는 스스로를 치유할 수 있고, 이것이 없으면 우리는 죽은 것이다.

이제 이런 갑작스런 약속과 경고 뒤에 우리는 마이너 아르카나의 카드 한 장 한 장을 살펴볼 준비가 되었다. 25장부터 27장까지는 4가지 슈트의 숫자 카드를 간략히 살펴볼 것이다. 일반적으로 이 카드들은 간략한 스케치 정도면 된다. 부분적으로는 메이저 아르카나에서 상세하게 살펴보면서 알게 된 지식 덕분이고 또 한편으로는 마이너 아르카나의 각 카드는 슈트에서의 위치와 같은 숫자의 다른 카드와의 대비를 통해 조명되기 때문이다. 그다음 28장부터 31장까지는 '인물' 카드를 논의할 것이다. 메이저 아르카나처럼 이 카드들은 자세한 배경설명과 '리딩' 그리고 별도의 결론이 필요하다.

활동궁 Cardinal Signs

각 슈트의 에이스와 2번, 3번 카드는 점성학에서 그 원소의 '기본수' 사인에 해당한다. 따라서 지팡이의 첫 3개의 이미지는 양자리이고, 검의 첫 3개의 장은 천칭자리, 컵의 첫 3개의 장은 게자리, 원반의 첫 3개의 장은 염소자리이다. 이 활동궁은 이들이 대표하는 원소의 시작하는 측면이다. 불(즉 힌두교 시스템의 라자스 rajas 힌두교 철학에서 물질의 원리 중 하나, 에너지가 넘치고 활동적인 상태)처럼 이들은 손을 뻗어 현실과 직접 접촉한다. 그들은 자신이 어디로 가는지 안다. 기하학적으로 이들은 직선에 상응한다.

에이스 카드: 선물 Gifts

숫자 1과 마법사에 상응하는 에이스 카드는 삶의 중심점, 활동의 시작점을 나타낸다. 에이스는 선물, 제1원인, 뿌리이다. 에이스 카드는 특정 슈트를 통해 진화하는 주된 충동을 나타낸다.

검 에이스

검 에이스 *Ace of Swords*

검 에이스는 특별히 정신적 차원의 힘을 나타낸다. 검은 공기를 나타내고 사고형태와 아이디어와 관련 있다. 검 에이스는 생각이 시작되는 지성의 선물이다. 마더피스 이미지에서 오른손은 검을 안정되게 잡고 정조준하여 의지가 목표를 향하게 한다. 구체적인 무언가를 하려는 선택이 내려졌다. 상현달은 차오름과 새로운 시작을 상징한다. 정신이 날카롭게 한 점에 모일 때 오른손에서 의지력이 쏟아져 나온다. 승리하려는 결심과 공격적인 '예스yes'가 나왔다.

영적 수준에서 이 이미지는 '빛의 몸', 즉 영이 머무는 몸이자 나비처럼 천상의 영역으로 비상하게 하는 미묘체를 만들려는 욕구를 나타낸다. 인물은 차오르는 은빛 초승달 위에 균형을 이루며 차오름과 보호를 나타낸다. 검은 이 명상하는 요기니의 중심축이다. 중심을 잡아주는 동시에 그녀를 대표한다. 이 명상 자세는 제2의 시력, 투시력, 내면의 비전이라는 선물을 준다.

지팡이 에이스 *Ace of Wands*

지팡이 에이스는 불을 나타내고 영과 직관과 에너지의 시작이다. 알이 벌컥 열리고 해가 태어난다. 불의 중심에서 한 인물이 환희에 차 뛰어오르며 미래에 대한 희망을 표현한다. 영이 아기처럼 새롭게 재탄생하고, 불의 힘이 인격을 통해 흘러내린다. 이 에너지는 확장하는 성질을 지녔다. 우리의 능력을 열어준다. 불멸의 감각과 무엇이 가능한지 감지하는 능력을 강화한다. 우리는 살아 있고 따뜻하고 자신감 있고 친근하며 갈망하는 바를 간절히 이루고자 한다.

열정이 깨어나고 창의성이 보장된다. 힌두교 불의 여신 샥티가 인격 안에서 살아나 창의성을 자극한다. 봄처럼 깨어난 영은 행복하고 건강하고 시작할 준비가 되었다. 이 카드는 목표가 무엇이든 그를 위해 확장하는 활동과 의지력을 나타낸다. 활발한 성적 에너지와 강하게 끄는 힘을 나타낼 수 있다. 에로스의 열정heat이 태어났다. 심장에 불이 붙을 것이다.

컵 에이스 *Ace of Cups*

컵 에이스는 사랑이라는 선물, 즉 깊은 감정 속으로 뛰어드는 것이다. 환희의 샘처럼 감정이 흘러넘친다. 뛰어드는 은총 후에 부드러운 착지와 깊은 무의식의 환영이 보장되어 있다. 착지한 곳이 자양분

컵 에이스

과 양육의 컵일 수 있고 혹은 순백의 고니가 부드러운 파도를 타고 가볍게 스쳐 지나는 사랑의 바다일 수도 있다. 어느 쪽이든 좋은 감정이 보장된다. 연한 푸른색과 녹색은 평화와 순수함이 물 같은 고요함 속에 있음을 가리킨다.

컵 에이스는 정서와 아름다움, 즐거움과 영감과 상상력이 흘러드는 것에 승복한다는 뜻이다. 은빛 컵은 그릇이고 성찬배^{chalice}이자 성배^{grail}, 즉 여성의 수용하는 방식의 원형이다. 이 카드는 조건 없는 사랑, 열린 가슴의 광대함에 빠지는 환희에 찬 경험을 약속한다.

원반 에이스 Ace of Discs

원반 에이스는 땅의 에너지가 주는 선물, 즉 무언가 물질 형태의 탄생을 약속한다. 그것은 아기일 수도 있고, 돈이 들어오는 것일 수도 있다. 어떤 형태든 무언가가 분명하게 나타나는 것을 의미한다. 누군가 무엇을 가져오거나, 뭔가 좋은 일을 하거나, 어떤 식으로든 기분을 좋게 해준다. 새로운 일이나 직업, 완전히 새로운 삶, 새로운 패턴이 시작되는 것일 수도 있다. 그 사람은 아이디어를 물리적 현실로 만드는 법을 배운다.

양탄자 위의 도토리들은 겨울의 긴 밤과 추운 날들과 나중에 필요한 것들을 저장할 시간임을 알려준다. 원반 에이스는 명상의 시간, 에너지를 안으로 당길 때를 의미한다. 아기는 내면의 신비와 12월 '동지 아이'의 탄생을 나타내고, 한 해의 수레바퀴가 돌아감을 축하한다. 새끼표범은 아이와 함께 자라날 동물의 영을 나타낸다. 어쩌면 마법사가 입은 가죽은 이 표범의 (죽은 후에) 것일지 모른다. 동물은 인간의 영에 그 힘을 빌려주어 육체적 생명이라는 선물을 준다.

2번 카드: 균형 *Balance*

2번 카드들은 달의 지배를 받고, 고위 여사제처럼 수용성과 자기력magnetism을 나타낸다. 2는 대극의 움직임으로 바깥이나 앞을 향한 1의 움직임에서 물러나는 것을 뜻한다. 2는 다소 비밀스럽거나 사적이며 1이나 3보다 더 무의식적이고 조용하다. 모든 2번은 극성과 대극 사이의 균형을 가리킨다.

검 2번 *Two of Swords*

검 2번은 정신적 균형과 평화를 얻으려는 시도를 나타낸다. 마음은 고요를 원하고 바깥세상에서 일어나는 일은 무엇이든 다루지 않으려 한다. 일시적으로 벗어나 기분을 전환하는 한 가지 방법은 태극권

검 2번

이나 요가처럼 균형을 잡는 훈련을 하는 것이다. 마더피스 이미지에서 사용된 검은 깃털처럼 부드러워서 무한한 고요의 공간을 만든다. 이 여성은 옆에 있는 새에게서 아사나(황새 자세)까지도 배우고 있다. 전설 속 황새가 아기를 데려오기에 이 카드에 다산성이 숨겨져 있다면, 공기의 원소로 정신을 나타내는 검 카드는 마음의 다산성을 나타낸다.

이 인물 뒤 더 깊은 수준에서 쓸 수 있는 힘power이 있다. 바다와 밤하늘은 여성의 상징이고 만일 인격이 이들 자원을 활용하고자 소망한다면 보름달은 자신의 모든 찬란한 빛과 에너지를 제공한다. 지금은 그녀가 이를 사양하고 있다. 그라운딩과 사적인 자유와 더불어 완벽한 균형을 구하고 있다. 이렇게 일시적인 물러섬은 마음을 고요히 하고 다음 할 일에 대해 생각할 시간을 준다. 검이 빠르게 움직이는 에너지를 나타내기 때문에 상황이 빠르게 변하리라는 점은 의심할 바 없다. 그러는 동안 심호흡 할 기회, 한숨 돌릴 시간을 갖는다.

지팡이 2번

지팡이 2번 *Two of Wands*

지팡이 2번은 불을 피우는 방법에 대한 비전이나 메시지를 가져온 조상 같은 인물의 방문을 그린다. 불을 피우는 건 삶의 전부를 의미하기 때문에 이해해야 할 중요한 일이다. 대부분의 문화에서 여성이 불을 발견했다고 한다. 어쩌면 여기 이 여성은 리비도, 즉 몸의 불을 피우는 중인 것 같다. 어느 쪽이든 불은 샥티, 즉 우리가 원하는 것을 얻는 수단이다.

지팡이 2번은 개인적 힘을 포착하는 것, 즉 에이스에서 탄생한 불의 사용법을 배우는 것을 가리킨다. 이 인격의 수용적인 부분은 배움에 열려있다. 그녀는 마찰로 불을 일으키는 법을 보여주는 나이 든 영을 주의 깊게 바라보며 경청한다. 이 인격에서 활동적인 부분은 시범을 보이고 삶에서 필요한 기술을 참을성 있게 가르친다. 마더피스 이미지에 그려진 꿈-비전은 언어 소통에 앞선 불의 형태라 할 직관이 깨어나고 있음을 뜻한다. 인격은 자신이 무엇을 할 수 있는지에 대한 직관이나 이해가 번뜩이는 경험을 할 것이다.

컵 2번 *Two of Cups*

컵 2번은 또 다른 양극성을 가리키고 감정의 영역 안에 있다. 물과 같고 깊은 곳에서 일어나는 연결은 아마도 본질상 성적인 것, 즉 감정의 무의식 수준에서 끌어당기는 힘일 것이다. 두 사람(또는 인격의 두 부분)이 하나가 되어 사랑의 축배를 든다. 뱀이 이들의 컵을 감싸고 자기 꼬리를 물어 그 연결을 봉인하고 원을 완성한다. 두 인물이 조화와 상호연결성을 경험하며 즐기는 환희에 찬 놀이는 배경에 있는 돌고래의 장난으로 다시 표현된다.

머리 위 하늘에는 차오르는 달이 저녁별 옆에서 떠오르고 달과 별은 이들의 새로운 사랑에 축복을 비춘다. 여기에 아르테미스와 아프로디테의 에너지, 밤의 야성이 심장의 달콤함과 함께 합류한다. 무의식의 욕구가 의식의 사랑과 합쳐져 둘은 하나가 된다.

컵 2번

원반 2번

원반 2번 *Two of Discs*

원반 2번은 쌍둥이의 엄마가 되어 바쁜 삶의 한가운데서 이 모든 걸 어떻게 해낼지 고민하는 이에게 필요한 저글링을 묘사한다. 지금까지 그녀는 상당히 잘해왔고 아기들은 행복하다. 하지만 그녀의 손은 꽉 차 있고 필름은 계속 돌아간다. 한 아기는 먹고 싶어 하고 다른 아기는 잠자고 싶어 할 때, 그녀는 서로 반대 방향으로 돌아가는 머리 둘 달린 뱀이 된 느낌이다. 마더피스 이미지에서 그녀의 정신 상태를 담은 필름 릴reel은 켈트족의 바퀴와 대지를 상징하며 그녀가 고대의 힘에 발을 딛도록 한다.

그녀는 대지에서 필요한 지지를 얻고 그녀의 발은 흙에서 자양분을 얻는 큰 나무의 뿌리처럼 단단히 서 있다. 그녀는 자신의 몸 안에 아이들을 돌보는데 필요한 것들을 갖고 있음을 알고 있다. 땅거미 지는 하늘에서 차오르는 달은, 창의성의 두 가지 측면을 관리하는 힘든 작업에 필요한 강인함과 회복을 약속한다. 한 번에 하나 이상 프로젝트의 균형을 잡으려 하거나 내면의 성장과 외적인 성취를 동시에 다루고 있는 사람은 이 젊은 엄마와 같다.

3번 카드: 통합 *Synthesis*

능동적이고 수동적인 현존을 통합하는 3은 처음 두 숫자에 비해 더 안정적으로 조화와 흐름을 나타내는 삼각형이다. 3번 카드는 대개 어떤 형태의 집단 활동, 둘 이상이 하나로 모이는 것을 나타낸다.

검 3번

검 3번 *Three of Swords*

검 3번은 정신 에너지가 투쟁을 통해 합쳐지는 것을 나타낸다. 권력의 춤에서 조화를 얻기 전에 난관이 있다. 인격의 세 부분 또는 세 인격이 서로를 찌르고 막는, 고통스러울 수밖에 없는 춤에 몰두해 있다. 마음이 관계나 그 역동을 걱정하는 데 사로잡혀 있거나 아니면 여러 사람이 '연속극^{soap opera}'처럼 서로 연루되어 있다. 그들은 관계를 맺고 싶어 하지만 분리된 에고들은 이들이 가까워지지 못하게 한다. 생각의 검은 꿰뚫고 찌르느라 방어 외에 다른 선택의 여지를 남기지 않는다.

마더피스 이미지에서 여성들이 새의 옷을 입고 자신들의 뛰어난 말재주를 강화시킨다. 이 의상은 이들의 페르소나, 즉 서로에게 취약해지지 않으려고 쓰는 가면이다. 이들은 고대의 새 여사제가 되기를 바라며 춤으로 에고를 밀어내려 하지만 여전히 생각과 닿아 있다. 데이지 꽃사슬은 이들이 서로서로 연결되어 있으면서도 갇혀 있다고 느끼는 점을 반영한다. 이것이 사랑의 춤이 되려면 각자 자기 심장의 감정과 접촉해야 한다. 그렇지 않고선 행복이나 조화를 얻을 수 없다. 이 로맨틱한 삼각관계에 연루된 셋 중 하나는 연인을 잃을 것이다.

지팡이 3번 *Three of Wands*

지팡이 3번은 의사소통과 자기표현의 기쁨을 가리킨다. 초기 인류는 사하라의 암벽에 이 마더피스 이미지와 비슷한 인물들을 그렸다. 이들이 속한 집단의 삶의 방식은 어떠했을까? 이들에 대해 알려진 바는 거의 없지만 아프리카의 비슷한 환경에서 단서를 볼 수 있다. 아프리카 !쿵부쉬족들은 우리가 아는 그 어떤 사회보다 평등하다. !쿵부쉬족은 사랑과 보살핌으로 아이들을 키우고 남녀 모두 아이들과 자주 소통하고 접촉한다. 아이들은 태어날 때부터 개방적이고 창의적이며 성적 표현을 하도록 격려 받는다. 고대부터 !쿵부쉬족은 지구와 조화롭게 살아왔으며 전쟁을 하지 않는 행복한 사람들이다.

인간의 문화는 어머니와 그 자녀들을 중심으로 언어와 경험을 공유하며 성장했다. 이 이미지에서 어머니는 아이들에게 그림 그리는 법을 알려주고 두려움 없이 창의성을 경험하는데 필요한 자유를 허용한다. 선사시대 동굴과 암벽에서 발견한 것처럼 작은 손을 복제해 그대로 따라 그리는 동안 아이들이 내는 기쁨에 찬 소리에 주목하라. 고고학자들이 발견한 초기 석등처럼 횃불의 빛으로 그림을 그린다. 자신의 비전을 발현함으로써 그들은 삶에 대해 배운다.

컵 3번

컵 3번 *Three of Cups*

컵 3번은 행복과 함께한 즐거운 시간의 표현이다. 마더피스 이미지의 이 집단은 서로에게서 아무런 위협도 느끼지 않고 공개적으로 함께 흥겨워한다. 이들이 추는 춤은 신비롭고 내면의 비전과 환상, 노래와 축하를 포함한다. 이들은 함께 명상하고 마술과 신비를 실천하며, 상징과 성물을 이용해 춤을 더 현실적으로 만든다. 한 사람은 뱀을 잡고 있고 이는 호피족들이 비를 내리게 할 때 여전히 하는 행위이다. 또 다른 사람이 연주하는 것은 판의 피리이거나 크리슈나의 이중 피리이다. 세 번째 사람은 달의 여신에게 속한 3그루의 성스러운 나뭇가지로 만든 고대의 티르수스thyrsus 그리스신화, 술의 신 바쿠스의 지팡이를 들고 있다. 이 이미지는 타인과 기쁨을 나누며 함께 즐기는 것을 나타낸다. 여성들은 먹고 마시며 떠들썩하게 축하하고 영이 감정과 정서를 통해 오도록 허용한다.

초승달 샘에 떠 있는 마법의 생명체는 메두사의 날개 달린 아이horse-child인 페가수스의 모양을 하고 있다. 전설에 따르면 페가수스는 발굽을 땅에 눌러 '말 우물'을 만들었고, 시인들은 영감을 얻기 위해 그 물을 마셨다고 한다. 마찬가지로, 축하하는 세 명은 뮤즈들the Muses과 상상력의 힘, 미의 세 여신, 무한한 사랑의 가능성을 나타낸다. 컵 3번은 마법의 샘으로 끝없이 쏟아지고 배경의 버드나무는 지혜와 내면의 지식을 가져다주는 고대 버드나무 여신을 기리며 춤을 춘다.

원반 3번 Three of Discs

원반 3번은 함께하는 작업, 즉 공동으로 건축하는 행위를 가리킨다. Z. 부다페스트는 이를 '여신의 성전을 짓는다'고 하는데, 초기 아메리카 원주민들이 했던 일이 확실하다. 뉴멕시코의 차코 캐년처럼 선사시대 아메리카 푸에블로의 도시들은 오늘날 호피족의 건물들처럼 여성 석공들이 지었다. 여성 설계자들과 건축가들은 절충식eclectic 방법을 사용하였다. 수백 년이 지난 지금도 많은 벽이 서 있다. 이들의 성공의 비결은 아마도 함께 일하는 능력에 있었을 것이고 여성들은 집단의 프로젝트를 대신할 때 흔히 그렇게 한다.

한 번에 벽돌 하나씩 올려 제자리에 놓는 이 여성들은 물리적 차원

원반 3번

의 일을 할 때 단계별로 해야 한다는 점을 알고 있다. 이들은 기교와 손재주를 뽐낸다. 서로가 서로를 작업에 필요한 존재로 여긴다. 이들은 자신이 가진 구체적 기술을 사려 깊게 실용적으로 적용한다. 이는 세월을 견디고 자신들이 자랑스러워할 물리적 구조물이라는 성과물 뿐 아니라 개인적으로나 집단의 감사도 함께 받는다.

고정 Fixity

각 슈트의 4, 5, 6번 카드들은 점성학적으로 원소의 '고정된' 별자리에 해당한다. 지팡이의 세 카드는 사자자리의 지배를 받고, 검은 물병자리, 컵은 전갈자리, 원반은 황소자리의 지배를 받는다. 고정된 별자리는 정적이고 안을 향한다. 에너지를 바깥으로 밀기보다 자신에게 끌어들인다. 힌두교의 타마 tamas 힌두교 철학에서 물질의 원리 중 하나. 어둡고 파괴적인 것들을 나타낸다 처럼 이들은 원소로는 물에 해당하고 기하학적으로는 안으로 끌어당기는 원에 상응한다.

4번 카드: 안정성 *Stability*

네 방향을 나타내는 타로의 4번 카드는 사각형이나 십자가를 형성하며, 이 숫자는 질서와 함께 어떤 제한된 느낌을 가져온다. 4는 물질의 무거운 원소를 가리키며 인격을 둘러싼다. 마술이나 의례를 행할 때 마법의 원 *magic circle* 마술사가 지면에 그린 것으로 그 안에 있는 것은 악마로부터 보호된다고 한다 네 '모퉁이'에 경의를 표하고 4원소(공기, 불, 물, 흙)를 불러온다. 이는 내면과 외면을 분리하여 특별한 무언가가 일어날 공간을 만든다.

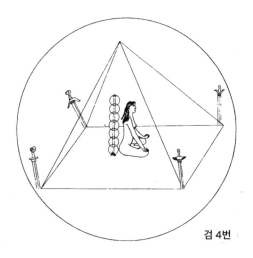

검 4번

검 4번 *Four of Swords*

검 4번은 보호받는 정신 공간의 창조를 나타낸다. 이는 2번 카드의 '타임아웃'과 비슷하지만, 이번에는 의도성이 좀 더 강하다. 인격은 물러나 혼자 있고 일들을 생각하며 긴장과 분노의 환경을 정화할 시간이 필요하다. 검 4번은 모서리를 표시하고 현존하는 가장 강력한 형태 중 하나인 피라미드를 만든다. 이 마법적인 모양 안에서 사람은 자신을 치유하고 새롭게 할 수 있다. 우주적 힘 *force*을 끌어내리기 위해 힘*power*이 집중되고 하늘을 향해 끌어올려진다.

인물 뒤의 무지개 원반은 7개의 차크라, 즉 척추 속에 있으면서 신경계에 연결된 에너지 센터를 나타낸다. 차크라를 깨끗하게 하는 것은 강력한 심령적 명상으로, 인격을 그라운딩하고 마음을 긍정적인 생각에 중심을 두도록 돕는다. 이런 보호받는 환경에서 인격이 외롭거나 버림받았다고 느끼지 않는데 필요한 무집착*nonattachment*의 감각을 얻는다.

지팡이 4번

지팡이 4번은 통과의례를 나타내고 어린 소녀의 초경(첫 월경의 시작)을 즐겁게 축하한다. 이 소녀들은 삶의 한 단계에서 다음 단계로, 소녀에서 청소년기로 나가는 것을 느낀다. 배우는 일은 잠시 옆으로 밀쳐두고 지금은 성장의 생물학적 영적 요소들을 인정한다. 중앙에 제단으로 놓인 화로 주위에서 소녀들은 함께 생명 에너지 자체를 기리며 즐겁게 춤을 춘다. 이들을 장식한 꽃은 봄철과 여성으로 '개화기'를 나타낸다. 원으로 놓인 꽃들이 이들을 둘러싸고, 부족의 협력과 사랑으로 이들을 결속시킨다.

꽃 지팡이로 상징되는 이들의 '남성' 에너지는 곧 성인으로서 더 많은 힘과 책임을 맡을 때 이들의 삶에 통합될 것이다. 지금 이들은 젊은 활기로 자유를 누리며 즐긴다. 제단 근처에 잘린 백합은 그들의 달콤한 순결함을 나타내는데 이는 삶에 대한 감사와 감탄 속에 월경 혈과 함께 여신에게 바쳐진다. 치유의 '약'으로 알려진 어린 소녀의 첫 월경혈은 여성의 성에 내재된 마법을 인정하고 감사하는 마음으로 부족에 의해 사용될 것이다. 머리 위의 벌새(아프리카 태양새)는 신성한 영역에서 온 메시지로 이들을 축복한다. 모든 것이 좋다.

컵 4번

컵 4번 *Four of Cups*

컵 4번은 일들이 명확해지고 단순한 진실로 정리되는 때를 나타낸다. 감정이 상했다. 뭔가 안 좋은 느낌이 든다. 무엇이 잘못되었고 무엇을 바꿔야 할지 알아내야 할 때이다. 인격이 옷을 벗고 정화의 과정을 거쳐야 한다. 우리에게 등을 돌린 인물은 다른 사람의 도움을 일시적으로 거부하고 있다. 그녀의 작업은 반드시 혼자 해야 한다. 바다로 흘러드는 강물이 그녀를 도울 것이다. 조심스레 그녀는 차가운 물줄기에 발을 들여놓고 물살을 헤치고 건너며 물살이 자신을 씻어주고 정서적으로 활기를 되찾도록 한다. 어쩌면 의례를 끝낸 그녀는 따뜻한 모래에 몸을 누이고 새로운 기회들을 상상할 것이다.

그녀는 강이 바다를 만나 민물이 소금물로 소용돌이쳐 들어가는 것 같은 불확실성의 시간으로 들어간다. 이 시간을 삶과 관계를 재평가하는 시간으로 쓸 수 있다. 눈물이 흐르더라도 남의 눈에 띄지 않고, 물로 떨어질 수 있고, 모든 상처를 치유할 감정이 자유롭게 흐르도록 허용할 수 있다. 시간을 갖고 주의하면 혼란은 저절로 정리되고 명료함이 되돌아올 것이다.

원반 4번 *Four of Discs*

원반 4번은 방이나 집처럼 혼자서 쉴 수 있는 내면의 어떤 보호구역을 나타낸다. 이 인물은 침묵이 필요하다. 그녀의 인격은 수도원처럼 고요한 곳을 원한다. 이 사적인 공간에서 그녀는 마음대로 문을 여닫을 수 있다. 온기를 주는 하나의 불이 타고 있고 연기가 지붕의 구멍으로 올라간다. 사회생활에서 오는 과시적 요소들이 바깥세상의 나머지 불안한 소용돌이와 함께 줄어든다. 이 사람은 자신이 원하는 것을 알아내기 위해 다른 사람들이 지금 당장 원하는 것에 '아니오'라고 말해야 함을 알고있다.

잘 정돈된 환경의 따뜻한 나무색은 마음을 고요하게 하고 내면의

원반 4번

목소리에 귀기울이도록 한다. 벽에 걸린 원반들은 그녀가 자신을 위해 세운 과업들, 내면의 목표, 영적 성장의 이상을 나타낸다. 첫 번째 원반은 자신의 중심으로 가는 나선을, 두 번째는 천상의 영역으로의 마법 같은 비행을 암시한다. 세 번째는 그녀가 안으로 들어가고 또 밖으로 나오는 것이 리듬감 있는 균형을 이룰 것이라 암시하고, 네 번째는 십자형 만다라 안에서 4가지 요소들의 통합을 약속한다. 감사하며 그녀는 바깥으로 나가는 문을 닫는다.

5번 카드 : 고투 *Struggle*

5번은 전통적으로 고투와 갈등의 숫자로 변화와 어떤 종류의 결별을 상징한다. 5는 별이나 '오각형 별모양'에서 나타나듯 인류에게 신성한 숫자다. 변화는 두렵고 결별은 더 두렵기에 5번 카드들은 우리에게 두려움을 준다. 기억해야 할 중요한 점은 변화나 재탄생에는 파괴가 필요하다는 점이다. 그 또한 일련의 과정일 뿐이다.

검 5번은 패배나 싸움과 같은 강한 부정적 경험을 나타낸다. 칼은 정신적이기 때문에 그 경험은 정신^{mind} 수준의 것이고 또 아프다. 오각형별 한가운데 있는 말벌은 '따끔거림'이나 어떤 집중된 아픔을 가리킨다. 아래를 향한 오각형별은 에너지가 축복이나 보호, 혹은 사라지게 하는 주문이 아니라 해가 되는 마법이나 저주로 향하고 있다는 뜻이다. 이 카드는 "망해버려!"나 "난 네가 미워" 같은 느낌이다. 이런 외침에 실린 힘에 따라 의식적으로 피해자를 칠 수도 있고 그렇지 않을 수도 있다. 하지만 심령의 차원에서는 분명히 영향을 미친다.

질 것을 기대하거나 속으로라도 지기를 바라면 검 5번이 가리키는 상황에서 승산이 줄어든다. 이 경우 사람들은 "내가 당할 거라 예상하나? 여기에 승자와 패자가 있어야 하나? 내 방식대로 하겠다고 잔인

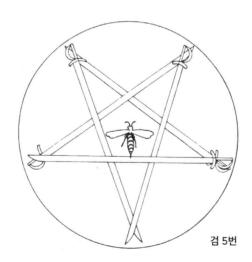

검 5번

해져야 하나?"라고 물을 수 있다. 저주의 오각형별을 둘러싼 밝은 노란색의 정신 에너지에 영감을 받아 인격은 접근법을 바꾸고 권력욕과 분노, 피해자 만들기를 포기한다.

지팡이 5번

지팡이 5번 *Five of Wands*

지팡이 5번은 고통이 없는 씨름과 투쟁의 그림이다. 저변에 분노가 들끓거나 해결해야 할 갈등이 일부 남을 수는 있지만 인격 안에서나 친구들 사이에서 이 싸움이 저주나 '찌르기stings' 없이 공정해야 한다는 동의가 있다. 대회나 경기에서 이기려는 노력만이 남는다. 다양한 관점이 제시되고 다양한 무기와 접근법이 사용된다. 매년 순환되는 고위 여사제의 자리를 두고 다투는 사제이기에 전사들은 서로 사랑하고 존중한다. "최고의 여성이 승리하기를."

붉은색 배경은 동등한 이들 사이의 정정당당한 싸움에 에너지를 준다. 멀리 화산이 연기를 내뿜고 이집트의 암사자 여신이 이들을 지켜본다. 잘 통제된 작은 폭발들로 압력이 빠져나가 큰 폭발로 인한 파괴가 일어나지 않게 한다. 갈등 속에서 각자의 목소리를 듣고 모든 관점이 표현된다. 집단의 조화가 부활함을 상징하는 그리핀^{Griffin 사자 몸통에 독수리의 머리와 날개를 지닌 신화적 존재}피닉스가 불길 속에서 솟아올라 역사상 올림픽보다 몇 세기나 앞서 열렸던 이 경기의 결과를 기다린다.

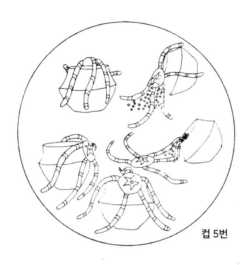

컵 5번

컵 5번 *Five of Cups*

컵 5번은 사랑에 대한 실망, 절망에 빠지기 직전의 우울함을 나타낸다. 슬퍼서 길게 내뱉는 한숨의 느낌이다. 컵이 쏟아지고 진주는 깊은 곳으로 던져지고 희망은 사그라진다. 마더피스 이미지에서 붉은색의 자그마한 불가사리는 집단으로 산호를 부술 수 있다. 마치 우울이 모든 감정을 무너뜨릴 수 있는 것처럼 말이다.

컵 두 개는 쏟아졌지만 아직 세 개는 쏟아지지 않았다. 우리는 어디에 집중할 것인가? 절망은 아무것도 주지 않는다. 희망은 기회를 준다. 어쩌면 모든 것이 정말 다 없어지지는 않을 것이다. 어쩌면 가까이에서 어떤 즐거움이 기다리고 있을지 모른다. 마더피스 이미지에서 각 생물체의 중심에는 행운을 나타내는 오각형별이 있다. 남아 있는 컵에 소원을 빌고 무슨 일이 일어나는지 보라.

원반 5번 *Five of Discs*

원반 5번

원반 5번은 몸에 담긴 긴장과 걱정할 때의 초조함 같은 것을 보여준다. 아마도 마음은 돈, 집, 일자리와 다음 끼니 같은 생존 문제에 집중해 있을 것이다. 변화가 일어나고 있지만 내면에서일 뿐이라 아직은 드러나지 않는다. 늘 하던 대로 하려는 관성이 위협한다. 몸을 계속 움직이든지 해서 에너지가 계속 움직이게 하는 게 의식이 어두운 상태로, 즉 무의식으로 가라앉지 않는 데 도움이 된다. 마더피스 이미지에서 이 여성은 손작업을 하고 있다. 반죽을 치대고 굴리고 밀고 만지는 이 모든 동작이 에너지가 고착되는 것을 막아준다.

걱정은 아무런 소용이 없다. 긍정적인 목표를 향해 에너지를 동원

하는 게 낫다. 손을 움직여 빵을 굽고 토티야옥수수가루나 밀가루로 구운
부꾸미 같은 것. 안에 고기나 치즈 등을 넣어 먹는다를 만들고 점토로 무언가를
조각하거나 정원을 가꾸거나 마사지를 하라. 어쩌면 손이 바쁠 때 마
음은 배경의 원반을 센터링 장치로 사용하여 미래를 향해 차분하게
마법의 의도를 집중할 수 있다.

6번 카드: 활기 *Exuberance*

6번 카드는 충만하고 표현적이다. 정점의 숫자로 어떤 식으로든
항상 확장하며 긍정적이다. 6은 활력, 승리 그리고 상황을 잘 장악하
고 있는 상태를 나타낸다. 태양계의 중심에 태양이 있듯, 6은 카발라
의 생명 나무 중심에 앉아 모든 방향으로 "예스 Yes!"라고 외친다. 6은
결단력 있는 행동이나 일종의 클라이맥스, 영광의 순간을 나타낸다.

검 6번 *Six of Swords*

검 6번은 검 카드에서 에이스 다음으로 영적인 카드다. 진실의 검
과 함께 가슴의 치유를 위한 열정의 장미를 든 여인들, 또는 인격의
부분들이 중심점에 함께 모였다. 이들은 상록수 13그루가 있는 신성
한 언덕, 여신의 언덕 위에 함께 떠 있다. 배경의 산을 물들인 황금빛
갈색에서 지금이 가을, 즉 죽음의 여신 계절임을 말해준다.

이 여성들이 비행하면서 속으로 생각한다. "무언가 죽어가고 있지
만 그래도 우리는 무슨 일이 일어나는지 명확히 알고 있어. 기분 좋
은 일은 아니지만 전체를 볼 수 있는 능력은 그 자체로 늘 좋은 거지.

아픔과 혼란은 벗어날 수 있잖아." 이 카드는 자신의 상처 입은 부분들에 대한 조망과 거리두기와 돌봄을 나타낸다.

지팡이 6번 *Six of Wands*

지팡이 6번은 광활하고 따뜻하며 즐거운 카드로, 개인적인 창의력의 상징이다. 이는 샥티의 원형적 이미지이며, 힘의 중심에서 나와 발산하는 순수한 불 에너지의 그림이다. 네 요소에 더해 머리와 몸을 나타내는 여섯 개의 살이 달린 바퀴라는 샥티의 이미지는 팔이 많은 인도 신들의 아이콘에서 그 개념을 가져왔다. 여신은 끝에 각기 네 개의 타로 슈트(공기, 물, 불, 흙)에 태양과 달의 상징이 그려진 6개를 손에 들고 있다. 사자와 샐러맨더Salamander는 여신의 불같은 면을, 문어와 뱀은 물기 많고 수용적인 자아를 나타낸다. 중심에서 발산하는 특성을 가진 불의 중심에는 잠깐의 승리가 있다.

승리는 정해졌고 승자는 샥티이다. 그녀는 웰빙(행복)을 발산한다. 인격이 상황을 장악하고 정확히 어떻게 다뤄야 하는지 알고 있다. 주요 특성은 자신감이다. 삶에 대한 열정에서 드러난 리더십이 완벽한 균형을 유지한다. 그 결과 이 인물은 영광의 중심에 있다.

컵 6번 *Six of Cups*

컵 6번은 오르가슴 같은 느낌의 쇄도와 황홀감의 파도를 나타낸다. 파도를 타고 해안으로 가는 말들과 말 탄 이들이 경험하는 환희와 쾌감의 정서적 강렬함이 온전히 다 표현되었다. 컵을 높이 치켜들었다. 쿤달리니가 척추를 휘감으며 오르는 것처럼 뱀이 일어난다. 말을 탄 이들은 자신이 원하는 것을 얻고 있다. 왜냐하면 딱 맞는 지점을 찾아 파도에 올라탔기 때문이다. 설령 슬픈 감정이 들더라도 이를 적극적으로 표현하면 기분 좋게 해소된다.

이들의 기쁨에는 신화적이고 상상의 면이 있다. 어쩌면 특별하게 멋진 꿈이나 절정의 성적 경험, 더 없는 지복의 열반으로 뛰어드는 영적인 황홀감을 나타낼 수 있다. 상상력이 해방되어 이들은 손쉽게 연보랏빛 해마를 탄다. 어쩌면 파도처럼 밀려온 먼 과거의 기억이 이들을 미래로 데려가는지도 모른다.

원반 6번 *Six of Discs*

원반 6번은 관대함, 즉 넘치는 건강과 행운을 나누는 것을 상징한다. 치유가 일어나고 있다. 누군가 부드러운 돌봄의 손길을 주고 그 접촉은 의미가 있다. 대지의 에너지는 돈이나 음식, 서비스나 감촉이 될 수도 있고 뭔가 물리적이고 손으로 만질 수 있는 것이다. 누군가 치유의 선물을 줄 때 이는 원을 그리며 되돌아와 준 사람도 치유한다. 이는 다른 차원에도 적용되는 교훈이자 우주의 기본 법칙이다. 다시 말해 자유로이 준 것은 2배로 돌아온다.

여기서 주는 것은 여러 차원에서 일어난다. 하나는 신체적인, 애정 어린 손길의 순수한 감각이다. 다음 차원은 물리적인 것의 '에테르' 측면으로, 대부분의 눈에 보이지 않고 에너지가 통과하며 몸을 치유하고 영혼의 균형을 유지한다. 마더피스 이미지에 그려진 보살핌을 담은 집중은 잘 명상하고 결과를 가져오는 능력, 권력, 그리고 이 권력을 선을 위해 사용할 것임을 신뢰하는 능력을 보여준다. 우리는 이 힘을 부여잡고 있기보다 선물로서 한 몸에서 다른 몸으로 전달한다. 이 에너지 교환이 바로 원반 6번이 전통적으로 나타내는 성공의 비밀이다.

변화무쌍 Mutability

각 슈트의 7, 8, 9번 카드들은 점성학적으로 해당 원소의 '변통궁'과 관련된다. 이 마지막 세 숫자는 지팡이에서는 궁수자리, 검에서는 쌍둥이자리, 컵에서는 물고기자리, 원반에서는 처녀자리의 지배를 받는다. 본질적으로 변화무쌍하고 주기성을 가지는 변통궁은 힌두교 시스템에서 사트바sattva로 표현된다. 기하학적으로는 안을 향하는 원의 성질과 직선의 추진력이 결합된 나선형으로 표현된다.

7번 카드: 내면 작업 Inner Work

7번 카드들은 내면 작업, 즉 내적 차원에서의 성취와 자기 성찰에 관한 것이다. 6번 카드의 바깥을 향한 행동이 끝나면 평가와 완성의 시간, 이전에 있었던 일에 대한 반응이 온다. 7번 카드는 대개 내적 과정에 관한 것이다. 무언가 일어나고 있지만 우리는 보지 못한다. 본질적으로 무의식일 수 있다.

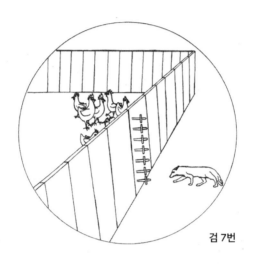

검 7번

검 7번 *Seven of swords*

검 7번은 거리를 둔 명확성(6번) 뒤에 필요하다고 느껴지는 정신적 전략을 나타낸다. 머리는 사물의 실체를 보고 난 뒤 원하는 것을 얻기 위해 계획을 짜낸다. 이때 인격은 충분히 얻지 못할 거라 느끼거나 더 많은 것을 원하며 또 얻기 위해 수를 쓰는 것에 죄책감을 느낄 수 있다. 그런 상황에서 우리는 행동이 불안해지거나 누군가를 능가하려 하거나 한 수 앞서려 할 수 있다. 상대와 얼굴을 맞댄 직접 대화는 피하고 상대가 무슨 생각을 하는지 상상하고 그런 착각과 환상에 기초해 계획을 세우려 한다.

여우는 포식자로 잠행을 나타낸다. 우리에 갇혀 상황을 자각하지 못한 닭들은 순진함과 바보 같은 신뢰를 나타낸다. 여우가 닭장에 살금 살금 다가오는 동안에도 닭들은 무슨 일이 닥칠지 모른 채 수동적으로 기다린다. 검 7번은 울타리에 박혀 여우가 타고 넘어오는 길, 즉 여우의 아이디어와 계획과, 그리고 행동이 될 수도 있다. 여기의 계획은 상당히 불안정하다. 울타리 한쪽에는 여우의 모험이, 반대편에는 수동적 희생 이 있기 때문이다. 인격은 최악을 가정하며 '예정된' 길을 따라간다.

지팡이 7번

지팡이 7번 *Seven of Wands*

지팡이 7번은 책임에 관한 것이다. 5의 다툼에서 이긴 6의 여사 제는 이제 완전히 홀로 서서 어려운 상황들을 어떻게 헤쳐 나갈지 자 신을 믿어야 한다. 그녀는 변화와 여성의 균형을 상징하는 은빛 초승 달 모양의 뿔이 달린 머리장식을 하고 있다. 머리의 공작 깃털은 지 혜와 권력, 입문initiation의 오랜 상징이다. 그녀는 오른손에 든 진실의 횃불로 다른 사람들을 위해 길을 밝히고, 이는 적극적인 리더십과 철 학적 지식을 상징한다. 목에 두른 오브제는 부적과 권력을 나타낸다.

그녀는 가슴을 드러내고 당당히 서서 불의 혀로 말한다. 자신의 위치를 고수하며 보이는 대로 진실을 말한다.

다른 인격들이 그녀를 완전히 지지하지는 않는다. 이들의 도전에 맞서 그녀는 자신의 자리를 지켜야한다. 도전자 중 하나는 권력의 지팡이를 높이 들고 정면으로 그녀에게 맞선다. 다른 이들은 벌어지는 상황에 대해 지루함, 흥미, 성찰, 분노, 지지 등 다양하게 반응하고 있다. 이것은 논쟁이고 공개적인 말의 교환이다. 여기 에너지는 성적 교환이나 열띤 대화에 기여한다. 기저에 깊은 목적의식이 있는 느낌이다. 여기의 대화는 가볍거나 피상적 교환이 아닌 중요한 의사소통이다.

컵 7번

컵 7번 *Seven of Cups*

컵 7번은 아주 몽환적이고 상상력과 꿈이 많고 물 같은 성질의 비전과 공상을 나타낸다. 컵은 선택을 나타내고 선택지는 아주 많다. 선택지들이 똑같이 매력적일 때 인격은 어떻게 결정을 할까? 선택이 어렵다. 너무 어려워서 잠에 빠지고 싶다. 인물 뒤의 바닷물이 그녀를 완전히 삼키려 위협한다. 그녀가 현실에 발붙이고 있지 않다면 삼켜질 것이다. 그녀의 그물은 버릴 것과 계속 간직할 것을 분리하는 키질을 위한 것이다.

컵 7번에는 유혹적인 달콤함, 모든 것을 한꺼번에 원하는 느낌, 어쩌면 그렇게 가질 수 있다는 믿음이 있다. 때로 이 카드가 의미하는 '신비한 비전'은 다른 공상보다 한층 두드러지고 그녀의 머리 위에 놓인 컵에 자리 잡는 흰비둘기에 상응한다. 분명히 이 하나의 컵, 이 선택의 부름은 다른 컵들보다 선명하다. 아프로디테의 새인 흰비둘기는 신탁의 힘, 즉 영mind spirit의 메시지를 상징한다. 모든 컵을 한 번에 갖고 싶은 비현실적인 욕구는 더 높은 진실의 비전을 실현하는데 방해될 수 있다. 하지만 아프로디테가 만진 컵을 인정하면 축복이 이 잔에서 다른 모든 잔으로 쏟아진다.

원반 7번 Seven of Discs

원반 7번은 성장과 기다림을 표현한다. 아일랜드 신화에서 '작은 사람little people'의 일원인 이 여성은 곧 출산할 예정이다. 지금 그녀는 몸 안에서 일어나는 성장의 과정을 느끼며 기다린다. 카드의 메시지는, "인내하라. 기다리는 것 외에 할 일은 없다. 출산을 서두를 방법은 없고 안을 볼 확실한 방법도 없다." 정신적 차원에도 비슷한 규칙이 존재한다. 호박이 완전히 익기를 기다려야 딸 수 있는 것처럼 생각을 할 때 아이디어가 만들어지고 있음을 신뢰하며 기다려야 한다.

내면의 모든 성장 과정은 임신을 닮았다. 때로 우리는 아직 태어난 게 없고 어떤 물리적 발현이 없다면 실제 아무 일도 일어나지 않는다

원반 7번

고 단정하는 실수를 저지른다. 우리는 우리의 과정을 의심한다.

아니면 지나치게 조급해져 때가 되기 전에 일을 벌이려고 한다. 알레스터 크로울리Aleister Crowley는 이 카드를 '실패'라 불렀다. 앞으로 일어날 일을 기다리지 못한다면 그건 정말 상상력의 실패이다. 임신에는 나름의 시간표가 있다. 임신이 완료되기 전에 출산하면 우리는 그 아기를 '미숙아premature'라 부른다.

8번 카드: 변화 Change

8번은 변화와 영감의 숫자이다. 8번 카드는 지나간 것, 과거 경험에서 생겨난 무언가가 새로운 국면으로 들어가는 무드의 변화를 나타낸다. 천왕성의 지배를 받는 8번 카드는 움직임과 새로운 방향을 나타낸다. 이 카드들은 특성상 분명하고 외부적이다.

검 8번

검 8번 *Eight of Swords*

검 8번은 마음이 만들어낸 상자, 즉 고착된 장소나 성공을 방해하는 장애물에서 벗어날 길을 찾아 싸우는 활동을 나타낸다. 이 카드는 대개 우유부단함 그리고 최선을 다하기 위해 힘을 모으지만 상황이 자신에게 불리하다는 느낌을 나타낸다. 앞선 7번 카드에서 세운 계획이 제대로 실행되지 않고 자존심은 상하고 속았고 막혔다고 느낀다. 저항의 단단한 벽에 검을 내려치는 활동은 검객의 주의를 사로잡는 드라마다. 어쩌면 그녀는 벽 바깥에 있는 더 큰 가능성의 세계를 회피하기 위해 '덫에 갇혀' 보호받기를 추구해왔는지 모른다.

이 이미지는 매우 꿈 같고 환영 같다. 검이 부러트리는 벽은 상상의 산물이다. 상황의 양면을 익살스레 바라보는 까마귀처럼 균형 잡힌 시각이 필요하다는 점을 이해하면 자유로워진다.

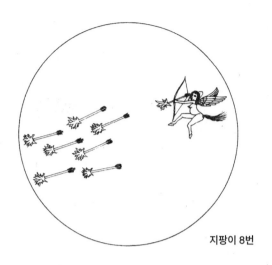

지팡이 8번

지팡이 8번 *Eight of Wands*

지팡이 8번은 에너지에 관한 것이다. 빠르게 움직이는 에너지의 화살은 엘프(또는 부분적으로 센타우루스)에게 속한 마법의 활에서 나왔다. 큐피드의 본성을 가진 이 날개 달린 작은 생명체는 화살을 마구 쏘아 인격을 깨운다. 폰 프란츠는 "활과 화살은 무의식적 리비도의 갑작스런 방향성과 관련 있다"고 말한다. 지금은 위험을 감수하고 새로운 것을 시도하고 열정을 발산할 때이다.

화살은 전화 한 통이나 방문자나 어떤 생명력의 표현일 수 있다. 누군가 아이디어나 프로젝트를 가져올 수 있다. 화살 하나와 동일시하며 우리는 어딘가 여행을 가거나 이동할 수 있다. 이 높은 에너지는 심령의 힘이기도 해서 사람들의 생각이나 소망에 주파수를 맞추고 전화기가 울리기 전에 듣고 반대편에 누가 있는지 알고 물리적 차원에서 아직 나타나지 않은 관계를 시작하도록 해준다.

컵 8번

컵 8번은 어떤 무의식적인 변화가 아주 깊은 감정 수준에서 일어나고 있음을 나타낸다. 문어는 비밀의 잉크를 분비해 자신의 활동을 가리고 위험한 포식자에게서 자신을 보호하는 능력이 있다. 또는 누군가 지금 마음의 변화를 일으킨 게 뭔지 보려고 무의식의 바닷속으로 깊이 들어가는 동안, 일상의 사회적 상호작용에서 자신을 보호해야 할 필요를 느낄 수 있다. 지금 일어나는 일이 좋지 않고 불편하거나 불쾌할 수 있다. 어쩌면 사랑하는 사람과의 관계가 변화하는 중일지 모른다. 뭔가 다른 것을 원하지만 그렇다고 말하는 것이 두렵고 상실이 두려울 수 있다.

어쩌면 컵 7번의 공상이 자신의 예측대로 발현되지 않았을 수 있다. 8번은 일종의 '현실 확인'이 되어 우울, 침울함, 슬픔, 무기력, 어쩌면 자기 연민과 병적인 '실존적 불안'을 가져올 수 있다. 하지만 그 감정들과 함께 헤엄치면서 감정이 방향을 결정하도록 허용한다면 괜찮을 것이다. 이 변화로 더 깊은 영성을 만나게 될 것이다. 고독의 깊이와 내면으로의 전환 안에서 의미를 찾게 될 것이다. 어쨌거나 각각 나름의 색깔과 패턴과 모양을 가진 컵이 8개가 있으니 말이다. 이 시기에 인격에 영향을 미치는 감정들은 그녀의 보석이며 깊은 바다에서 온 선물이자 더 높은 참자아의 부름이다.

원반 8번

원반 8번 *Eight of Discs*

원반 8번은 공예Craft를 나타낸다. 즉, 땅에 발붙이고 삶을 살아가게 하는 기술을 배우는 도제가 되고, 또 사람들 사이에서 기술을 나누는 것을 의미한다. 이 여성들은 이 작업에 진지하고 의미 있는 직업으로 예술을 이해한다. 마더피스 이미지에서 인물들은 각자 다른 작업에 몰두해 있지만 공동의 목표를 향해 함께 일한다. 누구는 점토로 솥을 만들고 누구는 갈대로 바구니를 만든다. 누구는 베틀에서 태피스트리를 짜고 다른 이는 구슬을 꿰어 벨트를 만든다. 모두 기능적인 물건이지만 깊은 정성과 사랑, 그리고 미적 감각으로 만들어졌다.

원반 8번의 기저에 깔린 의미는 '김'보다 영적인 길로 옮겨가는 인격의 움직임, 영적인 일을 암시한다. 북미 원주민들은 영이 깃든 일상의 일에서 이런 이해를 체화한다. 그들에게 영과 물질의 세계는 분리되지 않는다. 실용적인 것도 아름다워야 한다. 왜냐하면 그것은 어머니 여신the Mother에게서 왔고 그녀에게 바치는 제물로 만들어졌기 때문이다. 일에 대한 선Zen 의식도 비슷하다. 모든 과업은 그것이 중요하다고 단순하게 이해하고 행해진다. 일은 그 자체를 위해 하는 것이지 누군가의 개인적 이득을 위한 것이 아니다.

9번 카드 : 완성 *Completion*

9번은 완성과 마지막을 나타낸다. 9는 절정이자 일련의 숫자들의 정점이다. 9번은 달 여신의 마법의 숫자이며 크론(이나 은둔자)의 지혜와 연결된다. 그리스 신화에서 뮤즈는 아홉이고, 9는 삼위일체의 삼위일체, 즉 3이 셋이다.

검 9번 *Nine of Swords*

검 9번은 무시무시한 악몽이자 사고 과정에 마음이 만든 온갖 두려움과 투사가 무의식에서 올라오는 것을 나타낸다. 걱정과 고뇌는 압도하는 공포가 되어 절망과 잔인함이나 신체적 고통이 되었다. 억제되지 않은 두려움과 부정적 생각이 모두 쌓여 융 심리학에서 말하는 '그림자'를 만들었다. 이 두려움은 어린 시절의 트라우마나 살면서 억압된 아픔과 상처 또는 자신이 속한 문화에 투사된 이미지들에

검 9번

서 비롯된 것일 수 있다. 뒤틀린 길은 의심과 두려움을 일으키는 문제를 둘러싼 혼란의 수렁을, 우리가 이 불안과 '악마'의 난장판을 자각하게 되었을 때의 어려움을 보여준다. 이 그림자가 떠오르면서 잠을 못 자거나 병으로 인한 신체 증상이 나타날 수 있다.

악마들이 무의식에서 오기는 하지만 의식적으로 또 의도적으로 맞서 싸울 수 있다. 인격의 어떤 부분들은 두려움에 얼어붙어 공포에 떨며 손으로 눈을 가리고 문제를 보거나 아예 다루는 걸 거부한다. 자아의 다른 부분은 강인함과 자신감으로 일어나 그림자를 마주할 준비가 되어 있다. 인격의 영웅 부분 앞에 나타난 검에서 불꽃이 뿜어져 나오고 영웅 부분은 오른손을 뻗어 자유의 도구를 잡으려 한다. 유일한 탈출구는 고통과 두려움을 관통하고 자신의 괴물들을 직면하는 것이다.

지팡이 9번

지팡이 9번 *Nine of Wands*

지팡이 9번은 에너지의 축적을 나타낸다. 에너지를 현명하게 저장하고 유능하게 쓰게 된다. 그녀는 시간을 낭비하거나 에너지를 허투루 쓰지 않는 법을 알고 또 힘을 현명하게 쓸 줄 안다. 지혜로운 노파 뒤에서 불타는 지팡이들은 그동안 얻은 경험을 상징한다. 그녀는 진리와 빛의 횃불 아래 명상 자세로 앉아 몸 안의 생명력을 통달하고 이를 치유와 창조적 사업에 방출한다. 경험은 지혜가 되었고 그녀는 어떤 행동이 필요하든 준비가 되어 있다.

샤먼처럼 열을 마음대로 다루는 법을 배운 그녀는 붉은 에너지로 둘러싸여 있다. 그녀는 더 어리거나 경험이 적은 이들이 가질 법한 어려움 없이 그 안에 앉아 있다. 그녀 양쪽의 나선형 뱀 두 마리는 남성과 여성, 오른쪽과 왼쪽의 이중적 힘을 나타내고 그녀가 성적 힘을 통제 속에 두고 그 내면의 신비를 알고 있음을 상징한다. 뱀 에너지는 더는 잠재된 상태가 아니라 깨어났다. 그녀는 이 에너지가 자신의 몸과 세상에 미치는 영향에 아주 민감하다. 그녀의 신경계는 살아있지만, 그녀는 이를 마스터하고 자기 통제를 배웠기 때문에 이 활력의 엄청난 효과에 압도당하지 않는다. 빛나는 인격으로서 그녀는 모든 상황에서 창의적으로 응답할 수 있는 능력을 갖추었다.

컵 9번

컵 9번 Nine of Cups

컵 9번은 육체적·정신적 즐거움과 안녕을 나타낸다. 이든 그레이Eden Gray는 이 카드를 '소망 카드'라 부르며 리딩에 등장하면 소원이 이루어질 것이라 주장했다. 이 여사제들은 소원을 비는 신성한 우물을 찾아왔고 이곳에는 전통적인 달의 여사제 형상으로 두 팔을 든 여신상이 있다. 이들은 우물에 제물을 바친다. 어쩌면 신성한 동전을 비너스-아프로디테에게 던지는 것일지 모른다. 그런 다음 이들은 깊고 푸른 물로 표현된 성스러운 꿀을 마시고 어머니 여신the Mother의 사랑과 영감으로 황홀경에 빠지고 에너지를 받는다.

이 카드는 비전을 담은 카드이다. 여사제들은 미래의 사건을 내다보는 내면의 능력에 자신을 연다. 세상에 바라는 바를 창의적으로 시각화하는 것이다. 가슴과 마음과 감각이 열려있기 때문에 원하는 바가 있으면 이들은 의심 없이 "아니오"라 하지 않고 소망할 수 있다. 이들 뒤에 있는 버드나무들은 기뻐서 울고 여사제들은 감정과 욕망의 신성한 에너지를 황홀하게 체험하며 공중제비와 옆돌기를 한다. 미래에 대한 낙관과 신뢰의 카드로 자신이 원하는 것은 무엇이든 소망하도록 자신에게 허용하고 자신이 그럴 자격이 있음을 신뢰하는 때를 가리킨다.

원반 9번

원반 9번 *Nine of Discs*

원반 9번은 원형적인 뉴에이지 시대의 고독한 마녀나 샤먼을 보여준다. 요즘 치유의 마법을 집단circles이나 '마녀의 집회covens'에서 하는 이들이 많지만 혼자 일하는 이들도 있다. 이 창의적인 '고독한 사람'들은 예술, 명상, 꿈, 영적 안내자의 지시와 책을 통해 배운다.

이들은 고립되어 외로운 사람이라기보다는 과업이라 받아들인 일을 하기 위해 약간의 시간을 낸 평범한 사람들이다.

이 인물은 나바호 모래 그림으로 치유를 받으러 사막으로 왔다. 그녀의 작업 도구상자에는 샤먼의 북과 지팡이, 딸랑이와 치유 작품을 만드는 데 필요한 곡물과 모래가 들어 있다. 모래 그림이 다 그렇듯 이 작품도 그녀가 무너뜨리거나 비바람이 와서 지울 때까지만 한시적으로 지속된다. 그렇더라도 그녀는 이 작업이 가진 마법의 절대적 효능을 의심하지 않는다. 그녀는 원하는 일을 하는데 명상과 의도를 통해 우주의 힘들을 움직인다는 점을 이해한다. 그녀는 자신과 다른 사람, 인류 전체의 치유를 위해 이 이미지를 만든다.

이 9번 카드의 중요한 특질 중 하나는 강인함과 용기의 개발이다. 근원 에너지 Source energy에 그라운딩한 그녀는 혼자 가거나 과업을 직면하기를 두려워하지 않는다. 메사 mesa 꼭대기는 평평하고 등성이는 벼랑으로 된 언덕. 미국 남서부 지역에 흔하다 위로 떠오른 달이 그녀의 길을 밝힌다. 뱀이 친구이자 안내자로 온다. 그녀는 자신이 원소들과 조화를 이룬다고 느낀다. 피어나는 선인장 꽃처럼 그녀는 아름다움과 신선함, 자신의 활동이 대표하는 고대의 지혜까지도 체화한다. 그녀는 생존의 두려움을 극복하고 자신의 공예를 통달했다. 메디슨 우먼처럼 그녀는 우주가 자신을 보살펴주고 필요한 것은 무엇이든 제공해줄 것이라 신뢰한다.

변형 Transformation

타로에서 10번 카드는 특별한 점성학적 조건을 이루며 각 원소의 세 별자리의 개관 또는 합성을 나타낸다. 대신령 oversoul 대령大靈 Emerson 등의 사상에서, 전 인류의 정신적 귀일歸一인 신처럼 10번 카드는 각 면들을 받아들여 조직하고 합성하고 표현한다.

따라서 지팡이 10번은 활동궁 양자리, 고정궁 사자자리, 변통궁 궁수자리를 나타내고 에너지 생성과 불이라는 집단의 경험으로 표현된다. 비슷하게 검 10번은 활동궁 천칭자리, 고정궁 물병자리, 변통궁 쌍둥이자리를 포함하고 동시에 이 모두를 초월한다. 컵 10번은 활동궁 게자리, 고정궁 전갈자리, 변통궁 물고기자리를 감정 에너지가 넘치는 집단의 경험으로 체화embody한다. 원반 10번은 역동적인 공동체의 사건 안에서 대지의 별자리들, 즉 활동궁 염소자리, 고정궁 황소자리, 변통궁 처녀자리 모두를 취한다.

10번은 특정 슈트의 요소가 넘치도록 많음을 나타낸다. 9번에서 완료에 도달했기에 10번에서 사이클이 새롭게 다시 시작된다. 10번은 뭔가 새로운 것으로의 전환, 변형적 사건을 표시한다. 10번은 인격을 그 자신을 넘어 보편적인 영역으로 데려가고 마더피스 이미지에서 10번은 언제나 집단의 사건이나 공동체 경험을 나타낸다.

검 10번 *Ten of Swords*

검 10번은 에고가 중요하게 의미를 둔 어떤 생각을 마침내 내려놓는 것을 나타낸다. 이 그림에서 그 생각은 삶 자체에 대한 궁극적인 생각이다. 로버트 그레이브스는 가부장제의 군대가 진격해오자 강간과 가부장적 '결혼_{wedlock} 결혼을 흔히 쓰는 marriage가 아닌 wedlock으로 표현했다. '결혼에 갇힘'이란 뉘앙스를 강조한 듯하다'에 굴복하느니 바다로 뛰어내린 아테나의 여사제들을 보여준다. 이렇게 이 카드는 소중한 이미지나 계획, 삶의 방식을 완전히 버리는 것을 묘사한다.

자신들이 알던 삶의 필연적 종말에 순종하는 여사제들의 몸에는 기품과 영적 환희가 있다. 이 카드는 한 주기가 극적으로 끝남을 나타내고, 자신이 원하거나 바라던 것이 아니라 실재하는 것을 갑자기 받아들이게 됨을 의미한다. 전통적으로 '폐허'와 상실의 카드인 이 10번 카드는 일단 하고 나면 세상에서 더 넓은 목적을 갖고 살게 되는 그런 희생을 나타낸다. 어떤 의미에서는 검 10번이 상징하는 바, 즉 고군분투가 끝났고 에고를 내려놓는 것 외에 달리 선택의 여지가 없다는 확신한에 안도감은 느낄지 모른다. 하지만 깊은 물속으로 뛰어들어 감정과 정서적 감수성sensitivity의 새로운 경험이 생겨날 수도 있다.

지팡이 10번은 오랜 시간 쌓여온 불안, 긴장과 부담, 희망과 두려움, 때때로 자신을 압도하던 일상의 모든 계약과 헌신 같은 에너지가 전부 해소됨을 나타낸다. 마더피스 이미지에서 여성들은 자신을 관통하고 있다고 느끼는 기념비적 에너지를 일부 표현하기 위해 '무아지경의 춤'을 추고 있다. 쿤달리니 파워가 올라올 때 이의 통로가 되어 방출하는 것이 아주 중요하다. 그렇지 않으면 이 힘이 몸에 고착되어 맹렬하게 날뛰게 된다. 마더피스 이미지 전경의 세 사람은 춤에서 풀려난 에너지를 모아 긍정적으로 안내하기 위해 노력하고 있다. 한 인물은 북의 리듬을 유지한다. 이는 샤먼이 변형의식 상태와 심령을 여는 작업을 조심스레 안내할 때 흔히 사용하는 기술이다. 이 같은 조건에서 창조성과 자발성이 발휘되기도 한다. 중앙에 있는 사춘기 소녀는 신탁의 힘이 있어 방언을 하고 공동체라는 이 안전한 환경 안에서 우주적 힘에 자신을 맡긴다. 그녀가 하는 말을 공동체의 다른 구성원이 번역하여 펜으로 점토판에 기록한다. 그렇게 신성한 영감은 미래를 위해 기록된다.

어떻게 이 장면까지 오게 되었을까? 아마도 이 소녀는 지나치게 헌신해왔고 삶의 부담을 느끼고 있었을 것이다. 긴장이 쌓이고 신경이 곤두섰다. 어쩌면 소녀는 분산되고 초점이 없는 분노를 느꼈을 것이다. 너무 많은 것을 떠맡은 자신에 대한 분노였기 때문이다.

아마도 소녀는 월경을 시작할 참이고 특히나 모든 것을 민감하게 느꼈을 것이다. 에너지를 차단하는 대신 소녀는 공동체의 도움으로 엄청난 힘을 만들 수 있는 능력을 갖게 되었다.

컵 10번 *Ten of Cups*

컵 10번은 근원과의 소통으로 비가 내린 후 추수의 축복에 공동체가 감사하고 만족하는 것을 나타낸다. 컵에서처럼 사람들은 행복으로 넘쳐난다. 우주와의 재결합에 환희에 찬 이들은 두 팔을 들고 자신의 노력을 축복하는 기적 같은 무지개에 감사를 보낸다. 자신들이 신성한 것 앞에 있다는 것을 알고 그에 동참한다. 이 카드에 깔린 이야기는 공동체가 조화롭게 일하였기에 애당초 비를 부를 수 있었다는 점이다. 이제 이들은 자신들의 기도와 노력을 통해 이루어진 축복에 의식적으로 감사를 표한다.

초기 푸에블로 공동체는 실제로 날씨를 어느 정도 통제할 수 있었다. 그들은 협곡 꼭대기에 깊은 컵 모양의 구멍을 파 빗물을 받고, 절벽 아래 기슭에 정교한 운하 체계를 발달시켰다. 땅 전체에 빠르게 퍼진 물을 식물에 공급하였다. 그렇게 이들은 작물을 재배하고 수천 명을 먹여 살렸다. 현대의 이 지역 공원 관리인들은 정말 소규모 부족도 살아남기 힘든 이곳에 강우량이 충분했다는 사실을 믿기 어려워한다. 공원 관리인들은 '기후 변화'가 닥쳐야 이런 차이를 설명할 수 있다고 믿는다. 하지만 호피족과 다른 북미 원주민들은 여전히 비를 불러올 수 있다고 주장한다. 우주와 우주의 주기성과 계절에 접촉하고 있고 이 '계획'과 조화를 이뤄 일하기 때문에 가능하다는 것이다.

원반 10번 *Ten of Discs*

원반 10번은 현현이 일어나는 곳에 둥글게 모여 지지하는 사람들을 나타낸다. 이 카드는 가족과 공동체, 부족이나 집단, 더 큰 조직체의 일부라는 감각을 상징한다. 다른 10번 카드들처럼 이 카드도 전환, 특히 물리적 차원에서의 전환을 나타낸다. 무언가는 끝나가고 또 다른 무언가는 태어나고 있다. 이 모든 것이 어떤 더 큰 움직임이나 표현 안에서 일어난다. 원 안에 있는 여성들은 다른 문화적 배경, 다른 부족에서 왔다. 하지만 이들은 이 탄생을 환희에 차고 건강한 일로 만들 목적으로 함께 뭉친다. 젊고 나이든 이들이 신성한 바구니를 원 안으로 가져와 탄생이 일어나는 중심에 에너지를 집중시킨다.

원 한가운데서 배에 힘을 주고 있는 산모 곁에 두 여성이 쪼그려 앉아 돕고 다른 한 명은 아이를 '받고' 있다. 이 이미지는 인도의 돋을새김 relief 조각을 모델로 했다. 아기가 자궁이라는 보호 환경에서 산도를 통해 밖으로 나오는 이 출현 emergence은 신화와 종교에서 '창발'과 '창조'에 대한 상징으로 광범위하게 쓰인다. 지구 어머니의 자궁에서 인간의 출현은 물론, 돈에서 의료에 이르기까지 물리 세계의 모든 발현을 나타낸다. 원반 10번은 부의 상징으로 생존에 필요한 모든 것과 그 이상이 집단 에너지의 힘 안에 들어 있다.

젊음 Youthfulness

전통 타로에는 방금 기술한 번호가 40장의 매겨진 카드 뒤에 16장의 인물카드가 나온다. 원래 이 카드들은 왕족과 귀족이 있는 중세 궁정을 묘사했기 때문에 '궁정 카드'로 알려졌다. 마더피스에서는 방대한 인류사에서 잠깐에 불과한 중세의 계급을 대표하는 인물들 대신 지역과 시간을 뛰어넘는 이미지로 대체하였다. 이전의 '왕'은 이제 남녀 모두의 역할인 '샤먼'이 되었다. 전통 타로의 '여왕'은 '여사제'로, 샤먼과 지위는 같지만 하는 역할은 다르다. '기사'는 이제 '아들'로 원형적인 남성 요소를 나타내고, '시종'은 '딸'이 되어 젊은 여성적 힘을 나타낸다. 이 새로운 이름은 카드의 원래 뜻은 간직하면서 모계사회의 권력과 발달이라는 개념에 맞도록 시대에 맞게 업데이트한 것이다.

딸 카드는 인물의 젊은 부분으로 차오르는 초승달처럼 생명과 열정으로 가득하다. 딸 카드는 슈트가 상징하는 바에 더해 일차적으로 대지 요소를 반영한다. 딸은 스타호크가 '어린 자아'라고 부른 것으로 존재의 무의식적 부분, 내면의 어린아이, '우뇌의 통합적 깨달음을 통해 세상을 직접 경험하는' 이를 상징한다. 스타호크는 딸의 기능이 '감각, 정서, 기본적인 추진력, 이미지 기억, 직관, 산만한 지각'이라고 말한다.

검의 딸 *Daughter of Swords*

어떤 일이 일어나게 하려는 결의에 찬 검의 딸은 행동하려는 충동적이고 성급한 욕구urge를 나타낸다. 그녀는 아이디어를 발현하기 원하지만 세상 경험이 부족해 자신이 어리고 순진하다고 느끼는 자아의 부분이다. 그녀는 참을성이 없고 반항아일 가능성이 크다. 검은 끊임없이 변하며 움직이는 공기를 나타낸다. 이 딸은 검패밀리 에서 제일 어리고 에너지가 많아서, 발키리북유럽 신화에서 주신인 오딘을 섬기는 전투여신처럼 폭풍을 일으키거나 죽은 자를 깨우곤 한다. 아마존 처녀 전사의 드레스를 입은 그녀의 머리카락은 변화의 바람에 휘날린다. 그녀는 검을 머리 위로 들어올려 전투사의 자세를 취하고 있다. 하지만 그녀는 발아래 바위에 잘 그라운딩 되어 있다.

누군가 자기가 가진 힘power 이상이 필요한 일을 하고 싶을 때 전통적으로 그녀는 사방에서 운명의 바람을 불러온다. 이 중에서 북풍이

검의 딸

힘과 마법이 제일 강하다고 여겨진다. 로버스 그레이브스_{Robert Graves}
영국의 시인, 역사 소설가, 비평가이자 고전학자(1895~1985)는 "전통적으로 마
녀들은 순백의 여신을 기리며 휘파람을 3번 불어 바람을 일으킨다"고
말한다. 그림에서 말-바람은 말머리를 한 여신으로 이 질투심 많은 딸
의 어머니일 가능성이 크다.

수퇘지는 용맹과 라자스_{rajas}, 즉 힌두어로 맹렬함과 열정을 나타낸
다. 이집트와 그리스, 크레타, 아일랜드 신화에서 태양신은 적과 싸울
때 수퇘지로 변신을 하거나 변장을 한다. 산양들은 어미와 새끼로, 검
의 딸을 수호하는 순백의 여신의 또 다른 모습인 아말테이아<sub>갓 태어난
제우스를 양젖으로 양육한 님프</sub>와 그녀의 새끼를 나타낸다. 아말테이아는
제우스, 목축의 신 판, 뿔난 디오니소스의 어머니 등으로 다양하게 알
려져 있고, 이는 검의 딸이 여신의 초기 '염소 컬트'와 관련이 있다는
것을 암시한다.

그페이브스는 아테네가 염소 가죽옷을 입거나 아말테이아의 가죽으로 만든 방패를 들고 다녔다는 말로 아테네와 아말테이아를 연결시킨다. 어쨌든 아테나는 분명 아마존 전사들의 여신이다. 아테나와의 연결에서 검이 마음에서 나오는 것임을 알 수 있고, 검의 딸은 날카로운 지성, 몸보다 빠르게 움직이는 생각의 소용돌이를 나타낸다. 구멍이 난 돌은 그녀의 지혜가 샤먼의 근원에서 나옴을 나타낸다. 힘 있는 사상가인 그녀는 이상을 위해 싸우고 아테네의 젊은 여사제들처럼 '산처럼 분노한다.'

☼ 이 카드가 나오면

활동할 시기로 새로운 프로젝트를 시작할 때임을 암시한다. 당신은 조급하고 어쩌면 지나치게 간절해서 무모할 수도 있다. 당신은 원하는 것을 지금 당장 원한다! 당신의 마음은 빛나는 아이디어로 소용돌이친다. 카드가 정방향이면 당신이 다른 사람을 해치거나 스스로를 망치는 일은 없을 것이다. 심호흡을 하고 당신의 무한한 에너지를 최고로 발현하는데 집중하라. 그런 다음 신중하게 나아가면 당신의 소망이 이뤄질 것이다.

지팡이의 딸 *Daughter of Wands*

지팡이의 딸은 춤과 움직임, 환희에 찬 변화와 성장을 통해 드러나는 인격의 젊고 불같은 부분을 나타낸다. 그녀는 거리낌없이 말로 자신을 표현하며, 이는 자신을 표현하려는 내면의 충동에서 나온다. 그녀는 봄의 상징이며 계절에 따라 지하세계의 동굴, 겨울의 어두움에서 나타나는 페르세포네의 출현을 상징한다. 페르세포네가 대지로 돌아오면 새로운 성장과 성적 에너지, 동물과 새의 이동, 모든 이의 내면에 있는 느껴지는 생명 에너지의 춤으로 느껴진다.

지팡이의 딸은 치유를 위해 미국조롱나무witch hazel 탄닌을 함유한 껍질과 잎으로 만든 천연 치료제는 피부병에 좋다고 알려져 있다가지를 들고 다닌다. 다른 손에는 네메시스의 수레바퀴를 들고 있는데, 이는 모든 딸들이 가부장제 사회를 통과하기 위해 들고 다니는 것이기도 하다. 그레이브스는 네메시스가 금기를 깨뜨린 것에 대한 신성한 응징의 여신으로, "언젠가 이 수레바퀴가 한 바퀴를 다 돌고 나면 죄인은 복수를 받게 될 것이다"라고 말한다.

그녀의 하얀 유니콘은 신성한 신화적 동물로 오각형별처럼 사분면four quaters과 함께 '천정zenith' 또는 영혼의 정점을 상징한다. 신화에서 유니콘은 '처녀 여신, 즉 지혜에 의해서만 포획된다'고 그레이브스는 말한다. 여기서 처녀 여신은 '영적 온전함integrity'을 상징한다. 유니콘처럼 그녀는 우리 안에 깃들어 있는 자유로운 영혼의 '야생성과 길들여지지 않음'을 춤춘다.

봄이라는 계절은 사람들 내면에 있는 야생의 혼spirit을 건드리고, 이는 다른 계절에는 의식에서 자각하지 못할 때가 많다. 이것이 부활과 재탄생의 마법으로, 지팡이의 딸처럼 겨울 휴식 뒤에 우리의 영혼을 일으켜 다시 한 번 세상으로 내보내는 깨어남이다. 우리가 어두운 동굴에서 빛 속으로 재빠르게 빠져나올 때 자아는 자신감, 즉 개인적 활동과 가능성에 대한 감각이 새롭게 터져 나오는 것을 느낀다.

어떤 식으로든 여러분의 내면에서 자유롭게 터져 나오는 타고난 환희 joy를 나타낸다. 여러분은 어쩌면 달리거나 춤추거나 노래하고 싶을지 모른다. 여러분의 심장이 불타고 있다. 내면에서 오는 이런 열정적인 움직임은 표현을 요구하고, 결과적으로 여러분의 무드mood가 바뀌면서 어떤 형태의 자유를 향한 돌진이나 신나는 삶의 전환으로 이어진다. 카드가 정방향이면, 이 에너지의 자유로운 흐름으로 당신이 일정 기간 변화나 성장을 헤쳐 나갈 것임을 신뢰해도 된다.

컵의 딸 *Daughter of Cups*

컵의 딸은 장난기 많고 다정한 인격을 나타내며 유머감각이 뛰어나고 기분 좋게 느끼는 방법을 안다. 이는 우리 다수가 사는 현대의 바쁜 일상에서 쉽게 잃어버린 면이다. 컵의 딸은 집중도가 높고 스트레스가 많은 활동에서 벗어나 여름휴가처럼 내면의 즐거움과 아름다움에 자신을 열 필요가 있음을 상징한다. 그녀는 내면세계의 아름다움에 빠져들어 세계평화와 조화라는 새로운 꿈을 꾼다.

그녀의 뛰어난 수용성은 그녀의 요소들의 특징인 대지와 물에 반영되어 있다. 그녀는 포용적이어서 온기와 생명을 자석처럼 자기 주변으로 끌어당긴다. 자신이 원하는 것을 창조적으로 시각화하고, 이는 꿈을 실현하는 데 도움이 된다. 마법의 광천수 웅덩이에서 그녀는 부드럽게 노래하며 폭포수의 애무를 받고 꽃처럼 자신을 완전히 연다. 스타호크는 그녀가 "누구에게나 양보하지만 누구의 침입도 허용

컵의 딸

하지 않는 처녀 여신"을 나타낸다고 말한다. 그녀의 감각과 지각은 자연 세계를 받아들이고, 그녀는 자아와 타자의 신성한 결합 안에서 이를 하나로 합친다. 그녀는 자신의 몸과 욕망, 신체적 쾌락, 깊은 이완과 심령적 자각을 아는 데서 오는 환희를 축하한다.

개인이 자기 존재의 깊은 곳과 접촉할 수 있을 때 넘쳐흘러서 웅덩이를 만드는 샘물처럼 그녀는 욕망과 사랑이 넘친다. 기쁨pleasure의 감정이 그녀에게서 퍼져나가 다른 사람들을 접촉한다. 어린나무가 그녀를 향해 뻗어나가 생명이 생명을 접촉한다. 암벽은 동굴처럼 그녀를 사랑으로 둘러싸고, 물은 크라운 차크라를 통해 들어오는 우주의 빛처럼 흘러든다. 자연과의 교감에서 환상과 영적 세계의astral 이미지들이 나온다. 컵의 딸은 자아의 깊은 영역으로 두려움 없이 내면의 목소리가 열리는 것을 나타낸다. 그녀는 내면에서 답과 아이디어, 숨겨진 동기, 표면화되면서 나오는 인간의 욕구를 찾는다.

거북은 내면의 보호된 공간 속으로 자유롭게 들어가고 나오는 능력을 나타낸다. 북미원주민들은 거북을 신성하게 여기며 미국을 인류가 거주한 가장 오래된 부분이라 믿으며 '거북이 섬'이라 부른다. 에블린 이튼캐나다 출신 소설가이자 시인 영성을 탐구한 학자에 따르면, 샤이엔족the Cheyenne은 자신들이 "강에서 나왔다고 믿고 거북 모양의 스웻로지를 짓는다." 신화에서 거북은 세상을 등에 지고 다닌다. 마더피스 이미지에서 거북은 신성한 물단지를 갖고 있다. 호피족은 신성한 물단지를 갖고 다니다 정착하기로 한 땅에 이를 묻는다. 이들은 순결한 상태로 물단지를 묻고 특정한 의례를 따르면 자신들이 쓸 물이 땅에서 흘러나올 것이라 믿는다고 브로더는 말한다.

﹡ 이 카드가 나오면

당신이 자신의 감정을 아주 강하게 느끼고 있을 가능성이 크다. 당신의 내면에 존재하는 아이가 당신의 관심을 몹시 필요로 하고, 내면 아이의 감정이 슬프든 행복하든 그 감정을 경험하는 과정이 중요하다. 지금은 열심히 일하거나 진지해질 때가 아니다. 휴식을 취하며 자신의 감정과 감각들을 존중하라. 자기만의 감정의 웅덩이에 몸을 담그면 자기 이해라는 보상을 받을 것이다. 카드가 정방향이면, 당신이 이 흐름을 즐기고 있다는 것을 알 수 있다.

원반의 딸 Daughter of Discs

순수한 대지의 에너지를 상징하는 원반의 딸은 비전 퀘스트에 나선 젊은 처녀, 즉 혼자서 기도와 단식하며 자신의 이름을 찾는 인격을 묘사한다. 그녀는 원형적인 젊은 여성으로 님프나 처녀, 그리스의 코레Kore소녀를 뜻하는 그리스어, 지하 세계에 있을 때의 페르세포네이다. 뿔이 달린 머리 장식은 그녀가 아르테미스와 고위 여사제와 연결되어 있음을 나타내지만, 그녀는 고독과 크론인 헤카테의 지혜를 추구한다.

많은 북미 원주민의 젊은이들처럼 원반의 딸도 부족의 집에서 나와 산이나 사막에서 적어도 며칠은 혼자 생존한다. 그녀는 대지와 자연에 보호를 청한다. 돌로 만든 원은 안전한 마법의 원반이다. 원 안에 선 그녀는 흑요석 거울 모양의 또 다른 원반을 높이 든다. 거울은 지는 태양과 떠오르는 달을 모두 비춘다. 그녀는 달과 태양에게 지식과 보이지 않는 세상을 보는 능력을 깨워달라고 청한다. 동굴 안에서 그녀의 돌집은 그녀가 대지 안으로 물러나 잠자며 비전의 꿈을 꿀 때를 기다린다.

원반의 딸

한편, 그녀는 라코타 수족라코타족(Lakota)은 미국 원주민 부족의 하나로, 수족으로도 불린다. 라코타라는 말은 그들의 언어로 '친구', '동맹자'를 의미한다이 신성한 하얀 버팔로 여신 와칸-탕카수족 신앙에서 숭앙하는 영적 존재로 이름에 담긴 뜻은 '신령스러운', '신성한'이다가 주었다고 말하는 신성한 파이프를 들고 있다. 여신은 "너는 이 신성한 파이프를 가지고 대지 위를 걸을 것이다. 대지는 신성하기 때문이다. 대지 위의 모든 발걸음은 기도가 되어야 할 것이다. … 이 파이프를 가지고 기도할 때 너는 창조된 모든 것을 위해 그리고 그들과 함께 기도할 것이다." 흑요석 거울이 정보와 영감을 얻기 위해 코스모스에 가닿을 때, 파이프는 딸과 대지 모신 사이의 우주적 통로가 된다. 어린 딸은 샤먼이 되기 위해 공부 중이다. 이튼Eaton의 말을 빌자면, 그녀가 파이프를 들고 "사막이나 산 위나 언덕의 개울이나 혹은 어딘가 조용하고 아직 오염되지 않은 곳에서 신성한 자세로 앉아 고대의 방식으로 담배를 피우면… 메시지와 시그널이 올라가고 내려올 파이프라인이 준비되었다."

원반의 딸이 산에서 처음 머무르다 돌아오면 그녀는 변모되어 있을 것이다. 그녀는 자신의 인생 과제가 무엇인지 알게 될 것이고 이전에는 몰랐던 세상에 대한 민감성을 허용하는 심령적 채널이 열리게 될 것이다. 그녀의 힘은 커지고 있고 그녀는 자신을 잉태 중이다.

☼ 이 카드가 나오면

고독과 몸의 지혜를 신뢰하는 배움의 시기를 알린다. 이제 여러분은 본능에 의존해야 한다. 새로운 경험들로 여러분은 취약하고 노출된 느낌이 들 수 있고, 이를 통해 여러분이 모든 답을 갖고 있지 않음을 상기하게 된다. 하지만 진리를 추구하면서 용기를 배운다. 대지 모신에게 안내를 구하면서 여러분은 우주의 온갖 긍정적인 힘에 자신을 열게 된다. 카드가 정방향이면, 여러분의 깨달음은 커지고 내면에서 오는 비밀스런 선물인 새로운 능력들을 경험할 수 있다.

남성적 대극 Male Polarity

아들은 여신 내면에 사는 남성적 대극으로 여신의 자녀와 연인, 자궁의 선물과 대극 에너지의 힘을 나타낸다. 스타호크의 말처럼 아들은 '여신의 거울상', 여신의 대극'이다. 초기 인류는 온전하고 성교 없이 잉태한 어머니 여신을 경배했다. 이 주제는 성모 마리아의 '순결한 수태'와 그리스도의 '처녀 태생'으로 이어졌다. 따라서 찬란한 어머니 여신은 지구 위 생명의 기원을 상징하고, 인간 사회에서 '부성'이 제도화되기 이전 오랜 모계 혈통을 상징한다. 전통적으로 여신 종교에서 아들은 긍정적 '남성 원형'의 주요 요소인 가볍고 장난기 많은 특성을 체화한다. 마더피스 이미지에서도 아들은 대부분 긍정적인 남성 에너지를 나타내는데, 이는 현대사에서 남성들의 일반적인 역할과는 사뭇 다르다. 이 카드들을 묵상하면 인간성^{manhood}이 거의 다 망가진 '남성 우월주의' 문화 속에서 긍정적인 남성의 모습을 상상하는데 도움이 될 것이다.

수성의 지배를 받는 아들은 또 스타호크가 '말하는 자아'라 부른 것을 나타내고, "좌뇌의 언어적이고 분석적인 인식을 통해 기능"하고 "단어, 추상적 개념, 숫자로 말한다."

검의 아들 *Son of Swords*

검의 아들은 긍정적인 남성 이미지가 가장 적다. 원소가 모두 공기인 검의 아들은 지나치게 정신적이고 감정과 교류가 안 된다. 검의 아들은 이 생각 저 생각을 끊임없이 옮겨다니고 5분 전에 원했던 것이 뭔지 잊어버리는 바쁜 마음을 나타낸다. 인간관계 면에서는 극도로 변덕스럽다. 그의 황금 투구와 검, 방패, 다리 보호대는 신화에 나오는 원형적인 '영웅'의 모습을 그리고 있다. 그의 임무는 대개 이런저런 방식으로 여신을 베는 것이다. 그는 어머니를 거부하는 아들을 상징한다. 여기서 흰비둘기는 아프로디테를 나타낸다. 이 영웅은 그녀의 목을 움켜잡고 있다. 그가 비둘기를 어떻게 할지는 분명하지 않다. 그의 눈길이 이미 뒤에 놓인 보물상자로 옮겨갔기 때문이다. 보석과 화려한 장신구에 마음을 빼앗겨 비둘기를 어떻게 할지 이미 잊었다.

여성에 관한 착취는 영웅 신화에서 중요한 또 다른 부분이다. 그는 자주 여성들을 강간한다. 테세우스, 아킬레스, 페르세우스, 헤라클

검의 아들

레스 모두 늘 여성, 그중에서도 특별히 아마존 여전사들을 납치해서 강간하고 결국엔 버리거나 죽인다. 검의 아들에게서 이는 "조심해, 또 다른 이를 다치게 할 수도 있어"라는 의미이다. 타인에게 생각을 투사하고 조정하여 통제하려는 인간의 마음은 아주 크다. 이 그림에서 그의 발아래 잘려 흩어진 꽃처럼 사람은 이런 정신력에 침입당하고 이런 지성에 의해 심령적으로 강간당할 수 있다.

검의 아들은 반짝이는 갑옷과 정신의 빛으로 처음에는 아주 매력적으로 보일 수 있다. 하지만 자신의 충동을 영적으로 통제하기까지 그는 문젯거리에 불과하다. 어쨌든 그는 정복과 약탈 이외의 다른 감정과는 단절되어 있다. 이미지에 물은 없고 황량한 풍경과 아래를 향한 오각형 모양으로 빛을 내뿜는 태양만이 있는데, 이는 저주의 마술을 표시한다. 이렇게 단절된 남성의 자아는 여성성과 분리되어 있다. 그는 빛은 좋고 어둠은 나쁘며 남자는 옳고 여자는 틀렸다는 자신이 쓴 신화를 믿게 되었다. 자신의 여성적인 면을 느끼기 두려워하는 영웅은 '강하려면' 여성과 주변 세상을 지배해야 한다고 생각한다. 그는 지배와 복종이라는 각본 속에서 자신이 꼭대기에 있다는 남성의 망상적인 자아상을 나타낸다.

남성이든 여성이든 이런 지성은 주변 문화에 깊은 흔적을 남긴다. 이 지능이 사랑의 힘과 결합될 때 세상에 긍정적인 영향을 미칠 수 있다. 하지만 자연과 단절된 이성만으로는 기술혁신의 끝판인 핵무기 경쟁처럼 우리를 파멸로 이끌 것이다. 검의 아들이 다시 한 번 비둘기와 장미에 공감할 수 있다면, 자신과 우리를 재난으로부터 구할 시간이 있을지도 모른다.

⁘ 이 카드가 나오면

지나치게 이성적으로 목표에 접근하고 있음을 암시한다. 행동을 결정하는 생각들은 검처럼 생명을 유지하기 위한 자양분에서 여러분을 잘라낼 수 있다. 자아의 냉정한 논리가 심장에 있는 비둘기의 목을 막 조를 참이다. 자신이 외부와 단절된 상태에서 기능하는 것이 아님을 기억하고 부드러워져야 한다. 자신이 느끼고 있는 잘못된 고립감을 버리고 삶과 연결되어야 한다. 카드가 정방향이면, 생각을 멈추고 감정으로 내려가야 한다.

지팡이의 아들 *Son of Wands*

지팡이의 아들은 고대 샤먼 종교와 현대 마술에서 뿔 달린 신을 나타낸다. 검의 아들과 달리 지팡이의 아들은 어머니나 집단과 단절되지 않고 그 중심에서 춤을 춘다. 그는 '마초 이전의' 남성성, 즉 빛과 불을 원소로 하는 원형의 긍정적 남성 원리를 나타낸다. 스타호크가 말하듯 뿔 달린 신은 "길들지 않았다." "하지만 이 길들지 않은 감정은 폭력 행사와는 다르다." 개인의 영광을 찾아 떠나는 대신 "그는 여신의 궤도 안에 머무른다. 그의 힘은 언제나 생명을 위해 이바지하려 한다." 그의 섹슈얼리티는 거칠지만 또 "부드럽고 상냥하다." 전통적으로 위대한 어머니 여신의 연인인 아들은 기쁨과 즐거움과 유흥을 준다. 그는 여형제인 지팡이의 딸과 같은 방식으로 삶을 찬양한다.

지팡이의 아들은 뒤에서 빛나는 해처럼 여름 햇살의 따뜻함을 나타내고 삶의 춤으로 자신을 표현한다. 주역은 태양을 '온화하고 꿰뚫는'으로 묘사하고 이렇게 검의 아들은 시작하는 힘을 나타낸다. 손에는 딸랑이와 기도 막대기가 들려있다. 막대기는 그의 에너지를 신성하게 집중시키고 깨끗하고 가볍게 유지해줄 지팡이이다.

수성의 지배를 받는 지팡이의 아들도 직관과 환희로 불붙은 마음의 생각과 긍정적 힘을 나타낸다. 에로스뿐 아니라 지팡이의 아들도 로고스, 즉 정신의 힘을 나타낸다. 마술에서는 "둘 사이에 대극이 없다." 마녀들의 남신은 가부장제의 성적 역할과 남성에 의한 지배 이전의 길들지 않은 남성의 현존이다. 스타호크는 지팡이의 아들이 "절대 길들지 않고, 타협하거나 희석되거나 안전해지거나 틀에 박히거나 손을 타기를 거부"하는, 남녀를 떠나 우리 모두의 길들지 않은 부분을 나타낸다고 말한다.

이렇게, 그리고 원형적으로, 지팡이의 아들은 바보를 닮았다. 그는 지아 족의 광대(샤먼이기도 함)처럼 몸을 칠하고 어머니와 형제자매를 즐겁게 하려고 드럼에 맞춰 춤을 춘다. "놀이에서 바보스러움과 창의성이 태어난다." 배경의 두루미들처럼 그는 짝짓기 춤으로 들어간다. 스타호크가 말하듯 "아버지-아들의 대결이나 외디푸스 갈등에서 자유로운 남성적 힘의 모델인 뿔 달린 신은 아버지가 없다. 그는 자신의 아버지이다." 그는 의미심장하게 부성이 수태와 공동체에 참여하는 행위이지 아직 '소유'가 아니었던 시기를 대표한다.

지팡이의 아들은 아버지가 통치자인 황제의 에너지에 대비되는 남성 에너지를 나타낸다. 밝은 노란색 배경처럼 가볍고 뒤의 옅은 하늘색처럼 여신의 공간에 연결된 그는 높은 에너지, 꿰뚫는 마음, 그리고 세상에서의 명랑한 성공을 나타낸다.

☼ 이 카드가 나오면

세상에서 활기차고 생기 있게 존재함을 암시한다. 여러분은 생기 있고 다른 사람들에게 즐거움과 유흥을 주는 데서 기쁨을 찾는다. 여러분은 '불이 켜진 상태'이고 관심의 중심이 되는 것을 즐기며 자신의 재치로 주변 사람들을 매혹한다. 너무 심각한 것을 거부하며 자신이 다른 사람들에게 미치는 영향을 즐긴다. 카드가 정방향이면, 성적 에너지가 많거나 쉽게 창조성을 발휘하고 생명력의 에너지를 즐겁게 경험하는 시기를 가리킨다.

컵의 아들 Son of Cups

컵의 아들은 힌두교에서 상위 자아High Self를 나타내는 시바처럼 남성 원리의 조용하고 내면적인 측면을 나타낸다. 달처럼 반사하는 그는 명상 상태의 고요한 마음을 상징한다. 이집트의 하포크라테스처럼 그는 무의식과 소통하는 '침묵의 신'이다. 그가 들어있는 알은 위대한 어머니 여신의 세계 알로 여성성의 우주 원이고, 그는 그녀의 아들이다. 그는 스타호크의 말처럼 "여신의 자궁 안에 잠자고, 여신의 자궁인 해가 없는 바다를 항해하는" 추분의 남신을 나타낸다. 이런 관점에서 그는 현대 남성에게는 드물게 빛과 어둠, 공기와 물의 깊이, 마음과 감정을 결합한다. 그는 분석과 합성이라는 두 가지 앎의 방식을 실천한다. 스타호크는 그가 "사물을 분해해 차이점을 보거나, 통합되지 않은 부분들에서 패턴을 만들고 전체를 볼 수 있다"고 말한다.

거꾸로 매달린 사람처럼 컵의 아들은 여성의 세계에 승복하였다. 우주적 생명과 교감할 때 그의 머리에서 나오는 빛은 그에게 명료하게 말하는 새들로 나타난다. 연주하는 플루트와 힘들이지 않고 떠 있는 것 같은 푸른 물은 모두 플루트를 연주하는 유희와 섹슈얼리티의 신 크리슈나를 상징한다. 전통 타로에서 이 (컵의 기사) 카드는 '연인'

컵의 아들

으로 자아self라는 선물을 남에게 준다. 집중된 욕망의 힘과 함께 그는 음악, 꽃, 어쩌면 메시지의 선물을 가져온다.

물의 남신은 대개 해왕성(과 더 이전은 포세이돈)의 상징인 삼지창을 가지고 다닌다. 마더피스에서는 아름다움의 상징인 살아 있는 꽃을 삼지창 대신 들었다. 여기서 신성한 흰독말풀꽃은 비전을 약속하기도 한다. 모르고 사용하면 독이 되는 이 식물을 많은 '원시인들'은 환각성 때문에 종종 사용한다. 마더피스 이미지에서 컵의 아들은 변형의식 상태로 앉아 있고, 해왕성의 힘과 그를 둘러싼 보랏빛이 영적 상태를 보여준다. 요가는 '멍에로 매다yoking' 또는 '결합'을 의미하고, 여기서는 컵의 아들이 자신의 몸으로 공기와 물을 연결하는 것으로 표현되었다.

마음과 감정을 잇는 컵의 아들은 광대한 창조의 바다(그의 어머니)와 지성의 공기 같은 영역 사이가 끊임없이 이어지도록 일한다. 그의 영혼은 지성의 영역을 날아다니며 샤먼처럼 정보를 가져온다. 컵의 아들은 대개 숨겨져 있는 것들을 의식의 표면으로 가져와 객관적인 것으로 만든다. 그는 시를 쓰거나 심장의 목소리나 노래를 들을 수 있다. 그는 자신의 가장 깊은 곳에서 온 선물로 세상에 비전을 가져오는 예술가 원형을 상징한다.

⚙ 이 카드가 나오면

자기성찰과 평화롭고 명상적인 깨달음을 가리킨다. 여러분의 마음은 예술적 비전으로 향하거나 깊은 감정을 인식한다. 내면 깊은 곳의 욕구를 감지하고 그것들이 나타나도록 허용한다. 내면의 지식에 따라 행동하려 준비할 때 무의식이 지금 여러분에게 무언가를 드러낼 수 있다. 심장이 열려 자신의 감수성이 주는 선물을 경험하도록 할 것이다. 사랑에 빠질지도 모른다. 카드가 정방향인 한, 무의식 깊이에 있는 기쁨에 접촉하는 자신의 능력을 신뢰해도 좋다.

원반의 아들 Son of Discs

전통적으로, 원반의 아들은 뿔 달린 신의 '판Pan' 에너지, 몸과 감각을 통해 표현되는 생명력을 나타낸다. 신화에서 그는 염소자리의 염소, 아말테이아의 아들, 위대한 어머니 여신의 한 측면이다. 그러나 그리스도교의 도상학iconology에서 염소는 악마 역할을 강요받는데, 이는 고대의 상징을 뒤집은 또 다른 예이다. 마더피스 이미지에서 원반의 아들은 사냥꾼의 원형이자 구도자로 체화된 남성 원리다. 사냥꾼인 원반의 아들은 아르테미스 여신과 관련 있고, 어쩌면 여신의 쌍둥이 아폴로다. 이 둘은 샤머니즘과 종교적 엑스터시와 함께 소아시아에서 그리스로 왔다. 스타호크는 사냥꾼이 "물리, 영성, 예술, 과학, 사회 등의 모든 퀘스트를 체화한다"고 말한다.

마더피스의 원반의 아들은 실제라기보다는 천상적으로 보이고, 어디든 가지고 다니며 자신이 모습을 바꿀 때마다 모양도 함께 바뀌는 표적을 겨냥하고 있다. 하지만 그의 발은 땅을 딛고 있다. 그는 땅과 같고 육감적이다. 그는 자신의 몸에 대해 알고 또 좋아한다. 그는 뭔가 물리적인 것을 하는 기회를 즐기지만, 불필요하게 동물을 죽여서는 안 된다는 것도 안다. 그는 자신의 어머니, 대지와 접촉하고 있다.

원반의 아들

　원반의 아들은 그린맨, 로빈 후드, 피터팬, 레프러콘_{leprechaun 아일랜}
드 민담에 나오는 남자 모습의 작은 요정처럼 대지의 아들이다. 영국의 민담
에서 녹색은 요정들_{fairies}의 옷과 연관되어 있다. 그레이브스는 "요정
을 언덕이나 숲으로 쫓겨날 수밖에 없었던 초기 부족의 생존자로 본
다면 녹색 옷은 보호색으로 설명할 수 있다. 중세에 숲에 살던 사람들
과 무법자들도 이 색을 택했다"고 설명한다. 오랜 여신 종교가 박해받
고 마녀들이 화형당했던 중세에 고대의 신학은 변장을 해야 했다. 판
처럼 숲의 섹슈얼리티와 자연적 본능을 나타내는 강력한 신의 경우는
특히 더 그랬다. 마가렛 머레이_{Margaret Murray}는 로빈 후드를 마녀의 고
위 사제, 뿔 달린 신의 대표자, 메이든_{Maiden}의 배우자이자 파트너, 마
녀들의 고위 여사제로 보았다.

　마더피스 이미지에서 궁수의 머리 위에 있는 잠자리는 그가 목표
에 명중할 수 있게하는 집중을 나타낸다. 어느 정도 집중해서 요가를
하는 사람은 잠자리의 날개 소리를 닮은 부드러운 웅얼거림을 들을

수도 있다, 불교 신자들은 활을 쏠 때 궁수는 자신의 활과 화살 그리고 목표가 완전히 하나가 되어야 한다고 한다. 전통적으로 봄의 전령인 울새는 궁수의 장난스러운 면, 즉 그가 물리적인 일과 섹슈얼리티를 대하는 가볍고 쾌활한 느낌을 반영한다.

원반의 아들은 아름답고 기능적인 물건을 손으로 만드는 사람을 나타낸다. 목공예가, 조각가, 목수, 체조선수, 무용수, 덤블링을 하거나 훌륭한 마사지사일 수 있다. 신체적 차원에서 편안하고 그래서 돈을 벌고 생존 욕구를 충족시킬 수 있는 그는 때로는 고집스럽지만 성실하고 기댈 수 있는 일꾼을 나타내고 한 번 정하고 나면 목표를 놓치지 않는다.

이 카드가 나오면

여러분이 목표를 향해 꾸준히 노력하고 있음을 암시한다. 무엇을 원하는지 알고 있으며 그것을 얻기 위해 한 점에 집중하고 있다. 아마도 여러분은 요가나 조깅처럼 규칙적인 신체 단련을 통해 자신을 그라운딩하고, 본능적으로 즐기는 육체적 섹슈얼리티를 포함해 몸의 모든 행위에 가볍게 집중하고 있다. 카드가 정방향이면, 일을 찾거나 설정한 목표를 완수하기에 좋은 때이다. 목표가 너무 분명하게 보이기 때문이다.

31장 _여사제 PRIESTESSES

신성 Sacredness

'여사제'라는 단어는 특정 관행이 여신 숭배와 관련이 있든 없든 마법이나 뉴에이지 종교를 얘기할 때 자주 나온다. '여사제'는 사람에 따라 다른 의미인 것 같지만 본질에서 그녀의 기능은 에너지와 힘을 위한 통로channel, 즉 권력power이 들어오는 그릇vessel이 되는 것이다. 여신의 여사제는 자신을 열어 신성한 여성의 현존을 일정 기간 '육화'한 여성이다. 이 기간에 그녀는 말과 행동으로 여신을 현현한다. 시간이 지나면 그녀는 다시 한 번 죽을 운명의 보통 인간으로 돌아오지만, 자기 안에 신비의 지식을 간직한다.

마더피스에서 여사제 이미지가 전통 타로에서는 여왕이었다. 금성과 달의 지배를 받는 이들은 행정 능력, 신성의 감각, 어머니 여신의 귀위 있는 현존을 나타낸다. 어머니들은 가정사에서 여왕이자 여사제이다. 그들은 가슴으로부터 지배한다. 금성은 아프로디테를 나타내고, 아리아드네, 아스타르테, 브리짓, 이쉬타르, 이시스와 관련 있다. 어머니 여신은 원형적인 보름달이고, 여사제는 물(정서)의 달 에너지와 내면의 불(성적 느낌)의 통로이다. 여사제는 자신을 온전히 표현하는 여성이자 그녀와 동일시하는 남성 안에 있는 '내면의 여성'이다.

검의 여사제 *Priestess of Swords*

검의 여사제는 지능이 작동 중임을, 즉 지혜의 통로를 나타낸다. 그녀가 놓아주는 눈올빼미The Snowy Owl는 그녀가 전쟁의 여신이자 여성의 냉철한 지성의 수호신인 아테네 여신과 연결됨을 나타낸다. 검의 여사제는 생각의 형태와 아이디어들이 눈과 얼음처럼 결정화 된 차가운 환경에서 일하지만 보름달의 인도하에 있다. 그녀는 아마존의 행정가로 자신의 지능과 날카로운 혀로 지배한다. 그녀는 비판적인 마음을 나타내고, 냉정하고 엄하며 이성적이고 냉철하다. 그녀는 판사나 중재자가 될 수 있다. 하지만 지금 그녀는 처녀여신Virgin이 그러하듯 자신에게만 속하기 위해 생각하고 반성하는 시간을 갖는다. 타로 전통에서 검의 여사제는 사별 또는 별거하는 여성으로 해석된다.

그녀 옆의 금도끼는 눈 속에 심어져 생각이 그라운딩 되게 하고 그녀가 대지와 접촉하도록 한다. 도끼는 그녀의 정신 에너지가 모일 수 있는 수직축이 되고, 분명 집행력을 나타내는 표시다. 하얀 털 코트는 따뜻하고 아마도 북극곰의 가죽일 것이다. 이는 검의 여사제가 아르테미스와 큰곰자리와 연결됨을 나타내고, 별들과 황도대를 도는 바퀴를 알았던 고대 여성 집단의 힘을 상징한다. 따라서 검 여사제는 점성학과 직관적 지식을 나타낸다. 다른 수준에서 그녀는 과학, 즉 별과 행성의 움직임과 계절의 주기, 그리고 다른 자연 현상들을 관찰하여 고대 동굴 유적지에서 발견된 뼈와 뿔에 기호로 기록했던 빙하시대 조상들의 체계화된 지식을 나타낸다. 이런 기호법과 달력 체계는 아마도 최초의 글쓰기뿐 아니라 수학의 효시였을 것이다.

검의 여사제는 작가일 수도 있지만 사색가인 것이 분명하다. 그녀는 생각의 통로가 되어 물이나 빛처럼 자신을 통해 흐르도록 한다. 그녀는 말과 아이디어의 통로가 되었고, 자신을 열어 영혼이 자신을 통해 말할 수 있도록 '영매'가 되었다. 이렇게 그녀는 '세쓰Seth'의 메시지Seth's material 제인 로버츠Jane Roberts가 1963년부터 변형의식 상태에서 쎄스라는 인물이 채널링을 통해 전하는 이야기를 제인의 남편 로버트 버츠Robert Butts가 기록한 내용으로, 우주는 생각이 만들어낸 것이고 물리적 실재는 의식에서 일어난다는 내용을 담고 있다를 채널링한 제인 로버츠Jane Roberts나 '티베트인'의 이야기를 채널링한 앨리스 베일리Alice Bailey와 같은 현대 심령술사들을 대표한다.

올빼미는 생각이 비행하는 것으로 볼 수 있다. 더 고차원에서 올빼미는 샤먼의 비행의 비밀과 영혼이 몸을 떠나 동물의 형태를 하고 다른 차원으로 여행하는 가능성을 나타낸다. 야행성 올빼미는 꿈 세계의 지혜와 집단 무의식을 암시한다. 아테네와 메두사의 새인 올빼미는 필요할 때 생명을 위해 싸우는 능력뿐 아니라 치유의 힘을 상징한다.

거의 여사제는 금욕적이고 타협하지 않는 다수 만만치 않은 인물이다. 엄격한 선생님이나 나이든 여성 역할 모델, 규율주의자나 권력자를 대표할 수 있다. 하지만 눈과 얼음에 반사된 분홍빛은 그녀의 심장이 은은하게 따뜻함을 말해주고, 별처럼 소용돌이치는 눈송이에 반사된 달의 은빛이 여사제의 아우라에 더해진다. 그녀는 감정과 거리를 두지만 단절된 것은 아니고 단지 속마음을 드러내지 않을 뿐이다. 보름달의 서늘하고 선명한 빛은 아이디어가 풀려나와 형태를 띠도록, 즉 좁은 관심사에서 좀 더 넓고 포괄적인 관심사로 마음을 연다. 그녀는 차분하고 또 심령 감각이 있어서 주변 모든 사람의 생각을 지구적 차원에서도 알 수 있다. 따라서 그녀에게는 세상의 문제를 해결할 상상력이 있다. 시와 철학으로 그녀는 정치적 의식과 지식과 자신뿐 아니라 다른 사람을 대변해 말하는 능력을 결합한다.

⁂ 이 카드가 나오면

깊은 성찰의 시기를 위해 감정에서 벗어나 냉정한 지성의 영역으로의 여정을 암시한다. 어쩌면 연인과의 이별을 경험하며 정서적으로 한데에 버려진 느낌일 수 있다. 여러분의 정신이 강하고 우주적 지혜에 열려있어, 글을 쓰고 공부하기에 또 아이디어들을 '채널'하기에 좋은 시간이다. 카드가 정방향이면, 여러분의 비판적 판단이 옳다고 신뢰할 수 있다.

지팡이의 여사제 *Priestess of Wands*

지팡이의 여사제는 에너지 넘치는 마녀의 원형으로 여성 개인의 힘이 작동 중임을 상징한다. 오랫동안 그녀는 조상들의 어머니이자 공동체의 심장이었다. 타고난 요기니^{yogini} 즉 불의 여인이 살아있는 지성을 누리고, 집단을 대표해 힘을 만들어내는 일을 하는 데서 오는 만족감과 행복감을 반영한다. 고대의 환상열석^{stone circle}처럼 지팡이 여사제는 에너지를 모아 간직하고 이 저장고는 시간이 갈수록 강력해진다. (히토르의 타이틀 중 하나인) '힘 있는 자'인 이집트 여신 세크메트^{Sekhmet}의 여사제로서 지팡이 여사제는 뱀의 불인 쿤달리니의 지식을 가지고 임무를 완성하고 공동체를 위해 마법을 쓸 때 이 불을 일으킨다. 그녀는 원으로 둘러선 사람들 한가운데 서 있을 수 있고, 세리드웬^{Cerridwen}의 마법 가마솥처럼 우주에서 생명력을 끌어당겨 저장해 놓고 다른 사람들이 끌어다 쓸 수 있도록 한다. 영감의 원천으로 그녀는 사람들에게 개인적으로 따뜻하고 친절하며 친근하게 연결되어 있다. 그녀는 치유의 열을 발산하고, 접촉하는 모든 이들을 치유의 손길로 축복한다. 붉은색의 작은 살라맨더와 혈근초꽃은 불이 가진 재생력과 치유력을 상징한다.

곁에서 걷고 있는 암사자는 그녀의 친구이자 '영적 힘을 나타내는 동물^{power animal}'인 '파밀리에^{familiar}로 그녀의 고귀한 단순함을 나타내고, 사자여신 미히트^{Mihit}와 연결시킨다. 그녀는 아이들을 지키고 가까운 친구들을 보호할 정도로 충분히 맹렬하지만 또 동물적 열정과 길들지 않은 본능이 살아있다. 그녀는 이를 채널링하여 마법을 부린다. 마법의 주문으로 끌어온 구름에서 비가 내리기 시작하고 이는 그녀의 성공을 나타낸다.

여사제가 왼손에 갖고 다니는 지팡이는 구멍이 난 뼈로, 선사시대에서 전해온 인류 최고[?]의 유물이니. 고고학자들은 이를 제병의 지팡이라 부르긴 하지만, 그 의미를 해독하는 데 어려움을 겪고 있다. 뼈에 선이 새겨져 있는 데다 도구로 쓰였다 할 만한 자국이 없어서, 고고학자들은 이를 '다산'과 관련한 의례에 쓰인 기구라 본다. T-자 모양인 이 기구의 양면은 균형을 잡아주며 '양성'의 성격을 띤다. 그래서 이 지팡이가 샤먼의 작업과 관련이 없는지 궁금해하는 작가도 있다. 지그프리드 기디온은 라플란드의 샤먼이 여사제의 지팡이와 비슷한 기구를 사용한다는 데 주목한다. 라플란드 문화에서 이 기구는 변형의식 상태를 유도하거나 병을 치료하고 성공을 가져오거나 적에게 재난을 일으키는 북채의 역할을 한다. 노랫소리와 함께 북소리는 공동체 전체를 집단 변형의식 상태에 빠지게 해 특정한 일이 이뤄지도록 한다.

여사제가 갖고 다니는 지팡이는 '수맥 찾기'용 '수맥봉'이 되기도 한다. 수맥 찾기는 오늘날에도 세계 많은 곳에서 일어나고 있다. 땅속을 흐르는 물의 지하 수로에는 힘과 '자기력'이 흐른다. 이들의 교차점은 지구 신탁의 중심이다. 분명 지팡이의 여사제는 그런 '핫 스팟'을 찾아내 마법의 에너지 작업을 할 수 있도록 해주는 어떤 민감성을 나타낸다.

이 카드가 나오면

이는 따뜻한 자기 확신과 목적의 강렬함을 나타낸다. 여러분은 카리스마 넘치는 인격으로 열정이 가득하고 살아있는 것에 기뻐한다. 어쩌면 여러분은 자신의 작업에 필요한 기술을 알고 있다. 놀이를 할 때조차 여러분은 강하고 불타는 의지를 보인다. 여러분은 아마도 훌륭한 연인일 것이다. 지금은 힘과 에너지의 시간이다. 카드가 정방향이면, 이 힘을 올바르게 전달하는 통로가 되는 법을 안다는 의미이다.

컵의 여사제 _Priestess of Cups_

컵의 여사제는 감정과 정서, 욕구와 꿈, 내면의 비전을 전부 물로 채널링한다. 그녀는 원형적인 뮤즈, 즉 내면에서 영감을 주는 '아니마' 또는 내면의 여성 안내자이자 여신이다. 인어의 형상을 띤 그녀는 수륙양용이다. 무의식의 깊은 물속을 물고기처럼 헤엄칠 수 있고 폐로 공기를 호흡하며 인간의 생각에 참여할 수 있다. 나아가 '인어'는 마녀들의 집회에서 고위 여사제를 위한 이름인 '메리 메이드Merry Maid'의 단축형이다. 컵의 여사제는 시나 운문에 영감을 주지만 언어적 소통에 의존하지 않는다. 그녀는 왼손에 세상에서 가장 오래된 악기 중하나인 리라lyre를 들고 있다. 리라의 일곱 현은 사람의 귀에 가장 아름다운 소리를 낸다. 컵의 여사제 아래를 맴도는 고래는 그녀가 내는 소리를 듣고, 심령과 음악의 차원에서 그녀와 교감한다.

그녀는 영혼, 즉 영적 세계와 일상, 하늘과 땅 사이를 중재하는 존재의 내면 부분을 나타낸다. '바다의 항아리the pot in the ocean'라는 공안 公案koan 일본식 발음을 영어로 표기한 것, 불교에서 온 영어로 뛰어난 선(禪) 수행자의 깨달음이나 인연 또는 언행이다. 우리말로는 간화선(看話禪)처럼 컵의 여사제는 바깥에 있는 것이 안쪽에 있는 것과 합쳐지는 그릇을 나타낸다.

컵의 여사제는 마법사enchantress로, 여신과 여사제들처럼 가부장제

컵의 여사제

의 침략자들에게서 도망쳐 신성한 비밀의 섬으로 왔다. 그곳의 수풀 뒤에서 이들은 여신 종교를 따랐다. 그녀의 물고기 모양 꼬리는 바다에서 도망친 것을 의미하고, 이 주제는 탑의 이미지에서도 등장한다. 신화에서 옛 종교의 '마법으로 홀리는bewitching' 여사제들은 여러 영웅이 이들의 신성한 섬으로 끌려올 때 다시 한 번 주목받는다. 은유적으로 모성애라는 내면의 섬에 끌린 영웅들은 지중해와 아드리아 해의 실제 섬들을 찾아 나선다.

그래서 오디세우스는 님프 칼립소에 의해 오귀기아 섬으로 끌려간다. (로버트 그레이브스는 이 섬이 오시리스를 '사이렌'이라 부르는 이집트의 다른 이름이라고 했다.) 율리시스도 비슷하게 '울부짖는' 헤카테의 딸 키르케Circe의 유혹을 받아 7년 동안 그녀의 섬에 머무른다. 이런 패턴의 이야기들은 모두 영웅의 경직성에 있는 후퇴lapse, 즉 바다 여신의 형태를 한 어머니의 사랑으로 물러서는 것을 암시한다. 마더피스 이미지에서 컵의 여사제 뒤에 있는 탑은 그레이 브스가 그녀의 '무덤 섬'에 있는 '신탁 섬의 사당'이라 부르는 것을 나타낸다.

컵 여사제의 메시지는 '아니마'가 부르는 소리, 자신에게로 부르는 무의식의 끌림, 의식에서 거부하고 극복했다고 한 후에도 유혹하는 여성성의 힘이다. 컵 여사제는 '거품에서 태어난' 바다의 여신 아프로디테를 나타내고, 여신은 고래와 소통할 뿐 아니라 요나와 여성적 힘에서 도망칠 수 있다고 생각하는 모든 영웅을 삼킨 고래 여신이다.

☼ 이 카드가 나오면

내면의 사색, 어머니의 잉태 의식, 자궁의 자양분을 암시한다. 생각은 내면에 집중되어 있고, 마음은 상상력에 사로잡혔다. 지금은 정서emotions 가 중요하고, 감정과 욕망이 중심이다. '멍한' 느낌으로 물리적 차원에서 기능하기가 어려울 수 있다. 정방향이면, 이는 모성애와 신성한 영감의 카드이다. 여러분은 뭔가 새로운 것이 곧 잉태될, 집단의 기억과 경험이 담긴 무의식의 바다에 승복하도록 요청받는다.

원반의 여사제 *Priestess of Discs*

아즈텍의 여신 토나친Tonantzin처럼 원반의 여사제는 아이를 낳고 양육하는 물리적 보살핌mothering을 나타낸다. 그녀는 아이에게 젖을 물리고 사랑이 담긴 손길로 새 생명을 살아가게 한다. 그녀는 자신의 몸을 대지에서 신성한 것들을 위한 매개체로 존중하고, 바른 음식을 요리하고 먹는 것은 물론, 요가 수행으로 잘 유지한다. 자신과 가족이 필요로 하는 것들을 심고 추수하는 것을 통해 대지 모신과 계속 연결되는 그녀는 농업과 대지의 힘을 나타낸다. 옥수수 여신the Corn Mother으로서 여황제의 한 측면이자 선사시대 멕시코의 대지모신 틀라졸테오틀Tlazolteotl의 여사제이다.

여사제는 영양 가죽으로 된 요가 담요 위에 앉아 몸을 정화하고 심령 센터들을 열기 위한 다양한 자세를 취하고 있다. 내면뿐 아니라 자기 주변에서 일어나는 일들에 심령적psychic으로 동조된 그녀는 보지 않아도 아기의 기분을 알고 의식은 그녀의 의지대로 자유롭게 아기에게 드나든다. 명상 속에서 보는 호피족의 방패에는 서로의 꼬리를 물고 있는 두 마리 뱀이 그려져 있고, 이는 쿤달리니 에너지 회로의 상징이다. 연인으로서 원반의 여사제는 몸의 신비를 알고 있고 사랑하는 이와 황홀하게 성적으로 결합할 수 있다. 방패 한가운데 눈이 그려진 손바닥은 심령적 진화를 나타내고 티베트의 자비의 여신인 타라를 떠올리게 한다.

나무에 앉은 앵무새는 강력한 다산의 상징으로, 과거 톨텍인들Toltec과 현대 북미원주민들의 사랑을 많이 받고 있다. 앵무새는 다산력과 더불어 예술적 창조성도 상징한다. 원반의 여사제 내면의 비전은 아름답고 흥미로운 물체로 그려지거나 조각될 수 있다. 그런 현현을 통해 그녀는 대지의 에너지에 대해 자신이 아는 것을 가르친다. 멀리 있는 마리화나 수풀은 그녀가 영감을 얻기 위해 그 잎을 태울 때 비전을 보는 그녀의 능력을 강화시키고 그녀의 감각들을 열어준다. 밝은색의 셔츠는 그녀가 직접 만든 베틀로 짜여졌다. 그녀는 공예의 여왕이다.

여사제 주위의 녹색의 대지는 그녀 가슴의 에메랄드 정수를 반영한다. 현현의 색깔로 녹색은 또 돈을 의미한다. 원반의 여사제는 돈의 여왕으로, 그녀는 그 어떤 물건이나 신체적 필요만큼이나 현금도 쉽게 자신에게로 끌어온다. 돈이 그저 에너지의 한 형태임을 알기에 그녀는 탐욕을 부리거나 움켜쥐려 하지 않고 돈이 그녀를 통해 흘러가도록 한다. 그녀는 자신의 생존을 대지모신에게 의지한다. 중력처럼 그녀는 지구를 붙잡고 대지의 에너지를 사랑으로 채널링한다.

⁘ 이 카드가 나오면

물리 세계에 안정적으로 자리를 잡고 어머니 자연Mother Nature의 느려진 에너지와 조화를 이룬 인격을 가리킨다. 내면의 고요는 육감으로 기능해 현실을 보다 '통합적'으로 인식하게 한다. 몸과 마음이 동조되고 균형이 잡히고 모든 모공이 경험을 위해 열린다. 여러분이 느끼는 안녕은 요리나 정원 가꾸기, 조각하기나 아기의 기저귀를 가는 것에서도 표현된다. 사랑이 담긴 손길이라는 선물을 통해 여러분은 삶과 연결을 유지한다. 정방향이면, 건강을 나타낸다.

경험 Experience

마더피스의 샤먼은 힘과 경험을 나타낸다. 전통 타로에서 샤먼은 모든 권위와 지위를 가진 '왕'에 해당한다. 샤먼은 엄청난 힘으로 일하지만 다른 사람을 지배하는 권력을 추구하지 않는다. 샤먼은 주로 자기 자신에 대한 힘, 즉 영적 영역에 대한 숙달은 물론 두려움과 의심의 극복을 나타낸다. 마더피스에 나오는 샤먼들의 얼굴에는 분명 두려움이 없고 불의 힘에서 추진력을 얻는다.

샤먼의 불은 주로 화성의 영향을 받고, 노동 에너지와 성적 힘을 활성화시킨다. 또 확장과 선한 온기의 불인 목성의 에너지를 받고, 천왕성의 번개 치는 불을 일으키는 것이 확실하다. 마지막으로 이들은 태양의 불을 통합하여 온 사방으로 자신감과 건강을 발산한다.

샤먼은 우주로 나가 일한다. 비행하고 치유하고 자신의 에너지를 다른 사람들에게 투사한다. 이들은 두려움, 죽음에 대한 두려움까지도 극복하였기에 보통의 몸과 마음의 경계에 의해 제한받지 않는다. 이들은 하늘의 먼 곳까지 닿아 별과 소통하거나 지하세계 밑바닥까지 내려가 영혼을 구원한다. 위험에 맞서고 병을 치유하고 악을 몰아내며 인간사회와 신성한 영역을 매개한다. 여사제가 가슴으로 일을 한다면 샤먼은 머리에서, 특히 왕관 차크라에서 일한다. 샤먼도 손과 가슴을 쓰지만, 형상이 없는 영역으로 움직인다는 것이 다른 인물 카드와 차별되는 점이다. 샤먼은 능숙함competence과 능력, 진정한 실질적 지식과 경험을 암시한다. 슈트가 무엇이든 샤먼은 그 요소를 통제하고 있고 어떻게 사용하면 세상의 문제를 해결하고 개인적 이득을 취할 수 있는지 안다. 샤먼은 흔히 영적 스승으로, 부족의 원로이자 현자이다. 샤먼은 일반적으로 소명의 부름을 받는데, 어떤 문화에서 이 자리는 세습된다. 샤먼이 되어야만 하는 경우도 있지만 드물게는 본인이 원해서 샤먼이 되는 경우도 있다. 샤먼으로의 부름은 대개 두렵다. 평범하지 않은 사회적 역할과 기대는 물론 더 많은 권력과 사회적 책임이라는 규범과는 다른 존재방식을 요구하기 때문이다. 샤먼은 자기 내면의 남성과 여성의 요소들에 균형을 이루는 양성이 되길 기대받는다. 이는 문화에 따라 반대 성의 옷을 입거나 동성애자가 되거나, '영적 연인'을 제외하고는 금욕하며 사는 것을 의미한다.

현대 사회에서 샤먼으로의 부름이 드물었지만, 지금은 증가하고 있다. 현재 세계 문제, 특히 적에 대한 대학살이 지속되고 비슷한 위협이 자행되는 최근의 관행을 보면 더 많은 치유자와 현명한 스승이 필요하다. 특히나 뉴에이지에서는 강력한 에너지를 우리에게 가져와 기구를 치유의 빛으로 씻어내고 치유력이 있는 사람들을 '깨우고' 있다. 이렇게 깨어난 현대의 샤먼은 역할모델도, 치유자나 스승으로 기능하는데 필요한 제대로 된 문화적 맥락도 찾을 수가 없다. 이들에게 현대에 샤먼의 힘이 어떤 의미이고 선을 위해 그 힘을 어떻게 써야 할지를 마더피스의 샤먼들이 보여준다.

검의 샤먼 *Shaman of Swords*

검의 샤먼은 공기의 더 높은 힘, 즉 지력, 지능, 추상적 사고를 나타낸다. 이 이미지는 힘이 너무 빠르게 변화하는 데다가 너무 강력해서 바람 자체가 되어버렸다. 전통 타로에 등장하는 경직된 늙은 검의왕과 달리 이 샤먼은 흐트러지지 않은 마음의 긍정적인 그림, 즉 자유의지의 상징을 보여준다. 검의 샤먼은 자신의 현실을 창조하고 자신의 사고 형태와 정신력을 책임진다. 그녀는 I. M. 루리스가 말했듯 "아주 작고 가벼워져 몸에서 떨어져 나와 '사다리 영들'의 도움을 받아 하늘로 날아오르는" 모든 샤먼의 영spirit을 상징한다. 검의 샤먼은 공기 중에서 가장 편안하고, 이 그림에서 사다리는 모든 샤먼이 할 수 있는 상승과 하강을 나타낸다.

사다리 꼭대기의 새는 연으로, 북풍 보레아스Boreas에게 신성시된다. 트라키아Thracian 고대에 유럽 중부와 남동부의 넓은 땅을 지배했던 인도유럽인의 한 분파 마법에서 샤먼은 연으로 변할 수 있는데, 그레이브스는 이것이 이집트의 호루스와 그의 어머니 이시스의 새인 매와 연결된다고 말한다. 북미원주민들은 이 연을 '투시력이 있는 여인the Clairvoyant Woman'이라 부르며 공간을 꿰뚫고 모든 것을 아는 샤먼의 지적 힘으로 인식했다. 검의 샤먼이 '천부적인 재능'과 우주 보편의 마음을 나타낸 다는 것이다.

그녀의 머리 아래 놓인 네 꽃잎의 꽃은 4개의 주요 방향, 4개의 바람, 원소들을 나타낸다. 중심부의 결합점에는 보통 5번째 요소인 '에테르' 또는 영이 숨어있다. 이 카드에서 영 또는 '제5원소quintessence'는 아마도 목소리를 통해 발현된다. 꽃의 붉은색은 열정과 여성의 권력power, 더 큰 세계로 나가 행동하도록 밀어내는 내면에 있는 앎의 힘을 나타낸다. 수잔 그리핀은 아래와 같이 묻는다.

당신은 아시나요. … 간절히 원하면 어떻게 눈이 공간을 뚫게 되는지? 행동하겠다는 결의가 이 대기를 빛처럼 빠르게 횡단하게 하는지?… 불이 위협하고 화염이 두려워도 어떻게 우리가 지붕을 뚫고 뛰쳐나올 수 있는지. 욕망은 우리 내면의 힘입니다. 밀려드는 공기를 마시려 우리의 입이 크게 벌어집니다. 우리의 몸은 별 사이를 떠다니고요. 그리고 우리는 황홀함에 소리 내어 웃습니다. 공기도 소망을 갖고 있단 걸 알게 됐으니까요. … "네Yes" 우리는 충만함과 기쁨에 소리칩니다. "네Yes" 우리는 노래하며 "밤새 날아다녀요."

검의 샤먼은 필요에 의해 말한다. 그녀의 말은 가슴과 목구멍에서 터져나온다. 그녀는 반전 연설가일 수 있다. 그녀의 입에서 흘러나오는 파란 생각의 흐름은 고상한 마음의 목소리, 즉 지혜의 근원에서 나오는 말을 나타낸다. 이런 영적 진실을 말하는 것은 상승의 수단이다. 이는 그녀를 사다리 위로, 자유로운 우주로 올라가게 한다. 그녀는 활발한 여성의 '아니무스' 신경이 행동으로 표현된 것이다.

불타는 (여성적) 감정과 강력한 (남성적) 생각이 강하게 혼합되었음을 의미한다. 보고 느낀 것을 말하라. 진실이라고 알고 있는 것을 숨기지 마라. 통찰력이 창발하고 가슴의 열정으로 불붙은 여러분에게는 현실을 바꿀 힘이 있다. 여러분의 비전과 생각, 희망과 꿈을 공유하라. 여러분의 아이디어가 가진 힘은 목소리를 낼 것을 요구한다. 정방향이면, 자기주장을 너무 과도하게 하지 않는다.

지팡이의 샤면 *Shaman of Wands*

지팡이의 샤면은 긍정적인 남성 권력을 나타낸다. 특별히 복잡한 상황에서 어떻게 행동할지 그는 안다. 그의 뒤에는 왕권과 가부장의 힘을 나타내는 상징인 파라호의 왕관, 태양신 호루스의 매가 있다. 모계 쪽을 상징하는 왼손은 지팡이를 쥐고 이지러지는 그믐달로 나타난 달의 여신에 기대고 있다. 오른손은 환영, 초대, 선물을 주는 열린 자세를 하고 있다. 그는 부족의 여성들이 짜준 옷을 입고 그에 맞는 비즈 목걸이를 목에 하고 있다. 그는 자신을 설명할 준비가 되어 있고 또 다른 사람들의 말을 듣고 상호작용할 준비도 되어 있다.

역사적으로 지팡이의 샤면은 왕조가 나타나기 이전의 이집트 문화와 제1왕조의 새로운 통일 시대 사이의 전환기를 나타낸다. 기원전 3천 년경이다. 매의 신 호루스는 이집트 전역의 신이 되었고, 주로 동양에서 흘러든 '호루스의 추종자들'은 아프리카 대륙 전체를 지배하게 될 '문명화된 독재 또는 마스터 인종master race'을 형성하였다. '왕가의 묘'는 화재로 파괴되었고, 종교는 여성 중심에서 남성 중심으로 바뀌었으며, 아마도 나라를 하나로 묶기 위한 '통일 전쟁'은 실제로는 오랜 모계 문화 전통을 말살했다. 마가렛 머레이Margaret Murray에 따르면, 초기 비문에는 '많은 여성 사제들'을 언급하지만 후기 비문에서 여성들은 '그저 성전의 가수singer들일 뿐'이라고 되어 있다.

지팡이의 샤먼은 오랜 모계 전통을 나타낸다. 그는 어머니의 형제나 삼촌으로 여성 중심 문화와 새로운 왕가 사이의 연락담당자일 수 있다. 새로운 가부장제 혹은 '아버지의 통치'가 주는 혼란과 혼동 속에서 이런 유형의 남성의 존재는 여신을 따르는 이들에게는 많은 도움이 되었을 것이고, 그의 후손들은 현대 세상에서도 여전히 도움이 될 것이다. 여성과 여성의 원리를 존중할 수 있는 인격을 나타내는 그는 자신의 능력과 성별 덕에 세상에서 어느 정도 권력을 얻었다. 진보 성향이 강한 그는 샐리 기어하트Sally Gearhart가 '페미니스트 친구'라 부르는 존재가 된다. 그의 왼쪽에 있는 둥근 바구니는 여성에 대한 그의 감사를 나타내며, 오른쪽의 큰 프로테아꽃도 마찬가지이다.

원소로 보면 지팡이의 샤먼은 모두 불이다. 화성과 목성의 지배를 받는 그는 힘과 치유력을 나타낸다. 열린 손으로 치유의 열을 전달하며 그는 긍정적이고 양육하는 부성을 나타낸다. 매의 머리에 있는 원반은 권위와 강인함, 명료함과 편견 없는 지성을 나타낸다. 매의 발톱에는 이시스의 표식인 생명력의 앙크 십자가가 들려 있다. 이 모든 상징들 가운데서 지팡이의 샤먼은 왕관의 권력과 왕좌의 권위를 양심과

선의로 다루려 시도한다. 그는 철학자나 선생님으로 어서 능력이 뛰어나고 따뜻하고 인간적이다. 사려 깊은 정치력의 상징으로 여성이나 남성에게 좋은 역할 모델이다.

⚙ 이 카드가 나오면

장기적인 목표를 달성하고 극히 복잡한 상황을 다룰 수 있는 강한 성격을 암시한다. 스스로 어떤 과제를 설정하든 여러분에게는 필요한 것이 무엇인지 이해하는 직관과 완수하려는 의지가 있다. 여러분은 따뜻하고 친근한 접근방식으로 다른 사람을 무장해제 시키고 다른 사람의 협력을 보장하는 좋은 행정가나 동료다. 정방향이면, 권력남용이 없음을 가리킨다.

컵의 샤먼 *Shaman of Cups*

컵의 샤먼은 서쪽 문간에 서 있고, 달의 어두운 힘인 헤카테의 화신이다. 어두운 여신의 존재는 초기 철기시대의 검은 가마솥으로 반영되어 있다. 감정에 좌우되지 않는 샤먼은 얼굴에 하얀 석고를 발랐고 아르테미스의 여사제들은 이를 영적인 용도 또는 의례를 위한 가면으로 사용했다. 컵의 샤먼은 감정이 통제되고, 열정은 초연하고 집중된 알아차림으로 전환된 것을 나타낸다. 가마솥의 불은 그녀가 달이는 액체를 변형시키고, 의지에 따라서 원소들의 형태를 바꾸는 그녀는 연금술사의 원형을 나타낸다.

마법으로 자신의 환경을 통제하기 위해 열중하는 이 샤먼은 자신의 공동체와 어머니 여신의 종교에 도움이 될 주문이나 의례를 행한다. 아마도 그녀는 크레타 섬의 언덕에 다른 원주민 농민들과 함께 살면서 이 의례를 행하기 위해 크노소스의 궁전으로 왔을 것이다. 궁전 내부에 칠해진 풍부한 청록색과 녹슨 색은 호피족이 선호하는 어떤 톤과 비슷하고, 지중해 크레타섬과 미국 남서부 문화 사이의 많은 유사점을 반영한다.

컵의 샤먼은 성격과 상황을 엄정하게 판단한다. 죽음을 직면하고 정복하였기에 그녀는 죽음이 변화에 불과함을 알고 있고, 아무 논평 없이 받아들인다. 그녀는 도덕적 용기와 해야만 하는 일을 기꺼이 하는 의지를 나타낸다. 그녀는 종교지도자의 차분함과 사회변화에 확고히 헌신하는 이의 통제된 열정 모두를 가졌다. 상담자로서 그녀는 자신이 본 것을 그대로 말한다. 헤카테의 의식을 체화한 그녀는 핵심을 바로 말한다. 그녀의 지혜는 때로 듣기에는 아프지만 매우 진실하고 궁극적으로 환영받는다.

가마솥은 언제나 다산이나 변형의 여성적 그릇을 나타낸다. 주역에서 가마솥은 팅^Ting이라 불리며 무한히 끌어낼 수 있는 여성의 깊은 지혜를 나타낸다. 노이만의 《위대한 어머니 여신》에 그려진 아즈텍 고문서^codex에서는 '죽음과 변형의 지하세계 그릇^Underworld Vessel'이라 부른다. 노이만은 "마법의 가마솥이나 냄비는 언제나 초자연적인 여성 인물의 손 안에 있다."고 말하며 그런 인물로 그리스의 메데아 ^이아손이 황금양털을 손에 넣도록 도와준 여성 마법사를 그 예로 든다. 나아가 그는 완전히 어머니 그릇^the Mother Vessel에 승복할 때까지 변형이 일어날 수 없다고 강조한다. 왜냐하면 "낡은 인격의 죽음을 통해서만 부활이 가능하기 때문이다." 컵의 샤먼은 이 과정을 관통한 사람을 나타낸

컵의 샤먼

다. 더 이상 '하위 자아'나 무의식적 인격의 욕망이나 충동에 휘둘리지 않기에 이 샤먼은 자신의 '상위 자아'와 하나가 되었다.

☼ 이 카드가 나오면

메시지는 집중이다. 여러분은 당면 과제를 직면하는데 모든 에너지를 모으는 방법을 알고 있다. 여러분은 '더 높은' 집단 작업의 목표나 영적 목적을 위해 덧없는 욕망을 일시적으로 '희생한다.' 쓰고 있는 가면은 여러분의 감정을 가린다. 여러분은 감정을 혼자 간직하며 자신의 변형을 완성하는 데 필요한 균형을 유지한다. 여러분은 친밀한 관계에서보다 응급상황에서 더 낫고, 친밀한 관계에서는 자신의 개인적인 필요와 욕구를 소통하지 못 할 때가 있다. 정방향이면, 여러분이 감정에 압도되는 일은 결코 없을 것이다.

원반의 샤먼 *Shaman of Discs*

원반의 샤먼은 물리적인 차원에서 성공하는 모든 법을 배운 이를 나타낸다. '도道'에 확고히 전념한 그녀는 길을 가는 중에 일어나는 사건에 정신이 팔리거나 화려한 명성이나 행운의 이미지에 현혹되지 않는다. 그녀는 길에서 벗어나지 않고 내적인 방향감각으로 항상 자신이 어디로 가는지 알고 있다. 목적의식이 가득하고 자기주도적인 그녀는 불교도들이 '달마'라 부르는 것, 즉 더 진화하기 위해 직면해야 하는 과제를 알아차렸음을 상징한다. 무엇이 중요한지를 아는 그녀는 여정을 자유롭게 즐기며 도중에 일어나는 일에 감각적인 주의를 기울이고 혼자일 때 만큼이나 쉽게 다른 사람들과 교류한다.

원반의 샤먼이 앉아 있는 당나귀는 협곡을 달리는 그녀의 한결같음과 확고한 발걸음을 나타낸다. 신비주의에서 당나귀는 거의 '하이브리드' 형태인 샤먼의 양성성을 나타내기도 하는데, 이는 그녀가 스스로를 재생산하는 것을 막는다. 이제 그녀는 육체적 모성을 넘어섰다. 따라서 그녀는 더 이상 생물학적이거나 가정사에 얽매이지 않고 정신적 과제에 자유롭게 종사할 수 있는 완경기의 여성일 수 있다. 그녀가 들고 다니는 방패에는 자신의 꼬리를 물 준비가 된 작은 원숭이가 그려져 있다. 영장류인 원숭이는 그녀 자신처럼 순환을 완성한다.

오른쪽의 흰머리독수리는 비행과 선명한 장거리 시야의 힘을 상징한다. 샤먼처럼 이 메디슨-우먼에게도 미래의 비전을 보는 힘이 있다. 영적 안내자인 독수리는 길을 따라가며 그녀를 돕고 그녀를 위해 정보와 지식을 모은다. 독수리는 절벽과 높은 곳에 둥지를 짓고, 이 샤먼은 아마도 절벽 위와 미국 남서부 협곡에 엄청난 도시를 건설한 푸에블로 사람(아나사지 Anasazi족이나 고대인)일 것이다.

원반의 샤먼 뒤로 지는 해는 일생의 작업을 나타내고 그녀의 '원로' 지위를 묘사한다. 지난 세월 동안 그녀는 성공과 권력의 최고봉에 도달했고 자신의 일에 대한 보상도 잘 받았다. 지배적인 성격이라면 물질적이거나 탐욕스러울 수 있지만 그녀는 상위 자아의 인도를 받기에 물질이나 현금을 모으려는 충동에 굴복하지 않는다. 그녀는 일과 봉사에 그라운딩 되어 있고, 자연의 순환을 아는 떠돌이 치유자다. 그녀는 대지와 가깝고, 이는 치유 작업에서 사용하는 허브와 약초에 관한 지식에서 나타난다. 그녀가 맨살에 입은 부드러운 사슴 가죽옷은 직접 무두질해서 만든 것이다. 그녀의 기술과 잘 발달한 평정심 덕분에 그녀는 어디를 가나 환영받는다.

원반의 샤먼은 자기규율과 끈질김, 강한 인지력과 인내의 상징이다. 그녀는 인본주의적 의식으로 모두와 잘 지내는 활기 넘치는 인간이 되기 위해 또 고도로 진화한 영적인 현존을 개발하기 위해 일한다. 때로 완고하기도 하지만 호피족의 거미 할머니처럼 그녀는 평생 창조성을 찾아 자신이 왜 여전히 길 위에 있는지 알고 있다.

○ 이 카드가 나오면

자신이 어디로 가는지, 어떻게 그곳에 도달하는지 알고 있음을 암시한다. 돈과 일의 문제에서 취해야 할 단계들과 성공으로 가는 바른 길을 알고 있다. 세밀함에 대한 날카로운 눈과 차분한 방향감각을 가진 여러분은 신뢰할 수 있는 동료나 유능한 프리랜서다. 여러분에게는 세상 경험이 아주 많고, 그로 인해 여러분은 지혜를 배웠다. 정방향이면, 방향을 잘못 바꾸거나 물질주의가 되지 않는다.

3부

마더피스의
정신

THE SPIRIT OF MOTHERPEACE

33장
·········
카드 읽기

세계적으로 끔찍한 위험 속에 뉴에이지가 밝아오자 많은 이들이 치유라는 '굿 뉴스'에 집중하고 있고, 1장에 기술한 나바호족처럼 '우주의 회복'을 모색하고 있다. 이 정신psychic적 변형의 과정에서 타로는 삶의 어떤 분야에서든 누구나 사용할 수 있는 기본 도구다. 타로는 뭔가 더 모호하거나 비의적인 형태의 심령술psychic practice보다 가까이 하기 쉽다. 많은 것을 떠오르게 하는 마더피스 타로카드의 이미지들은 배경 지식이 전혀 없어도 즉각적인 반응을 끌어내고, 마치 자신들이 카드 속 장면에 있는 것처럼 느끼게 한다.

메이저와 마이나 아르카나를 포함해 마더피스 이미지를 전부 살펴본 지금, 이 이미지들을 타로 덱으로 사용하는 법을 배우고 싶은 이들도 있을 것이다. 이 책에 기술된 마더피스 이미지는 천연색의 직경 11.5센티미터의 타로카드 형태로도 구할 수 있다.

타로계에서 전해지는 바로는 고대 성현들이 입문 신비의 비밀 지식을 전할 형식을 정할 때 책과 게임을 함께 고려했다고 한다. 책을 '덕'으로 게임을 '악'으로 여기는 사회에서 이들은 후자를 선택했다. 사람들은 재밌는 것에 이끌리기 때문에 게임이 더 오래 지속되리라 예견했기 때문이다. 이 이야기가 사실이든 아니든, 여기에는 분명 상징적 지혜의 메시지가 담겨 있다. 카드는 우리에게 효과가 있다. 부분적으로는 진지하고 심오한 비밀을 담고 있으면서, 주요하게는 우리 내면의 아이들이 나와서 놀 수 있게 해주기 때문이다.

심리학자들은 인간의 삶에서 '놀이'가 필요하다는 것을 알고 있다. 하지만 어떤 종류의 놀이가 우리에게 정말 필요한가? 사람들은 스포츠를 즐긴다. 의상을 차려입고 다른 사람인 척하기도 한다. 새로운 사회적 역할을 취하는 것이다. 음악을 연주하고, 테이블 게임을 한다. 여기서 골자는 일시적으로 가벼워지고 다시 젊어지기 위해 보통의 규칙과 심각성을 유예하는 것으로 보인다. 하지만 테이블 게임들은 브리지나 체스의 경우처럼 세심한 주의와 요령이 필요할 때가 많다. 야구나 축구, 농구 같은 스포츠에서 성공하려면 힘과 민첩성, 능동적 추진력과 경쟁이 상당히 필요하다. 재미로 시작됐더라도 성 역할극은 진정한 친밀감을 해칠 때가 많다. 놀이가 인간의 가슴heart에 어떤 의미인지 아직 파악하지 못한 것 같다.

우리가 타로카드로 '놀이' 할 때, 놀이 그 이상의 것이 펼쳐진다. 우리 대부분이 거의 가지 않는 영역으로 의식이 확장된다. 그건 우리가 어떤 의지로 일어나게 하려 할 때가 아니라 우리가 자신을 잊고 에고와 일상 현실보다 더 큰 무언가를 발견할 때 일어난다. 이 '공간'은 '마법적'이라고 불리거나 혹은 '신성하다'고 불려왔다. 그 마법의 공간에 도달하는 데 언어가 도움이 되기는 하지만, 때로 그 안에서의 경험은 말로 표현할 수 없을 때가 있다. 일상 너머의 이 세계에 들어가려면 우리는 바보의 의식을 취해야 한다. 리허설 없이 어떤 사건이나 상황에 갈 수 있는 아이 같은 순진함이 필요하다. 바보에게 매 순간은 새롭고, 심령적 즉흥성psychic improvisation이 필요하다.

우리 대부분은 성인이 될 때쯤이면 우리가 얼마나 많은 것을 아느냐에 투자를 했다. 우리는 하는 일에서, 더 크게는 삶에서 성공하려면 거의 모든 것을 알아야 한다고 생각한다. 하지만 심령의 영역으로 들어가려면 아무것도 모르는 것처럼 행동하고 열린 마음을 가져야 한다. 마음을 열어 안전하고 두려움 없이 미지의 세계로 인도하는 기술들이 있다. 한 가지 중요한 기술은 마더피스 이미지 속에 많이 등장하는 '그라운딩'이다. 다른 사람들과 요가 수업이나 치유 세션, 타로 워크숍을 할 때마다 나는 우리 모두가 그라운딩 되도록 돕는 것을 시작으로 한다. 이를 위한 한 가지 방법은 의자에 앉거나 바닥에 다리를 꼬고 앉아 척추를 자각하는 것이다. 척추가 얼마나 곧게 펴지는지, 얼마나 긴지, 그리고 미골(꼬리뼈)과 머리를 어떻게 연결하는지 느껴본다. 척추를 한쪽 끝에서 다른 반대쪽 끝까지 전부 자각하는 상태를 유지할 수 있을 때, 꼬리뼈에서 꼬리가 자라나와 바닥을 통해 땅으로 내려가는 모습을 상상해본다. 꼬리가 지층과 지층 사이를 뚫고 밀려 내려가 지구 중심에 도달한다. 처음에는 터무니없이 느껴질 수 있다.

이 방법의 유일한 장점은, 대개 한시적일 때가 많지만 얼마가 지나면 이 방법이 잘 작동한다는 사실이다.

일단 꼬리가 다 자라고 나면, 지구의 중심이 용암과 같이 불로 만들어졌다고 상상한다. 여러분은 이 불을 꼬리를 통해 자신에게 숨쉬기하듯 들이마실 수 있다. 이제 여러분은 '지구 에너지'를 받아들이고 있다. 이 에너지는 다리와 척추를 타고 상체와 머리로 올라가 여러분을 놀라운 안정감과 행복감, 생명력으로 가득 채운다. 이 에너지가 머리 꼭대기와 손가락 끝까지 흐르게 한다. 여러분이 '지구' 에너지로 가득 찼을 때, 머리가 꽃이나 컵처럼 열리는 상상을 한다. 그 안으로 저 위에서 빛과 사랑이라는 우주 에너지를 초대한다. 에너지가 머릿속으로 쏟아져 내려와 몸을 통해 아래로 흐르며 다시 한 번 발끝과 손끝까지 채운다고 상상한다.

이제 여러분은 '가슴을 열' 준비가 되었다. 심령치유psychic healing 의 세계에서 사람들은 가슴을 연다는 얘기를 많이 한다. 왜 그렇게 해야 하는지 등등. 하지만 그게 무슨 의미일까? 요가에서 '심장 차크라'는 허파와 심장을 둘러싸고 가슴 중앙에 위치한 사랑의 센터이다. 이것은 장기나 혈관 같은 물리적인 것이 아니라 특정하게 에너지가 들어와 특정한 힘을 만드는 '에너지 센터'나 장소를 나타낸다. 차크라를 '열거나 활성화'하는 것이 신체에도 영향을 미친다. 심장 차크라는 직관적이고 비이성적 사고를 통제하는 '우뇌'와 관련이 있다. '심장을 열 때 여러분은 직관적인 면을 자극하고, 실제로는 여러분 안의 '여성성'이 활동하도록 한다.

심장 차크라를 열려면 그저 호흡하며 자신의 호흡을 자각한다.

앞서 우리는 지구와 하늘 그리고 몸과 마음 사이의 수직 통로를 여는데 초점을 맞췄다. 이제는 가슴 가운데 있는 여러분의 균형 센터심장 차크라는 그 아래 1~3 차크라와 위의 5~7차크라의 사이에 자리함로 바로 호흡한다. 숨이 들어오면 가슴이 커지도록 허용하고 숨을 받아들인다. 숨이 나갈 때 배가 부드럽게 공기를 밀어내도록 한다. 고르게 숨 쉬며 숨이 들어올 때마다 가슴이 더 커지고 이전보다 조금 더 공기를 받아들인다고 상상한다. 숨이 나갈 때마다 허파와 배에 있는 공기를 밀어내 하나도 남지 않도록 한다.

심장에서 작업할 때는 힘을 쓸 필요가 없다. 그저 숨 쉬면 가슴의 물리적 공간뿐 아니라 여러분의 직관적이고 '심령적' 능력까지 열리고 확장될 것이다. 호흡은 부드럽게, 날숨과 들숨 사이에 잠시 멈춘다. 여러분이 할 일은 열림이 일어나도록 허용하는 것이다. 이 모든 것은 아주 미묘해서 평소와 다른 느낌을 전혀 느끼지 못할 수 있다. 여러분은 지구에 척추를 뿌리처럼 뻗어 내리고 하늘로 열렸으며 심장 센터를 확장하는 상상 속에서 많은 것들을 움직이게 했다. 이를 염두에 두고 무언가가 일어나고 있다고 믿으며 타로카드 작업으로 나아간다. 마치 그곳에 앉아 있는 것처럼, 가슴 한가운데를 자각하고 계속 진행한다.

카드를 가지고 처음 할 일은 잘 뒤섞는 것이다. 셔플을 좋아한다면 그렇게 한다. 둥근 마더피스 타로가 처음에는 어려울 수 있지만, 얼마 지나면 평생 함께해온 것처럼 편해질 것이다. 카드는 여러분이 원하는 대로 섞으면 된다. 요점은 카드와 에너지를 좀 교환하는 것이다. 여러분의 일부를 카드에 집어넣고 여러분이 카드의 에너지를 조금 받는 것이다. 일단 그렇게 하고 나면 카드가 여러분의 개인적인 필요와 질문에 보다 선명하게 말할 것이다. 카드를 섞거나 셔플을 할 때 여러분 자신과 관심사에 집중한다. 특정한 문제나 질문이 있을 수도 있고, 그저 '일반적인 리딩'을 원할 수도 있다. 여러분이 고민하고 있거나 제대로 이해하지 못하는 것을 치료사나 선생님에게 묻듯, 카드가 무엇을 보여주길 원하는지 생각한다.

준비되면 카드를 잠시 조용히 들고 다시 한 번 자신을, 여러분의 수직 채널과 열린 심장을 자각한다. 이때 나는 여신이 내게 명료함을 주시길, 내가 우주 보편의 지혜에 열린 통로가 될 수 있도록 해달라고 기도한다. 이 기도는 내가 마더피스 카드와 이 책을 작업하면서 만들었다. 나는 여신에게 내가 혼란과 의심, 자기 비하와 두려움, 무력함의 평범한 상태를 초월하도록 도와달라고 청한다. 여러분은 이 부분을 여러분에게 편한 대로 하면 된다. 여신이 여러분에게 살아있는 존재가 아니라면 뭔가 좀 더 일반적인 것을 상상하면 된다. 여러분을 인도하는 우주 보편의 영, 여러분에게 필요한 명료함을 주는 우주의 빛을 상상하거나, 아니면 그저 심호흡을 하고 차분하게 명료함을 의도한다.

이제 카드를 나눈다. 나는 왼손으로 두 번 나눈다. 뭐든 적당하다 느껴지는 방법대로 한다. 카드를 한 번 더 쌓고, 맨 위의 카드를 뒤집어서 본다. 카드의 방향에 주목한다. '역방향'이나 '기울어진' 카드에는 기본적인 의미에 더해 특정한 메시지가 있기 때문이다. 잠시 아무 생각 없이 카드를 바라보며, 그 느낌을 받는다. 어떤 기분이 드는가? 대개는 보는 사람에 따라 특정 카드가 처음에는 '긍정적'이거나 '부정적'의 느낌을 쥰다 ㄱ냥 ㄱ검 받아드이고, 가신이 어떻게 반응피는지 느낀다. 이건 자신의 마음이 어떻게 작동하는지 들을 좋은 기회다. 앞서 척추에 관심을 줬던 것처럼 주의를 기울인다. 어쩌면 여러분의 회의적인 면이 이 시점에 나타나 도대체 뭐하는 거냐고 의심할 수 있다. 어쩌면 여러분은 카드 이미지를 거부할지도 모른다. 반대로 여러분이 보고 느끼는 것에 약간의 경외감을 느낄 수도 있다.

색깔에 집중한다. 색깔이 여러분에게 어떤 느낌을 주고, 어떤 것을 불러일으키나? 그림 속 액션이 이야기를 하게 한다. 어떤 일이 벌어지고 있나? 사람이 있다면, 그들은 무엇을 하고 있나? 여러 사람이 있다면, 여러분이 특별히 동일시하는 이는 누구인가? 여러분이 꿈의 장면, 여러분이 그 행동의 일부가 될 수 있는 자그만 아스트랄 장면을 보고 있다고 상상한다. 이미지 안으로 들어가면서 이것이 어떻게 여러분 자신의 상황에 적용되는지 묻는다. 여러분이 어떤 면에서 그림 속 인물이나 동물, 상징과 닮았나? 이 특정한 카드가 지금 여러분의 삶에 어떤 의미를 가지는가? 여러분이 이 카드를 다른 누군가를 위해 읽고 있다면, 여러분의 느낌과 인상을 바탕으로 어떤 조언을 할 것인가? 이 조언이 여러분에게는 어떻게 적용되나?

한동안 카드를 갖고 있는 것이 좋다. 집안 어딘가 하루를 보내면서 아니면 잠자리에 들기 전에 볼 수 있게 카드를 둔다. 처음에 카드가 무슨 의미인지 확실한 감이 오지 않더라도 나중에 생각이 떠오를 가능성이 있다. 카드는 어떤 식으로든 적용되지 않는 이미지는 결코 보여주지 않는다. 그래서 메시지가 올 것이라 신뢰하는 법을 일단 배우면, 여러분이 마법의 안내로 카드를 열고 그 의미가 드러나도록 허용하게 되면 어느 순간 여러분은 '받게' 될 것이다.

한동안은 카드가 어떻게 작동하는지 알게 될 때까지 한 번에 한 장만 고르는 것이 좋다. 하지만 언제든지 그러고 싶은 느낌이면 보다 복잡한 '리딩'을 시작할 수 있다. 어쩌면 과거, 현재, 미래를 나타내는 카드 3장으로 시작해 볼 수 있을 것이다. 카드를 옆으로 나란히 펼쳐 놓고 한 번에 한 장씩 읽은 다음, 카드가 서로 어떻게 연결되는지 읽는다. 과거를 나타내는 카드가 여러분이 최근 경험한 것을 제대로 반영하는지 본다. 현재 카드가 암시하는 감정이나 에너지와 여러분이 접촉되어 있는지 확인한다. 미래 카드를 보면서 그 의미가 무엇일지 직감해본다. 그리고 마지막으로, 세 카드를 서로 연관시킨다. 일반적으로 미래를 읽을 때, 여러분은 이런 식으로 말하게 된다. "이런 일이 일어났고 지금 내가 이걸 경험하고 있는 걸 보니, 만일 에너지가 이 방향으로 움직이게 되면 …을 예상할 수 있을 것 같네요."

미래는 항상 변할 수 있다. 보이는 것이 마음에 들지 않으면 여러분은 현재의 선택과 결정으로 다르게 만드는 작업을 시작할 수 있다. 마음에 든다면, 여러분은 상황을 온전히 포용하며 그 안으로 기쁨 있게 들어갈 수 있다.

여러분이 시도해 볼 수 있는 또 다른 리딩은 '예-아니오' 질문이다. 카드를 섞고 염두에 둔 질문 중 "예", "아니오"로 대답이 나올 수 있는 것을 자신에게 묻는다. 가능한 명확한 언어로 질문하고 이에 집중한다. 질문은 "이 관계를 유지할까요?"에서 "내가 원하는 새 직장을 구할까요?"에 이르기까지 뭐든 좋다. 심각할 필요는 없다. 오늘 밤 파티에 대해 물어봐도 좋다. 하지만 카드는 여러분이 어떤 에너지를 가져오든 그 에너지를 반사해 줄 것이다. 여러분의 질문이 멍청하면 그렇게 지적인 도움은 받지 못할 것이다. 여러분이 '놀이'를 하고 있지만, 자신을 진지하게 대하라. 평소에 세상을 대하는 방식을 버리고 잠시 도움을 주는 영이 존재한다고 가정한다. 여러분이 질문하는 대상은 바로 그 영이다.

카드가 준비된 것 같으면 카드를 나누고 한 무더기에서 위로 보게 하고 13까지 헤아린다. 에이스가 나오면 멈춘다. 이 더미는 끝났다. 다음으로 넘어가, 여러분 앞에 각각 13장의 카드나 에이스 카드가 제일 위에 있는 세 무더기가 나올 때까지 계속한다. 에이스 그림이 정방향이면 '예', 역방향이면 '아니오'를 의미한다. 에이스가 많이 나올수록 예나 아니오라는 답이 더 강해진다. (만일 에이스 하나는 정방향이고 다른 하나가 역방향으로 나오면 '아마도'이거나 상황이 변할 수 있다는 표시로, 아니면 '결과를 알기에는 너무 이르다'로 읽을 수 있다.) 하지만 에이스 읽기는 분명한 '예'이거나 혹은 분명한 '아니오'로 즉각적이고 명확해서 더 이상의 설명이 필요 없을 때가 많다.

카드에 대해 알고 나면 일반적인 리딩 배열을 시도할 수 있다. 내가 사용하는 것은 마더피스 카드의 뒷면 디자인의 모양이다. 카산드라 라이트가 그린 이 디자인은, 중심의 큰 원을 둘러싼 8개의 작은 원반으로 된 원 또는 바퀴 모양이다. 3장의 카드를 중심에 놓고 8장의 카드를 주변 원반에 놓는다.(총 11장) 각 카드는 놓인 위치에 따라 다음과 같이 읽는다.

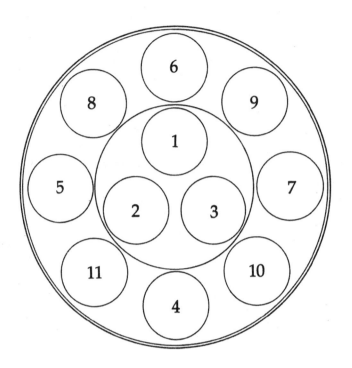

열쇳말 Key to Diagram

① 표지자 significator 리딩을 하는 바로 이 순간 나는 누구인지 혹은 무엇인지를 알려 주는 시작점: 여러분의 정수, 정체성 Who you are, 특히 바로 지금. 심장.

② 분위기 Atmosphere: 질문이 등장하는 장소, 여러분에게 지금 어떤 일이 일어나고 있나, 맥락.

③ 반목 Cross Current: 여러분이 직면한 장애물, 중심 과제, 통합되어야 할 것.

④ 뿌리 Root: 무의식적 사고방식, 뭐든 토대에 놓인 것. 몸.

⑤ 가까운 과거 Recent Past: 막 일어났던 것, 이제 지나가고 있는 것.

⑥ 보편적 하늘General Sky: 의식적인 것, 생각하고 있는 것, 들어오고 있는 것, 정신mind.

⑦ 가까운 미래Near Future: 곧 일어날 일, 이 방향으로 계속 진행되면 기대할 수 있는 것.

⑧ 자아 개념Self Concept: 표지자와 관련해 여러분이 자신을 어떻게 보는가; 자아상.

⑨ 희망과 두려움Hopes and Fears: 여러분이 희망하는 것, 또 두려워하는 것, 여러분의 무의식적인 투사들.

⑩ 집House: 여러분의 심령 공간에 있는 이, 여러분의 환경, 여러분 가까이에 있는 이.

⑪ 결과Outcome: 해결책, 통합. (만일 메이저 아르카나가 이 결과 위치에서 나오면 나는 거기서 멈춘다. 메이저 카드가 안 나오면 나는 내가 '미지의 요인'이라고 생각하는 카드를 적어도 2장 더 뽑는다. 이렇게 뽑은 카드에도 메이저가 안 나오면 지금 시점에는 결과가 불확실하다고 간주한다.)

처음에는 기억해야 할 것이 너무 많아 전체 리딩이 혼란스러울 것이다. 하지만 곧 위치들이 말이 될 것이고, 여러분은 그에 따라 카드 읽는 법을 배울 것이다. 시작할 때는 각 카드를 그 자체의 의미로 읽어본 다음, 카드가 하는 이야기의 관점에서 모두 합쳐보도록 한다. 나는 앞서 그라운딩 연습에서 했던 것처럼 '뿌리(④)'와 '하늘(⑥)'을 관통하는 수직축이 정신-영적 영역으로 가는 연결을 알아차리고 싶다. '과거(⑤)'와 '미래(⑦)' 자리를 관통하는 수평축은 물리적 차원과 세상 속 일상의 행동을 반영한다. 안쪽 원에 놓인 카드 3장은 반시계 방향('달의 방향/지혜')으로 움직이고 리딩에서 '심장' 즉 중심 의미를 나타낸다. 바깥 원의 카드 8장은 시계 방향('태양 방향/지혜')으로 움직이고 변화 가능한 것을 가리킨다.

이런 전체 배열에서 특정한 카드는 차지한 위치에 따라 다른 의미를 가진다. 표지자(①)로 나온 카드는 여러분의 바로 지금 상태를 의미한다. 그게 전부다. 하지만 같은 카드가 '자아 개념'(⑧)에 떨어지면, 여러분이 자신을 이런 식으로 보더라도 객관적으로는 '참'이 아닐 수 있음을 나타낸다. (긍정적이라면 유지하고, 부정적이라면 바꾸고 싶을 수 있다.) '희망과 두려움(⑨)'은 투사일 수 있고, 궁극적으로 '현실'이 될 수 있지만 지금은 그저 생각일 뿐이다. 카드가 '과거(⑤)' 자리에 위치하게 되면 이미 일어난 사건을 가리킨다. '가까운 미래(⑦)'에 있는 카드는 곧 마주할 무언가를 나타내는 반면, '결과(⑪)'에 있으면 많은 다른 경험과 만남이 동화되고 통합된 후 나온 최종 해결책을 가리킨다.

역방향으로 나온 카드는 어떻게 하나? 전통적인 직사각형 타로 덱에서 카드는 '위' 또는 '아래' 둘 중 하나로 나온다. 하지만 둥근 카드를 쓰면 이미지가 어떤 방향으로든 기울어져 나올 수 있다. 어떤 경우에도 가장 좋은 방법은 우선 이미지가 정방향인 것처럼 읽는 것이다. 의미가 무엇인지 파악한 다음, '기울어짐'이나 '역방향'이 나타내는 부가적인 복잡함을 다룬다.

양극성polarity의 관점에서 접근해, '태양'과 '달'처럼 좌와 우에 대한 상징적 표현으로 사용할 수도 있다. 전통 상징과 치유 학파에서 자업하는 이런 생각들을 여러분도 사용하고 싶을 수 있다. 하지만 그 생각들이 성차별주의적 구조 안에서 형성되었을 때가 그런 편견을 많이 반영하기 때문에 신중하게 분별해야 한다. 예를 들어, 만일 오른쪽이 '남성'이나 '능동적'이고 왼쪽은 '여성'이나 '수용적'이라면 여러분이 해석하는 데 도움이 될 수 있다. 하지만 오른쪽이 '선'이고 왼쪽이 '불길'이라면 이런 전통적이고 억압적인 시각에 의해 여러분의 리딩이 제한된다고 느낄 수 있다. 나는 일반적으로 오른쪽이 약간 '강제적'이거나 밀어붙이는 성질을 나타낸다고 보는 편이다. 카드가 나타내는 에너지의 표현을 에고가 통제하고 있을 수 있다고 (그 자체가 자동적으로 나쁘다는 것은 아니다.) 보는 것이다. 이미지가 왼쪽으로 돌아가 있으면, 나는 그 에너지가 살짝 '억제되어 있다'고, 어쩌면 그 사람이 에너지의 특정한 표현이나 질에 자신감이 부족할 수 있다고 느끼는 편이다. 카드가 역방향으로 나오면 나는 이미지가 정방향에서 의미하는 바가 무엇이든 그에 '부정적'이거나 반대 측면을 체화한다고 받아들인다.

예를 들어, 보통은 조급하고 활동적이며 활기찬 성격인 검의 딸이 역방향이면, 그녀의 부정적 성향들이 표면으로 드러날 수 있다. 무모하거나 부적절한 행동, 판단력 부족, 화난 행동을 가리킬 수 있다. 밝은 방향의 활력 대신 방향이 잘못되거나 잘못 적용된 에너지를 표현할 수 있다. 반대로, 기본적으로 '부정적'인 이미지인 검의 5번이 역방향이면, 나는 안도감을 느낀다. 마치 그 이미지의 부정성과 적대감이 줄어든 것 같고, 그 사람이 이 카드가 보통 나타내는 부정적인 마음의 공간에서 물러나기로 한 것 같기 때문이다. 보통 아래로 향한

별 모양을 바로잡는 것은 자신의 상황을 보다 긍정적으로 생각하기로 한 적극적 선택, 새로운 의도 설정을 의미한다.

카드를 읽을 때 주안점은 그런 기술적 의미가 아니라 카드에 대해 어떻게 느끼고 카드가 무슨 말을 하는지 느껴지냐는 것이다. 카드를 읽을 때 정말 중요한 것은 이 책을 포함한 그 어떤 책보다 여러분의 직관이다. 우리 대부분은 의식consciousness의 도구를 다룰 때 어느 정도의 지적 배경을 가지고 싶어 한다. 그래서 책을 읽는 게 나쁘지는 않다. 하지만 일상의 이해를 넘어 '점술divination'이라는 마법의 영역으로 나가기 위해, 진정한 '선견자seer'가 되게 소환해야 하는 것은 비이성적 힘이다.

직관은 마음의 열등한 형태가 아니다. 사실 일상의 지능보다 우월하고, 여러분이 특별한 의식 상태일 때 잠시 접속하는 '슈퍼마인드'에 더 가깝다. 내면의 소통 창구를 여는 것과 함께 명상과 그라운딩이 중요한 이유가 바로 이 때문이다. 여러분이 이 익숙하지 않은 심령의 세계에 많이 열릴수록 더 많은 치유의 에너지가 여러분에게로 올 것이다. 여러분의 전반적인 건강과 안녕과 더불어 카드를 '읽는' 능력도 커질 것이다. 자신의 '상위 자아high Self'나 '여신'에게 질문하는 단순한 노력만으로 점차 여러분의 자기애가 강해지고 현실에 대한 경험도 깊어질 것이다. '기도의 힘'은 효과가 있다. 우리에게 필요한 건 그 힘이 번성할 수 있는 제대로 된 맥락이다. 그리고 우리 다수에게 가부장적 형태는 그 의미를 잃었다.

어떤 사람에게 타로카드는 단순하고 만족스런 '오라클'의 역할을 하며, 전체 그림을 조금 더 알고 그 지식에 기반해 선택함으로써 이들이 실제 상황에 적응하도록 도울 것이다. 다시 말해 타로가 매일 또는 매주 물리적 차원에서 삶을 안내하는 역할을 할 것이다. 우리 모두 이런 형태의 안내가 필요하고, 타로카드는 책임감 있는 삶을 위한 효과적인 도구다. 하지만 다른 사람에게는 더 깊은 과정이 일어나기 시작할 것이다. 1장에서 23장까지 기술한 이 과정은 고대 신비 입문과 관련되고, 영혼 수준의 변형을 수반한다. 이는 인류의 가장 오래된 '종교적' 작업이다.

34장

집단 작업

지금까지는 카드를 혼자 읽는 법을 다뤘지만 집단으로 읽는 것도
아주 유용하다. 하나의 이슈나 인격을 중심으로 집중해 집단이
단결할 수 있는 기회가 된다. 그리고 구성원들은 각자 심령학자들이
'집단 마인드'라고 부르는, 즉 각자의 중심이 되는 정신적 정체성에
접촉할 수 있게 된다. 이렇게 카드를 사용하면 함께 작업하는 사람들
이 서로를 더 깊이 이해하고, 내면으로 들어가서 혼자였다면 무의식
에 남게 될지 모를 감정을 표현하고, 갈등 해결을 촉진하는, 간단하고
긍정적인 방법이 된다.

타로 수업에서 나는 위에서 제시된 (그리고 다른) 배열법을 가르
친 다음, 한 사람에게 자원한 사람을 대상으로 '리딩'을 하도록 요청

한다. 데게 당깅 문제니 필요기 있는 사넘이 찍어토 안 명은 있고 리딩 스킬을 써보려는 누군가가 있기 마련이다. 호흡하며 심장 차크라에 중심을 두는 준비로써 그라운딩 절차는 동일하다. 지금은 집단 전체가 함께한다는 점만 다르다.

집단은 먼저 손을 잡고 함께 에너지를 '채널'할 수 있다. 연결된 손과 심장을 따라 원으로 '전기'가 흐르며 집단을 자극하고 화합시킨다고 상상한다. 한 사람이 리딩을 받을 것이기 때문에 집단은 그 사람에 대해, 그 사람의 정수나 일반적 자아에 생각을 집중한다. 그 사람이 특정한 질문을 언어화하면 집단은 '내담자'와 관련한 그 질문에 초점을 맞추고 집중한다. 집단의 모두가 카드를 볼 수 있기 때문에 리딩 관련 당사자 두 사람을 원 중앙에 두고 다른 사람들은 바깥에서 원으로 지켜보면 좋다. 이렇게 하면 '치유집단'에서 하듯 집단이 의식적으로 계속 '초점을 잡아'주고 추가적인 에너지가 들어올 수 있다. 이는 직관력을 증가시켜 리딩하는 사람에게 도움이 된다.

내담자는 카드를 섞어 자신의 에너지가 카드와 어우러지도록 한 다음 리더에게 덱을 건넨다. 리더도 질문이나 내담자에게 초점을 맞추면서 비슷하게 카드를 섞는다. 준비가 되면 집단은 조용히 집중하며 기다린다. 리더는 카드를 나누고 아니면 내담자가 나누도록 하고 배열한다. 이 시점에 리더가 잠시 시간을 갖고 리딩의 전반적 성격에 대한 감을 얻는 것이 중요하다. 이건 어떤 리딩에서든 마찬가지다. 준비가 되면 리더는 카드를 읽으며 내담자에게 이야기를 시작한다. 이 과정에서 집단은 말을 하거나 어떤 식으로든 간섭하지 않고 리더의 직관이 자연스럽게 흐르도록 한다.

리더가 끝났다고 느낄 때, 집단은 리딩에서 자신들에게 '명중'한 점들과 생각을 나눈다. 때로 시간이 허락하고 집단이 그럴 의사가 있으며 내담자가 수용적이라면 두 번째 리딩이 적절할 때가 있다. 두 번째 사람의 리딩은 첫 번째 리딩의 아이디어나 제안을 끌어오면서도 완전히 다른 초점이나 관점을 가질 때가 많다. 이런 식으로 내담자는 심령적 혹은 직관적 인상을 가능한 다양하게 얻는다. 같은 배열에 대해 두세 가지 해석이 내려질 즈음이면 대개 일상적인 것에서 더 나아가 깊은 이해와 통찰을 얻게 되곤 한다.

당연히, 집단이 친밀할수록 구성원들은 더 조화롭게 협력하고 이 과정은 더 깊이 효과적으로 진행될 것이다. 어떤 집단은 매주 모여 '자조 self-help'나 성장을 위해 함께 타로카드를 읽을 수도 있다. 지속적으로 공부하고 심령 현실 psychic realities에 대해 경험하다 보면 뭔가 마법 같은 일이 집단 차원에서 일어난다. 정기적으로 모여 카드를 읽는 집단은 보이지 않는 방식으로 통합되고, 이들의 에너지는 심령 차원에서 조화를 이룰 것이다. 마더피스 타로카드에 있는 것처럼 집단에 영적 초점이 있다면 그 집단의 영적 알아차림과 인식은 자동적으로 커질 것이다. 이는 개인의 에너지를 에고가 덜 개입되는 '더 높은' 수준의 실재로 '상승'시키게 된다.

집단 마인드 외에도 비의적 스승들이 말하는 '집단 영혼'이나 '대신령 oversoul'이 있다. 애초에 집단을 하나로 모이게 하고 하나의 '입문'에서 다음으로 부드럽게 안내하는 영적 이상을 가리킨다. 집단 영혼은 구성원들이 일상에서 끌어오는 에너지와 치유의 '빛' 원천이자, 개개인의 삶을 통해 빛을 발하고 점진적 변형의 과정을 통해 균형과

싱낑을 가서오는 보이시 않는 에니시의 숭심이다.

일반적으로 비의적이거나 심령적인 작업은 인격을 '어둠'과 혼돈에서 들어올려 보다 의식적인 수준으로 높이는 경향이 있다. 그 과정을 촉진하는데 집단이 하는 일은 현실의 의식 수준으로 올라가려는 충동을 유지하도록 돕는 것이다. 사람마다 강점과 약점, 휴지기와 창의적 폭발이 다 다르다. 함께 기능하는 집단은 각자가 나름의 기복을 겪도록 허용하고 변형 과정에서 오는 자연스럽고 정상적인 변화들을 지지해주고 인정해준다.

마지막으로, 집단 영혼은 보편적이고 무조건적인 사랑의 중심 역할을 한다. 치유의 에너지가 왕관 차크라를 통해 사람에게 쏟아지거나, 명상하거나 카드를 함께 읽는 사람들의 원 안으로 들어간다. 보편적인 질문을 하고 답과 안내를 구함으로써 각자는 우주적 정보와 직관적 지혜에 열린다. 집단 구성원들의 '상위 자아'의 현존은 아주 강한 빛을 만들고, 이는 개인이 자신의 상위 자아와 접촉할 만큼 강하지 않을 때에도 계속해서 각자를 돌본다.

이것이 '공동체'의 진정한 의미이며, 모든 종교 단체와 심령 집단의 밑바탕이 되는 전제다. 현대 사회에서 그런 조직은 일반적으로 관료적이며 크고 무겁게 작동하여 개인의 심장 수준에 도달하는 일이 거의 없다. 하지만, 특히 20세기 말에, 집단의 지지와 '집단 작업'의 잠재력은 대단히 컸다. 세상은 역사책에서 알려진 그 어떤 것보다 큰 위기를 겪고 있고, 우리를 이런 위험한 상태로 데려온 것이 인간의 분리주의와 고립이라는 점에 대부분의 뉴에이지 스승들은 동의한다.

세상을 변형시키려는 방대한 작업은 (마더피스 타로카드와 같은)

영적 형태에 이끌려 활성화된 작은 집단과 함께 시작될 수 있다. 앞으로 20년 안에 우리에게, 또 우리의 집 지구에 무슨 일이 일어날지를 얘기한 예언은 많고 다양하다. 그 많은 가능성 중에 어느 것이 '현실'이 될지 미리 알기는 어렵다. 내가 아는 한, 우리가 유일하게 할 수 있는 긍정적인 일은 상황이 주어질 때마다 함께 (주제가 경제든 교회나 가족, 직장, 아니면 생태적 균형이든) 그 상황을 이해하려 노력한 다음 변화하는 상황에 적응하는 방식으로 변형하는 것이다. 그런 변화를 위해 노력하는 작은 집단들이 영적으로 집중한다면 지혜와 정보가, 낡은 형태에서 혁신적인 미래를 위한 방식으로 전환하기 위한 안내가 영적으로 교신되어 올 것이다.

최근 영화 〈앙드레와의 저녁 식사 My Dinner with Andre〉에서 중심인물인 스웨덴의 물리학자 구스타프 비욘스트란드 Gustav Björnstrand가 "아마도 우리는 아주 야만적이고 무법인 끔찍한 시대로 돌아가게 될 것이다"고 한 말을 인용한다. 앙드레가 앞으로 올 암흑기를 암시하는 것이다. "하지만 핀드혼 Findhorn 사람들은 조금 다르게 보고 있어"라며 그는 스코틀랜드의 뉴에이지 공동체가 우리 앞에 놓인 것이라 보는 것을 동반자에게 설명한다. "그 사람들이 느끼기엔 세계 곳곳에 빛이 나는 작은 지역들이 생겨날 것이고, 이곳들이 어떤 면에선 우리 지구 위에 보이지 않는 행성들이 될 것이며, 세계가 더 추워지면 우리는 보이지 않는 공간을 통해 이들 행성들로 가서 지구상에서 우리가 해야 할 일을 위한 연료를 보충하고 돌아올 수 있을 거래."

이러한 생각은 앨리스 베일리 Alice Bailey가 "세상에 봉사하는 새 집단 The New Group of World Servers"이라 부른 것과 크게 다르지 않다. 베일리는 이늘이 영이나 희망의 빛을 중심으로 찍은 그룹들을 형성하고 새로운 세상을 건설하기 위해 함께 일할 것이라 예측했다. 이 건설은 필연적으로 심령적 자각과 마법이라는 보이지 않는 차원에서 시작되어 궁극적으로 물리적 차원의 발현에도 영향을 미친다. 샤먼과 마법사들은 이 비밀을 언제나 알고 있었지만, '보통 사람들'도 자신의 삶과 주변 세상을 바꾸기 위해 이 기법을 사용하는 때가 왔다. 이런 정신에서, 마더피스 타로카드는 여신에게 가는 길로서만이 아니라 나바호족이 '우주의 회복'이라 부른 길로 집단작업에서 훌륭하게 쓰일 수 있다.

35장

새로운 신화 창조하기

마더피스 이미지들은 우리 삶의 이야기를 함께 들려주는 길잡이이자 이런 이야기들을 그림으로 보여준다. 이 이미지들은 새로운 신화의 창조, 미래를 위한 '창조적 시각화'는 물론 우리가 더는 가부장제의 왜곡에 편향되지 않고 진화하도록 이끌 수 있다.

창조적 시각화는 가능성들을 능동적이고 생생하게 그려 보여준다. 아직 일어나지 않은 사건들을 세세하게 보고 가능한 풍부하고 건강하게 만들려는 시도이다. 우리는 이 기법으로 모임이나 수업, 파티, 데이트 같은 간단한 미래의 사건을 준비할 수 있다. 아니면 신화mythos를 창조하는 경우 우리가 살고 싶은 세상을 상상할 수 있다.

핵 재앙이라는 가상의 시한폭탄을 안고 마비된 채 살고있는 우리 존재 때문에 '사회적 책임을 위한 의사회' 같은 소식들은 가늠할 수 없는 핵무기 경쟁과 핵전쟁의 위험에 사람들을 서둘러 깨우려 '겁주기 전술'을 사용해왔다. 재앙으로 달려가는 것을 막기 위해 무언가 조치를 취해야 한다는 걸 깨닫게 하려고 홀로코스트를 자세히 묘사하고 공포를 세세하게 상술한다.

그런 다음에는? "더 이상 핵은 안 돼!"라고 외치고 나면, 다른 무엇이 가능한지 상상하는 문제가 남는다. 이런 상상은 창조적인 우뇌에서 가장 잘 온다. 이 의식의 직관적인 모드는 타로 이미지를 사용하여 활성화할 수 있다. 이런 원형적 에너지는 살아있는 형태로, 창조성을 깨우는 힘과 과거와 미래의 비전이라는 신탁의 힘을 일깨운다. 고대 조상들처럼 우리도 마법의 매개체를 통해 '다른 세상'이 우리에게 말하도록 할 수 있다. 이 경우에 매개체는 타로다.

따라서 창조적 시각화는 우리에게 미래에 대한 길잡이, 모델, 적어도 현재 가부장제가 단조롭게 제공하는 전 지구적 재앙이라는 끔찍한 미래와는 다른 존재 가능성을 줄 수 있다. '국가 안보'라는 미명 아래 미국과 소련은 휘청거리며 세계를 합동 자살로 몰고 있다. '빨강보다 차라리 죽음을'이라는 슬로건은 어리석게도 우리의 선택 가능성들을 축소시키고, 고대의 붉은색과 너무도 오래 억눌렸던 여성의 타고난 힘 사이의 연관성에 비춰 새로운 아이러니를 띤다.

아래 자료는 내가 반전모임들과 집단 의례 행사에서 슬라이드 발표를 요청받았을 때 준비한 것이다. 여기서는 모권 평화에 대한 내 견해의 요약이자 마더피스 타로 몇 장으로 만들 수 있는 즉흥적 이야기의 예로 내놓는다. 어울리는 타로 이미지를 텍스트 옆에 놓아 관심 있는 독자들이 이야기에 대한 영감을 얻는데 참조할 수 있도록 하였다.

여황제 지구 위 삶이 풍요로움 그리고 모든 자연과 올바른 관계를 반영하던 시기가 있었다. 이 시기는 우리의 기억 뒤에 황금시대나 잃어버린 낙원으로 여전히 살아 있다.

컵의 샤먼 고고학 증거를 종합해 위대한 어머니를 숭배하고 만물 속에서 여성 원리가 존경받은 이 평화와 조화의 선사시대의 조각들을 맞출 수 있다.

지팡이 2 일반적으로 여성 덕분이라 여겨지는 불의 발견은 사회적 집단화와 소리와 예술적 표현을 통한 언어와 의사소통의 발전을 가져왔다.

지팡이 3 어머니-아이 사이의 유대는 다른 모든 관계의 본래 모델이었고, 유인원 조상에서 인간으로 도약하는 진화의 열쇠가 되는 혁신이었다.

지팡이 여사제 종교는 섹슈얼리티와 마법을 포함한 자연 현상에 대한 인식과 함께 발달했다. 마법은 평화롭고 강력하게 수천 년 동안 어머니들의 손에 남아있었다. 북미 원주민들이 여전히 믿고 행하는 기우제는 작물을 재배하게 하는 마법 능력의 초기 형태였고, 모계 의식과 인간의 예술과 문화적 성취를 대표하는 초기 농업 문명으로 이어졌다. 고고학자들은 이 여사제가 들고 다니는 조각된 뼈 지팡이 같은 문화 유물이 초기 의례에서 '다산 숭배'에 사용된 도구였을 것이라 여긴다.

지팡이 샤먼 남성은 이 자애로운 어머니 중심의 맥락에서 기능했고 삶과 죽음, 탄생과 재탄생의 중심이 되는 신비 속에서 능력을 온전히 발달시키고 또 자신의 재능에 따라 참여하였다.

지팡이 9 궁극적으로 우리의 현대 문화가 진화해 나온 이 초기 서기시대 문화에서 나이듦은 가치 있게 여겨지고 존중받았다.

지팡이 4 삶과 삶의 모든 여정은 의례와 춤, 노래와 기도를 통해 축하받았다.

지팡이 10 에너지는 집단에 건설적이고 유용하게 일었고, 그 표현은 전체 공동체와 비옥한 땅까지 건강하게 만들었다. 여성의 힘의 가장 두드러진 상징은 월경혈의 신비한 힘으로, 이는 오늘날에도 몇몇 문화권에서 강력한 성의 정수로, 치유를 위한 효과적인 영약으로, 들판에서 자라는 모든 것을 위한 마법의 비료로 인식되고 있다.

지팡이 딸과 아들 딸과 아들, 아르테미스와 아폴로는 한때 쌍둥이였고 위대한 어머니의 눈에 동등한 존재였다. 여성적 에너지와 남성적 에너지의 모든 형태도 마찬가지였다. 양극성은 남성적이고 여성적인 요소 모두를 품고 또 낳는 어머니 여신에 속하며 그 안에서 화해하는 것으로 인식되었다. 여신은 우주의 생명을 주는 원리인 사랑을 통해 다스리고 모두를 존중했다. 모든 여성은 여신의 딸이고, 모든 남성은 여신의 사랑하는 아들이었다. 마녀들과 샤먼의 마법이라는 평행한 전통은 조상들의 '신성한 놀이'라는, 이들 두 원형적 표현으로부터 파편화된 형태로 내려온다.

탑 인간 진화라는 면에서는 거의 하룻밤 사이에, 지구와 그 생명체들 사이의 평화로운 이 공존은 강제로 급진적인 변화를 맞았다. 고대의 예언자 또는 '선견자'는 재앙의 신탁을 받았다. 조국을 떠나 어머니 종교와 문화를 다른 안전한 지역에 옮겨 심을 준비를 하였다.

남황제 유목하는 가부장제 무리가 번성하며 무방비인 세계의 모계 지역들을 휩쓸고 들어왔다. 번개 치는 하늘신가 전쟁과 분리, 왕권과 위계, 독재로 수세기 동안의 평화를 산산이 부수었다. 이제 소유하는 아버지라는 개념이 복수심과 함께 발달해 강간과 살인, 노예제, 인종 차별주의, 땅과 그 위의 모든 생명에 대한 폭력적인 지배를 가져왔다.

검의 아들 어머니 여신의 윤리와는 동떨어진 '영웅적'인 '명예'라는 예법을 발달시킨 가부장적 사고방식은 어둠보다 빛을, 여성보다 남성을, 노예보다 주인을 미화했다. 신화와 경전이라 불리는 정교한 기록 문학을 통해 고의적인 여신 전복이 기록되어 여러 시대를 거쳐 전해 졌다.

교황 이 세계관은 우리의 세포에 법으로, 관습으로, 인습적 도덕으로 내재화되었다. 이는 우리 개인이 자기 자리를 지키도록 하고 종교와 민족주의라는 이름으로 5,000년 동안의 폭력을 정당화하는 역할을 했다. 이제, 어느 페미니스트 작가가 말했듯, "당신의 5,000년은 끝났다!"

죽음 우리는 말 그대로 개인이 그리고 어쩌면 지구 행성이 종말을 맞거나, 아니면 뱀이 허물을 벗듯 의식적으로 기존 문화의 죽음을 목격하고 낡은 것의 표면 아래에서 그 모습을 드러내기 시작하는 밝은 새 피부와 동일시할 수도 있다.

검 6 역사의 이 위태로운 순간에 우리는 전쟁이 '저 밖에 있는' 누군가에 의해 일어나고 개인들은 그와 동떨어져 책임에서 자유로운 것이 아니라는 점을 파악해야 한다. 우리는 보다 넓은 시각을 가져야 한다.

검 9 남성과 여성 모두 우리 각자는 우리 문화가 취하는 행동에 책임이 있다. 우리가 끊임없이 전쟁으로 맞서는 악마들은 우리의 내면을 갉아먹고 우리 개인의 악몽 속에서 비명을 지르고 있다.

검 3 우리는 우리를 파괴하는 문화에 푹 빠져 있다. 우리는 언쟁하고 경쟁하고 사소한 권력투쟁을 벌인다.

악마 우리는 중독과 탐욕, 분노와 질투, 소유욕, 이기주의와 물질주의를 경험한다. 우리에게 필요한 치유는 지배와 복종의 위계에 가둬두는 사고방식을 내쫓는 푸닥거리악령 쫓기 의식다.

운명의 수레바퀴 다행히, 삶의 수레바퀴가 돌아가며 시대마다 여신의 새로운 얼굴이 드러난다.

지팡이 에이스 우리가 지금 들어서는 시대는 치유와 재탄생의 시대, 새롭게 시작하는 시간, 영혼의 해방을 위한 시대다.

검 10 치유를 시작하려면 과거와 우리가 익숙한 모든 것이 끝나야 하고, 가부장적 강간과 결혼에 굴복하느니 죽음을 택한 아테나의 여사제들처럼 우리의 이상을 굳건히 지켜야 한다.

컵 에이스 지금 우리는 내면의 깊은 감정의 우물 속으로 뛰어들어 평화와 환희와 사랑에 대한 우리의 열렬한 욕구와 접촉해야 한다.

바보 그러면 우리는 어린아이 같고 문화적 규제에서 자유로우며 세상 속에 안정적이고 영의 빛의 인도를 받는 바보처럼 될 수 있다. 그러면 여신의 참된 아이는 천상의 독수리와 지하세계의 악어 사이에서 악으로부터 보호받고 지혜의 열린 눈의 인도를 평생 받게 됨을 알게 될 것이다.

고위 여사제 하지만 5,000년 동안의 문화적 조건화를 어떻게 떨쳐버릴 수 있을까? 우뇌와 좌뇌 모두가 참여하고 우리 각자의 남성적 여성적 측면들이 작용해야 한다. 심장의 고위 여사제처럼 우리는 고요해져야 하고 신성한 여성의 현존이 우리 안으로 들어와 느껴질 수 있도록 해야 한다. 다시 한 번 직관에 열려야 한다. 우리 자신을 우리의 몸과, 또 자애로운 사랑과 신성한 지혜의 영과 다시 연결해야 한다. 내면에서 들려오는 안내와 방향을 들어야 한다.

마법사 마법사처럼 우리도 가슴 속 욕망을 물리적으로 드러내고, 우리를 둘러싼 세상을 원하는 대로 만들기 위해서는 외부 세계에 우리의 에너지를 동원하고 집중해야 한다. 우리는 다시 한 번 샤먼의 불춤을 추고 치유하는 열기를 교신해야한다. 스핑크스가 길을 드러내 보인다.

검의 딸 우리가 오늘날 마주한 것과 같은 도전은 우리의 모든 힘을 동원하고 생명을 위한 싸움에 필요한 에너지 폭풍을 일으키는 것이다.

힘 모계 의식은 땅에 발을 딛고 심장에서부터 움직이는 영적 강인함이다. 수메르의 이슈타르, 티베트의 타라, 아일랜드의 브리지트의 신비는 모두 보름달을 월경 주기의, 신탁의 힘과 여성의 자유로운 성적 표현과 연결한다. 야수의 레이디인 아르테미스로서 여신은 인간과 동물 본성 사이의 끊어지지 않은 연속성, 우리의 뿌리와 상호의존성에 대한 인식을 나타낸다.

검의 여사제 우리는 경험을 배경으로 다가가 우리가 쓸 수 있는 비이성적이고 알려지지 않은 힘들에 의지해야 한다. 우리는 샤먼이 되고 비전가, 간단히 말해 힘을 받은 인간이 되어야 한다.

지팡이 6 여성 각자에게 이는 힘-샥티Shakti를 동원하고 자신감을 기르는 것을 의미한다.

검의 샤먼 바람처럼 말하고, 두려움을 이겨내고 승리를 선택하는 것을 의미한다.

원빈 4 또 정식 속에 내면에서 안내하는 목소리를 듣기 위해 잠시 다른 사람의 요구에 문을 닫는 것을 의미하기도 한다.

컵의 아들 남성에게 이는 활발한 마음의 흐름을 멈추고 보다 온화한 에너지가 등장하도록 허용하는 것이다. 이는 일반적으로 과도하게 활동적인 자아에 자양분을 주고 또 계몽시킬 것이다. 분석적인 마음을 사용해 감정과 생각을 통합하고 시나 음악, 시각적 형태의 예술적 창의성을 자극할 수 있다.

별 여신이 다시 깨어나고 있고 우리 모두 우리를 안내하고 치유하는 빛으로 그 에너지를 느낄 수 있다. 그 빛은 은총, 축복, 아프로디테의 사랑의 손길, 관인의 자비심처럼 느껴진다.

컵의 여사제 뮤즈로서 여신은 우리가 새로운 꿈을 꾸고 무엇이 가능한지 새로운 비전을 경험할 수 있도록 영감을 준다. 집단무의식의 신비로부터 여신은 이미지와 신성한 소리를 통해 우리와 교감한다.

달 여신은 우리를 무의식 깊은 곳으로 데려가 미로 같은 길로 안내하고, 그곳에서 우리는 우리의 어둠을 마주한다.

태양 여신의 도움으로 우리는 변형의 번데기에서 한낮의 빛 속으로 집단의 통합과 협력에 대한 새로운 비전을 가지고 새롭게 돌아온다.

원반 8 우리는 함께 일하고 건설함으로써 이 비전을 발현시키고,

원반 3 머물던 오늘날의 낡은 곳을 대체할 새로운 형태를 건설한다.

컵 3 일 외에도 즐거움과 쾌락, 놀며 함께 보내는 시간, 마법과 음악의 휴식이 있을 것이다.

원반의 딸 그리고 우리 각자 스스로 구도자가 되어야 한다. 순수하게 냉소주의와 절망감을 씻어내고 젊고 신선한 마음으로 새로운 사상과

가능성에 열려야 한다. 고대의 뿔 장식을 한 여사제나 오늘날 아메리카 원주민처럼 우리는 비전을, 어쩌면 새로운 이름을 요구하고, 그런 다음 신성한 응답에 우리를 열어야 한다.

크론 동시에 우리는 가장 오래된 지혜와 지식의 원천에 도달해야 한다. 별의 움직임을 따르고 신탁의 목소리를 기다리며 고독의 시간이, 영혼의 영역으로 가는 여정이 필요할 수 있다. 에너지가 보존될 때 인격은 상위 참자아에게 조언을 구하고 받는 법을 배울 수 있다. 지금 인류가 직면한 갈림길에서는 어느 길로 갈지, 우리의 전적인 주의가 필요하고 침착하고 명확한 판단이 요구된다. 우리는 핵 자살로 갈 것인가, 아니면 방향을 바꿔 영적 안내자들의 조언을 따르는 법을 배울 것인가?

원반의 여사제 내면의 균형과 몸과 땅의 올바른 관계를 향해 가는 한 걸음은 인격을 부드럽게 하고 영적 센터들을 열어주는 요가 수행이다.

전차 마찬가지로 영적 전사로서의 의식, 즉 우리가 세상에서 활발하게 일하도록 해주는 아테네의 규율을 발달시키는 것도 중요하다. 여신의 보호와 함께 우리는 방해물을 통과해 도덕적 승리와 아마존의 대성공으로 간다.

원반의 샤먼 우리가 진실이라 알고 있는 목표를 향해 목적의식을 가지고 나아갈 때 우리는 '제 길 위on the Path'에 있다고 말할 수 있다. 삶을 살아가는 여정은 진화하는 개인으로서 우리에게 필요한 경험으로 이어질 것이고, 우리의 응답은 미래의 이해를 위한 길을 열어줄 것이다.

원반 9 지구는 살아 있고 열려 있고 받을 준비가 된 사람들에게 영원히 자신의 비밀을 드러낸다. 자신만의 공예를 최선을 다해 배우는 것,

이 두려움과 혼자 보내는 시간의 두려움을 극복하는 것은 뉴에이지 시대의 창조적 치유자들의 징후다.

원반의 아들 비결은 내면과 외면의 욕구의 균형을 잡는 법을 배우는 것이다. 성공하려면 때로 목표에 완전히 집중하는 법을 배워 당면한 과제에 모든 주의를 집중해야 한다.

원반 6 그런 다음 성공을 공유하고 에너지를 대가 없이 주면 '나'와 '타인' 사이에 원이 만들어진다. 다른 사람과의 의미 있는 접촉을 통해 우리는 우주의 사랑의 깊이를 알게 된다. 그런 사랑을 통해 우리는 에너지가 자유롭게 흐르게 하는 법을 배우고 몸을 치유하고 질병에서 해방시키는 법을 배우게 된다.

원반 10 특히 우리가 집단 경험을 나누기 위해 에너지의 원으로 함께 모일 때.

원반 에이스 우리의 결합된 현존에서 무언가 새로운 것이 탄생한다. 우리가 행복한 경험을 표현할 때 우리는 치유되고 되돌려주게 된다.

컵 10 우리는 지복을, 황홀경을, 모든 생명에 대한 존경심을 느끼는 법을 배운다.

정의 우리는 자연스럽고 진짜인 지상의earthly 균형, 지구 어머니의 자녀로 태어날 때부터 우리에게 속한 조화로운 힘과 접촉하게 된다. 함께 우리는 일을 바로잡고 패턴들을 바꾸고 보상할 수 있다.

심판 이런 방법을 통해서, 그리고 오직 이런 방법을 통해서만, 우리는 우리 지구와 우리 자신을 파괴로부터 구할 수 있을 것이다.

축복이 함께하길!

마더피스의 선물, 안과 밖을 동시에 보는 눈

타로와 처음 만난 건 2004년, 극심한 우울감에 시달렸던 때였습니다. 세상 어디에도 내 자리는 없는 것 같은 그 좌절의 시기에 운명처럼 내 손에 쥐어진 치유의 도구가 타로였습니다. 지인의 권유로 여성주의 타로 강좌에 참여했는데, 거기서 동그란 타로를 처음 봤습니다. 신기하기도 하고 여성의 삶을 잘 표현하고 있는 게 마음에 와 닿아 한 장 한 장 눈여겨보았던 그 타로가 바로 마더피스였던 거지요.

12년 뒤, 제가 여성주의 타로의 대중화를 위해 팔을 걷어붙이게 될 줄은 꿈에도 몰랐습니다. 마더피스 타로의 공동창작자, 카렌 보겔이 쓴 《마더피스 타로 DECK&BOOK》을 장이정규와 함께 번역했는데, 출판사를 찾지 못해서 직접 제작하고 출간해서 포장, 판매까지 해야 했습니다. 가부장제에 중독된 이들을 깨워 줄 영약이 필요한 이 시대에 마더피스 타로에 새겨진 여성들의 힘과 지혜가 그 역할을 해줄 거라는 확신이 저희를 이끌었습니다. 지금 돌이켜보면 이 일들을 대체 어떻게 해냈는지 모르겠습니다. 여성주의 타로가 공식적인 절차를 밟아 실물로 나타나기까지 했던 모든 경험들이 1970~1980년대에 마더피스 공동창작자들이 겪었던 일들의 축소판이라는 것을 알게 되었을 때는 몸에 전율이 흘렀습니다.

출판 과정에서 미국의 타로전문출판사 US Games Systems 관계자와 국내 굴지의 타로판매업계 종사자로부터 역자들이 직접 듣기로는, 우리나라 타로 시장에서 마더피스 타로의 수요가 결코 작지 않다고 합니다. 흥미롭게도 점술보다 심리치료 분야에서 인기가 더 높다고 하는데, 저는 이 현상이 심리상담 전문가 페미니스트들이 타로를 활용해 꾸준히 여성들의 내면작업과 역량강화를 조력해 온 결과로 보입니다. 창의적이고 아름다운 소명에 찬사를 보냅니다. 특히 저의 첫 타로 선생님이셨던 우리나라 여성주의 타로의 대모, 지나지산님께 감사와 존경을 보냅니다.

이제 여성학·인류학·심리학·신비주의가 합류하는 비키 노블의 해설서를 세상에 내놓게 되어 매우 기쁩니다. 번역 과정에 있었던 일화를 하나 말씀드리면, 사실 독자의 편의성을 위해 서문의 대부분을 차지하는 긴 '감사의 말'을 생략하려고 했습니다. 하지만 이 책을 더 알아가고 깊이 이해할수록 여성주의 타로의 역사에 남아 마땅히 칭송받을 그 이름들을 그대로 싣는 것이 얼마나 소중한 일인지 깨닫게 되었습니다. 가부장제 침략자들에 의해 불태워진 여신문화, 그 1,000년간의 기록을 되살릴 수는 없지만 지금이라도 여신문화의 복원과 여성의 삶을 고양시키는 모든 노력들이 기복되고 인정되길 바라는 마음입니다.

요즘은 개인뿐만 아니라 카페, 상담센터, 공공기관, 마을공동체 등 타로를 교육하고 배우는 곳들을 쉽게 찾을 수 있습니다. 점점 많은 이들이 타로에 매혹되어가는 데, 이유가 뭘까요? 2016년, 크리스찬 디올이 마더피스 타로에서 영감을 받아 컬렉션을 만든 후, 카렌 보겔은 수세기 동안 지속되어온 타로 문화가 전 세계적으로 더 많이 알려졌다고 디올에게 공을 돌리면서도, 타로의 인기가 가속화된 데에는 또 다른 이유들이 있다고 밝힙니다. 브렉시트, 트럼프 덕분에(?) 타로가 전 세계적으로 재조명을 받아 신부흥기를 맞이했다는 것입니다.

여성 혐오와 젠더 갈등, 폭력이 첨예한 곳이 어디 미국뿐이겠습니까? 2022년 현재, 러시아가 벌인 명분 없는 전쟁으로 무고한 생명들이 목숨을 잃고, 우리나라는 기후위기에 무관심하고 "구조적인 성차별은 더 이상 없다"고 말하는 이가 대통령으로 당선되었습니다.

검 9번 카드가 보여주듯이, 무의식에 웅크리고 있던 과거의 해결되지 못한 '그림자'는 의식화되지 않으면 신경증을 일으킵니다. 그림자는 개인 뿐 아니라 집단 차원에서도 파괴적인 힘을 발휘합니다. 그림자는 의식의 전면에 나타나 직시할 수 있을 때 비로소 치유되고 빛 속으로 통합될 수 있습니다. 이제 그림자뿐만 아니라 그림자를 만들어내고 이를 이용하여 권력을 잡는 이가 선명하게 모습을 드러냈으니 앞으로 할 일 또한 분명해졌습니다. 치유의 원천이 무엇인지 깨달은 이들의 연대가 막중한 과제로 남은 것입니다.

우리는 이제 개인과 집단의 무의식을 동시에 볼 수 있어야 합니다. 혹시 자아들의 심리학이나 내면가족시스템치료Internal Family Systems(IFS)에 대해 들어보셨나요? 고대의 영적 지혜를 간직하면서도 혁신적인 심리치료 방법을 제시하는 치료모델입니다. 이 모델들의 공통점은 우리 인간의 내면을 다양한 인격체들의 집합체, 즉 일종의 하나의 시스템으로 인식하는 것입니다. 이 시스템은 자애롭고 지혜로운 '참자아Self'와 저마다 다른 가치관과 감정을 가진 수많은 '부분parts'들이 함께 어우러져 있고, 그 중 참자아는 부분들을 평화롭게 이끌며 부분들 간의 관계를 조율해나가는 리더의 역할을 한다고 합니다. 우리의 진정한 본성을 바로 참자아로 보는 것입니다.

마더피스 타로의 공동창작자들 역시, 'One Self, Many Mind'의 관점을 취하고 있습니다. 이 책에 나오는 상위 자아, 영, 참자아 등의 표현들은 모두 같은 뜻으로, 우리의 본성을 의미합니다. 그리고 인격, 자아, 에고 등은 내면의 작은 부분들을 가리키는 말입니다. 어떤 부분들은 부모에게서 물려받지만, 대개는 삶 속의 크고 작은 트라우마에 위해 생겨나고 발달합니다. 부분들의 에너지가 너무 크고 강해지면, 우리의 의식을 압도해 그것이 '나'라고 착각될 수 있으나, 우리의 본성은 그보다 훨씬 장엄하고 모든 생명과 연결되고자 하는 특성을 가진 존재, 즉 '참자아'라는 점을 저자는 거듭 강조합니다. 이 책이 우리에게 주는 선물 중 하나가 바로 안과 밖을 동시에 볼 수 있는 시스템적 관점일 것입니다.

천문학을 전공한 공역자, 장이정규는 과학적 사고를 훈련받은 삶을 살아왔습니다. 그런 장이정규에게 (육감에 의존하는) 타로를 포함한 '섬술'은 비과학석이고 따라서 서리를 뭐야할 무엇이있냐고 합니다. 하지만 꿈을 통해 내면을 탐색하는 작업을 만나고 자신의 의식적 선택에 깊은 영향을 미치는 무의식의 세계에 매혹된 장이정규는 "마더피스 타로의 이미지들은 모호하던 꿈 이미지들에 비해 훨씬 직접적으로 내 무의식의 투사를 드러내 주었다. 타로가 내면 탐색의 좋은 수단이구나, 깨달았다. 우리가 처음 마더피스 타로카드와 가이드북을 국내에 번역 소개하면서 타로 덱을 담은 상자의 표지에는 개인의 치유를 나타내는 '별' 카드와 집단의 연결과 치유를 의미하는 '정의' 카드의 이미지를 담았다. 개인의 치유와 건강이 정의로운 사회로 이어지기를 소망했기 때문이다. 특히 인간을 포함해 대지와 동식물, 모두가 연결되어 그 누구도 소외되지 않는 마더피스의 '정의' 카드는 내게 생태여성주의를 대표하는 이미지이다. 또 대의를 위해 소외시키거나 배제하는 이는 없는지 살펴보라는 의미로도 마음에 품고 있다. 개인적으론 통역을 하면서 만났던 반핵 운동의 기수 헬렌 켈티컷과 내 영적 여정에 의미 있는 장소인 핀드혼이 언급되는 것이 반가웠고, 세대와 장소를 넘어 저자와 깊은 연결을 느끼기도 했다" 고 역자의 소감을 밝힙니다.

출간 전, 강독모임에 참여해 번역을 응원해주신 분들이 있습니다.
강명지 · 강윤희 · 권혜경 · 김새봄 · 김서연 · 김지영 · 김혜린
노한라 · 문덕순 · 문희숙 · 박소윤 · 박수미 · 박진희 · 박현희
박혜영 · 배순선 · 백혜련 · 석소미 · 신현나 · 양재연 · 이은주
이정훈 · 이평순 · 전세현 · 전솔비 · 정소영 · 정윤경 · 정윤경
정윤서 · 조박선영 · 조항주 · 최진솔 · 하경심 · 한계영 · 함유숙

허윤희 · 허진화 · 홍미진 님께 감사드립니다.

소리 내어 읽어주신 여러분 덕에 좀 더 매끄러운 문장으로 다듬어 갈 수 있었습니다. 그리고 출간 제안을 환영해 준 이프북스에 큰 감사드립니다. 협업하는 과정이 행복했습니다. 이 지면을 빌어, 암울했던 시기에 옆에 있어주고 제게 타로 강좌를 소개해준 김지희에게 고마움을 전합니다. 나의 영어 선생님이자 공역자인 장이정규가 곁에 있어 모든 것이 가능했기에 특별한 감사를 전합니다. 출간을 기다려주신 모든 독자들과 기쁨을 나누고 싶습니다. 이 책을 펼치고 계신 여러분의 귀한 손과 눈을 통해 자매애를 전하며.

2022년 파주에서
백윤영미가 장이정규와 뜻 모아

MOTHERPEACE : A Way to the Goddess Through Myth, Art, and Tarot

마더피스, 타로에 새긴 여성의 힘과 지혜

초판 1쇄 인쇄 2022년 4월 04일
초판 1쇄 발행 2022년 4월 18일

지은이 비키 노블 | **옮긴이** 백윤영미·장이정규
펴낸이 유숙열 | **편집** 조박선영 | **교정** 유지서·홍지회
디자인 임지인 | **마케팅** 김영란 | **제작·출력** 교보피앤비

펴낸곳 이프북스 ifbooks | **등록** 2017년 4월 25일 제2018-000108
주소 서울 은평구 연서로71 살림이5층 | **전화** 02-387-3432
이메일 mailto:ifbooks@naver.com
페이스북 페이지 www.facebook.com/books.if | **인스타그램** @if_book_s
홈페이지 www.ifbooks.co.kr

ISBN 979-11-90390-23-1(03110)